實用擒拿學

（修订版）

赵大元　刘明亮　著

人民体育出版社

作者简介

赵大元副教授，八卦掌第四代传人，国家武术八段。原中国人民警官大学、公安大学擒敌技术教官，警体系副主任，三级警监。中国体育科学学会武术分会第三届委员会委员，中国武术协会传统武术委员会委员。北京市武协第二、三、四、五届委员，第四、五届副秘书长。北京市八卦掌研究会第一、二届秘书长，第三、四届监事会监事。全国部分武术馆校、大专院校武协名誉主席和顾问。

9岁开始习武，曾习练长拳、罗汉、迷踪、弹腿、太祖等多种拳种。到京后曾从刘铁林习形意拳，从吴图南习太极拳，从张晋学擒拿术，后拜著名武术家李子鸣为师，研习传统武术八卦掌。1979年、1981年代表北京市参加全国传统武术观摩交流大会获银牌，多次在北京市和全国各类比赛中获奖。曾任科教片《八卦掌》编导和武术指导、亚运会大刀团体操副总教练、海南椰子节武警团体操总教练。先后担任各类国际、国内武术比赛和全国及公安系统的散打比赛的仲裁、总裁、副总裁、裁判长等职。多次被评为北京市武术工作先进个人，1984年被评为全国优秀武术辅导员，1985年因教学成绩突出受公安部嘉奖。

长年从事传统武术和军、警实用擒拿格斗技术的教学，曾多次接待各国武术、军警来华团体和外国友人并担任教学工作。多次赴韩国、德国、意大利、美国、英国、法国等二十余国进行学术交流、讲学和教学。传授实用格斗擒拿技术、缉捕技术、中国传统武术和八卦掌，学生遍及世界各国。

注重传统武术和武术实用技术的学术理论研究，尤其是将传统武术中的实用技术，应用于公安、武警和部队的实用擒拿格斗技术和缉捕技术。参与组织、编审和撰写了公安部、司法部、安全部、武警、部队的警体、擒拿格斗、缉捕技术、查缉战术等统编教材共十册。出版专著《实用擒拿术析解》《中国武术擒拿技巧》《实用格斗术》等十册。在国外出版了《实用擒拿术析解》英文版，《格斗擒拿术》意大利文版，《云龙技谱》韩文版。发表武术文章五十余篇，论文十余篇。

序　言

武术一道为我国独传之术，而擒拿一术尤为武术之精髓，其理深奥，其术精邃，其法变幻万千。然中华武术门户极深，悉尽私密其术，珍为各家镇山之宝，传世者甚少。很少见著于书，即或有之，亦述之一二，而藏之七八。近年来谈论擒拿者不少，然悉擒拿真谛者，鲜有几人。更有甚者，少有几手盖以为擒拿，虚文以对，而不知擒拿为何，误人，误己。

夫擒拿虽千变方化，亦不过，人身之一动耳。擒于人，其理俱出于人之筋骨、血脉、经络、运动、劲力之妙，当循乎自然，合乎于理。盖理为拳技之本，欲尽擒拿之术，必尽其理。今述之以术而明之以理者，更无见著。

吾已耄耋之年，从武七十余年，尝得窥其一斑，常为此而嗟叹。今吾徒赵大元自幼习武，又从吾研习八卦掌，尽得吾传。现于中国人民警官大学任教，穷内外两家秘传擒拿之术，集百家之所长，将传统之口诀，融现代之科学，进而阐述擒拿之机理。凡擒拿之千万技，归而统之。纲目相备，理技相合，将秘传之口诀，尽不私藏，图文并茂，毫不饰以虚文，著而示世。使好习者每阅而明其理，习而懂其术；使有志者互为参悟，擒拿之术得以发扬。中华武技后有传人，吾愿足矣。是以为序。

李子鸣

1

目 录

绪论 ……………………………………………………………………（1）

上篇 实用擒拿技术概述

第一章 实用擒拿技术基础知识 ……………………………（10）

第一节 人体运动链系统与擒拿概述 ………………………（10）

第二节 人体神经系统与擒拿概述 …………………………（26）

第二章 实用擒拿技术的基本原则与功法 …………………（34）

第一节 实用擒拿技术基本原则 ……………………………（34）

第二节 实用擒拿技术基本功法 ……………………………（38）

第三章 力与劲及劲力的运用 ………………………………（42）

第一节 力与劲的区别 ………………………………………（42）

第二节 整劲与透劲 …………………………………………（45）

第三节 劲力的运用 …………………………………………（46）

第四章　劲力应用的基本原理与法则 ………………………………（50）

第一节　劲力应用的基本力学原理 …………………………（50）

第二节　劲力应用的基本法则 ………………………………（63）

第五章　擒拿基本手法 ………………………………………………（65）

第一节　六十四基本手法概述 ………………………………（65）

第二节　六十四基本手法图解 ………………………………（66）

中篇　实用擒拿技术机理及技法

第六章　主躯干运动链系统 …………………………………………（102）

第一节　头部擒拿的要害部位及机理 ………………………（102）

第二节　颈部擒拿的要害部位及机理 ………………………（108）

第三节　躯干部擒拿的要害部位及机理 ……………………（116）

第七章　上肢运动链系统 ……………………………………………（124）

第一节　上肢带擒拿的基本技法及机理 ……………………（126）

第二节　肩关节擒拿的基本技法及机理 ……………………（129）

第三节　肘关节擒拿的基本技法及机理 ……………………（139）

第四节　前臂与腕部擒拿的基本技法及机理 ………………（165）

第五节　手部擒拿的基本技法及机理 ………………………（191）

第八章　下肢运动链系统 ·················· （201）

第一节　髋关节擒拿的基本技法及机理 ·················· （203）

第二节　膝关节擒拿的基本技法及机理 ·················· （208）

第三节　小腿、踝、足趾关节擒拿的基本技法及机理 ·············· （218）

第九章　实用擒拿技术应用法则 ·················· （224）

第一节　擒拿秘籍《九重天·三才——行功诀》译注 ·············· （225）

第二节　擒拿秘籍《九重天·阴阳诀——乾坤八字法》译注 ······ （233）

第三节　擒拿秘籍《九重天·四象——用手诀》译注 ·············· （238）

第四节　擒拿秘籍《九重天·八卦诀1》译注 ·············· （244）

第五节　擒拿秘籍《九重天·八卦诀2》译注 ·············· （251）

下篇　擒拿练习中常见运动损伤的防治

第十章　常见运动损伤的机理及防治 ·················· （260）

第一节　挫伤 ·················· （260）

第二节　肌肉拉伤 ·················· （261）

第三节　肩锁关节损伤 ·················· （262）

第四节　肩袖损伤 ·················· （264）

第五节　网球肘 ·················· （266）

第六节　肘内侧软组织损伤 ·················· （268）

第七节　肘关节后脱位 ·· （269）

第八节　腕部三角软骨盘损伤 ·· （270）

第九节　掌指、指间关节扭伤和脱位 ···································· （271）

第十节　膝关节侧副韧带损伤 ·· （273）

第十一节　膝关节半月板撕裂 ·· （275）

第十二节　踝关节扭伤 ·· （278）

第十三节　闭合性软组织损伤 ·· （280）

第十一章　运动损伤的治疗性按摩 ································ （283）

第一节　治疗性按摩的作用 ··· （283）

第二节　治疗性按摩的基本手法 ·· （284）

第三节　穴位按摩 ·· （286）

第十二章　运动损伤的常用药物疗法 ···························· （291）

第一节　运动损伤常用方剂 ··· （291）

第二节　伤后补养方剂 ·· （293）

附录：传承谱系 ··· （295）

后记 ·· （301）

绪　论

实用擒拿技术汇集了中华武术的精髓，是徒手搏击最重要的实战技法，其理精深，其术奥妙无穷，其法千变万化，是无数前辈先哲几世纪以来在实践中不断积累和总结出来的特殊实用技术。

擒拿技术以击打掐拿要害部位和抓经拿脉、分筋错骨为主要手段，融踢、打、摔、拿为一体，是一种刚柔相济、阴阳相变、周流圆活、以巧取胜的实用技术。它具有丰富的内容和深邃的哲理，有很高的研究价值和实用价值。但千百年来，由于中国武术门派繁多，门户极深，对此大多口传心授，视为门户之宝，秘不外传，授徒传人也是择之而行，一般只授一些擒拿的入门功夫，真正的擒拿技术只传一二人，故真正传世者甚少。

一、擒拿技术学习之误区

目前擒拿练习者不少，但大多存在着认识误区，常使人们对中国武术擒拿技术产生误解。正如有不少练习者来信说："我买了不少擒拿书籍，照着练可是怎么用不上？""人说百擒不如一打，对吗？""我照着电视上教的练，使用时当对方一反抗就用不上了，这是为什么？"有的在信中写道："格斗起来一拳一脚，擒拿技术根本无法使用，这是为什么？真是巧拿不如拙打吗？"等。这当然有技术掌握得不对或不好的原因，但主要还是由于存在认识误区，使人们无法真正了解和掌握擒拿技术所致。笔者针对这一情况，总结出六大认识误区，仅供广大擒拿爱好者参考与借鉴。

误区之一

对擒拿技术的概念不清，搞不清什么是擒拿，把擒和拿割裂开来，只讲擒，不讲拿。

擒拿技术是由擒——分筋错骨、拿——抓经拿脉两大部分所组成，同时还必和踢、打、摔有机地组合在一起，是一个不可分割的整体。在实施中可先拿后擒，也可擒而拿之，要打中有拿、拿中有打，也可打拿组合，循而复返无有终止。拳谱上言道："只擒不拿，必遭拙打。"讲的就是这个道理。

认为擒拿就是单纯地反挫关节，这也是对擒拿技术概念不清所致。

一般人们理解反挫关节指的是向关节运动的反方向用力。但生物尤其是人，在整个生命进化的过程中，为了保护自己，在关节运动的反方向上都有相应的生理结构和强大的肌群所保护，即便是一只鸡腿上的关节，要想在其运动的反关节上用力将其拆开，一般人恐怕都做不到，何况人体强大的关节。

中国武术擒拿技术的擒法讲的是"分筋错骨"，所谓"错"指的是使形成关节的一对骨头位置产生相错，并使其关节超幅度运动造成韧带和关节囊损伤而形成分筋错骨，同时利用一对对偶骨的相错，挤压关节处的运动神经，造成剧烈疼痛而使对方丧失抵抗能力。在用力方向上，正如擒拿秘籍《九重天》中所述："偏转三四分，旋拧扳折亦同行。"就是说，要向其反关节方向侧方三四分（50°~65°）用力，必须旋拧和扳折同时进行，要边拧边折；也就是说，"错骨"必须同时在两个运动轴上进行，如同拆卸其他动物骨关节时，向其反关节侧方向上实施旋拧扳折非常省力一样。这样做更重要的是考虑到了相邻骨关节的效应性运动和锁定效应规律，通过对某一关节的分筋错骨，锁定其整个运动链系统，正确地实施擒拿。

拿法是指击打、掐拿人体的要害部位，削弱或使对方完全丧失反抗能力。无数前辈经过数千年的实践，总结出三十六大穴（直接危害生命的死穴）、二十四麻穴及其相应的技法，称为擒拿法之妙、技击法之冠。究其机理，即是对人体各重要生命系统的薄弱要害部位和神经浅支部位实施掐拿与击打。因此，必须掌握人体的要害部位和神经走向浅支部位及其擒拿机理，才能全面掌握擒拿技术。

误区之二

将擒拿的入门基础练习——把抓腕、抓领等，以及在对方不防备情况下的擒拿技术当作擒拿的全部。这些只不过是师父在传授弟子时，为学习真正擒拿技术打基础的练习。通过这些"死把位"擒拿技术的练习，目的是使习者明了人体各肢体关节的运动特点、结构特点及对各肢体关节擒拿的基本把位、手法和基本技术，然后才能进一步学习对抗格斗中的各种擒拿技术。

擒拿技术分为四大部分：（1）擒拿的基本功、基本手法（刁拿锁扣、揾插挑顶、拧压缠旋、别扛折扳、剔盘挫撅、挣斫抱挟，共二十四法）；（2）擒拿基本技术，即死手（死把位）擒拿，包括被动擒拿（抓领擒拿、抓腕臂擒拿、抓肩背擒拿、扼喉擒拿、搂抱擒拿）和主动擒拿；（3）活手擒拿技术（没有把位，也就是对方并不抓握我肢体的任何一部位而与我对抗、格斗，是在踢打过程中的擒拿技术）；（4）各种夺凶器的擒拿技术。格斗中的活手擒拿技术和夺凶器术，才是实用擒拿技术的主体。

由此可见，中国武术擒拿技术的核心是在格斗过程中所使用的擒拿技术。由于格斗中对方在不断地运动着、变化着，而擒拿技术实施的先决条件是肢体的接触，因此，实用擒拿技术必须和踢、打、摔法紧密结合，融为一体，才能成为真正完整的实用擒拿技术。在这里要说明一下：格斗中我抓握对方肢体的任何一部位或者对方抓握我肢体的任何部位，这种现象是很少的，真正的实用擒拿并不需要抓握对方就能形成擒拿。因而在实施中必须审时度势，得机得势就拿，不得机就变，诱使对方照我方意图运动，打、踢、摔、拿相间，循循相生。

误区之三

把对人体的各关节的擒拿技术之间的相互联系及其转换割裂开来，甚至把对人体某一关节的各个运动方向上的擒拿技术相互割裂开来。这样就把中国武术一个完整的擒拿技术系统割裂成相互无关的单个技术，而这样单个的互不相关的技术在实战中是无法运用的。

人体的运动表现为肢体的运动和身体在空间的位移运动，而人体的位移运动又是以肢体的运动为前提的。人体的运动不是单一关节、单一骨杠杆的运动，而是相邻几个关节乃至全身的运动。也就是说肢体的运动以运动链系统的形式出现，是依据人体解剖结构、关节的运动关系组成不同的运动链子系统，它们之间相互支持、相互制约，相互产生效应性运动和锁定效应，由此形成人体的各种特定的复杂运动。

因此，擒拿技术的本质，就是在对某一个关节实施分筋错骨时，利用人体运动链的效应性运动规律，使其相邻关节（尤其是其靠近躯体的上端关节）产生相应的运动，并依据该运动链子系统的解剖结构和运动特征，当其运动到某一位置时，将该运动链子系统中相邻的几个主要关节和环节全部锁定，直至将整个人体运动链系统锁定，从而真正形成擒拿。反之，如果只对单一关节或环节实施分筋

错骨，不考虑相邻关节和环节的效应性运动和锁定效应，也不考虑对人体整个运动链系统的锁定，就无法形成擒拿，最多只能造成单一关节的疼痛和损伤，仍给对方留有充分的反抗余地。

在对人体某一肢体（运动链子系统）实施分筋错骨时，如果不考虑其他肢体（或运动链子系统）对它的支持和保护功能（对腕部实施分筋错骨时，如不考虑对肘肩的锁定，必遭肘肩相应运动的解脱和攻击；如不考虑另一手和非重心脚对它的保护和支持，必遭另一手和非重心脚的攻击），必然会形成"拿不如拙打"的局面。

如果把人体某一关节的各个运动方向上的擒拿技术相互割裂开来，看不到它们之间的必然联系，使用单一技法的话，那么遭到对方用力反抗时，就会无所适从，形成死拿硬要、反遭拙打的局面。

中国武术擒拿技术在其长期的形成实践中，针对人体的各种运动形式，在其可能的各个对抗方向、对抗方式上，都有一套完整的相应技术。中国古代哲理从来就讲究阴阳相变，循循相生，中国武术擒拿技术也不例外。擒拿技术中的每一技法，都有依据对方变化的相应技法，因为每一擒拿技术的实施都必须制造和具备一定的条件，而不是不管具体情况，在任何情况下都实用的，如同没有包治百病的药一样。因而在实施过程中不但要讲究力的变化，更要讲究同一部位（关节）各个运动方向上的擒拿技法的变化、擒拿部位的转换，以及与踢、打、摔的有机组合，才能形成真正实用的擒拿技术。如在对对方腕部实施某一擒拿技法时，若遇反抗，就立刻转换成在其用力反抗方向上的另一技法，借力使力，这就叫"阴阳相变"。也可依据对方的情况和双方的态势，转换成对其指、肘、肩，甚至对其另一臂或腿以至身体躯干的相应擒拿技术，这就是擒拿部位的转换。实在不行即脱手疾打，再次寻找机会。这样就形成了绚丽多彩、千变万化的中国武术实用擒拿技术。

误区之四

擒拿技术与劲力的巧妙使用及劲力的变化转换严重脱节，甚至分离开来。也就是擒拿技术的每一技法只讲单一的用力方向，只讲单一技法、单一把位，不讲擒拿的力学结构。这样必使拙劲，无法真正实施擒拿。

擒拿技术并非蛮打硬要，巧是它的灵魂，其术巧、法巧，在使用中更讲究力巧，力巧建立在正确合理地使用力量和借用对方之力的原则上。这就要依据人体骨杠杆、人体运动链的结构特征和运动特征，运用"机械力学""运动生物力学"原理，合理巧妙地使用力量，用巧劲不用拙力。

一是要：顺其势，顺其劲，依势变化，阴翻阳转，不顶不抗。充分利用"合力""旋转力""分力"等的作用，横能破竖，竖能破横，顺则力合，分能转变对方的劲力方向，圆转则力回其身，从而达到"四两拨千斤"的功效。

二是要：充分利用双方肢体接触后所形成的态势，合理运用"支点""力点""力臂"之间的相应力学关系，把握住力的方向、力的作用点和力的大小，充分利用"杠杆""对偶力""角速度""线速度"等力学原理。这样才能合理地使用自己的力量，使力量通过骨传递集中在所擒的骨关节上，从而形成不可抗拒的力量，实施分筋错骨。

三是要：力走螺旋，就是使用旋拧的混元劲。在实施擒拿技术的动作中，必须随时保持螺旋力。出手虽似直出直入，但是只要接触到对方的肢体，便显出是由螺旋力在上下左右、旋拧压迫，使对方无所适从，也使其肢体、关节产生旋拧，偏离运动方向，这就是擒拿技术的基本劲力。

四是要：明虚实，刚柔相济，欲左先右，循环相生。在力的使用上，就是缠裹钻劲和冷脆劲相结合的刚柔相济的连环劲。拿而不缠裹必遭拙打，拿住又缠裹住了，还必须用十分坚刚的冷疾脆劲抖发之，连拿带打、沉黏冷脆方能奏效。

误区之五

技、理脱节，只讲技术不讲形成技术的机理。这样使习者只学其技而不懂其理，只知其一，不知其他，带有相当大的盲目性。在使用上必然混混沌沌不知所从。

擒拿技术千变万化，各门各派手法众多，名称更是繁杂，但万变不离其宗，究其机理总有规律可循。擒拿的对象是人，是在不停运动着的对抗中的人，因而首先要了解人体的生理结构、运动特点和要害薄弱部位，才能正确理解擒拿技法并掌握。还要掌握机械力学、运动生物力学的基本原则，以便掌握正确的发力及力的变换应用，正确理解动作要领，合理地运用技术、技法。

人体肢体及每个关节的运动都不是"万向"的，而是依据其生理结构特点存在着特定的几个运动方向和方式。擒拿技术究其机理，在每个擒拿部位及关节上，依据其生理结构和运动特点，也存在着几个擒拿的基本形态。技法的变化只不过是手法的不同，因而在研究学习实用擒拿技术时，只要掌握各部位的擒拿基本形态，明其机理，掌握典型技法，就可举一反三，根据不同的情况采用不同的

手法，组合出各种各样的实用擒拿技术。

误区之六

技、法脱节，只讲单个技术，不讲在实战中如何运用的技法。这样的技术是一厢情愿的技术，在实战中是无法应用的。

要真正掌握运用擒拿技术，就必须在掌握格斗技术的基础上，对擒拿术做到明理、巧力、熟技、懂法，做到技理相合、技力相融、技法相通。而法尤为重要，"技为体，法为用"。法就是用法，指的是将各个技术相互组合变化、相互转换的方法；是各种手法、劲力阴阳互变的方法；更重要的是，在实际攻防搏斗中，依据对方的情况和变化，使用擒拿技术的方法。如若技、法脱节，只讲单个技术，不讲对方可能反抗的方向和反击手法，不讲在实战中如何运用的方法，这样的技术是脱离实际的技术，在实战中当然用不上。有的技术动作繁琐，不符合人体生理结构和人体运动规律；有的甚至异想天开，说什么看见对方来拳，一把抓住其腕，然后如何如何。其一，你能看见对方的来拳吗？国际优秀足球守门员对 12 码来的点球都看不清，无法判断它的方向，几码距离的突然出手，你能看得见他的腕子？其二，对方出手是快出速回，而又动作在先，你能一把抓住他的腕子吗？除非对方伸出手不动或慢慢收回，这可能吗？就算你抓住对方腕子，对方会随你心愿，不进行反抗吗？这不是在自欺欺人吗？

实战中，对抗的双方都在不断的运动中，在不断的对抗变化中，在激烈的对抗中，如何实际运用擒拿技术，有一定的规律和法则。何况任何技术的运用都必须具备一定的条件，就是要在对抗变化中因势利导、随机生变。无数先辈在近千年的实践中总结出了一套行之有效的技法，这"技法"就是实施擒拿技术的核心，也是实施擒拿的根本大法。

从以上六个误区就不难理解，为什么有的读者看了一些书，并照着练习，然而实际无法应用或根本用不上。这并不是中国传统武术擒拿技术不行，而是读者没有真正认识和学习到擒拿技术。当然还必须加上自己的刻苦反复练习，熟能生巧。

二、如何学习擒拿技术

中国武术擒拿技术实施的对象是人，是在不停运动着的人，因而首先必须了解人体，了解人体的运动。骨与骨之间以关节相连结并构成骨骼，成为人体的框架；外有分层、分群的强大肌群，内有神经、经络、血管和淋巴穿行其间，进而形成人体的运动系统；其腔隙保护、蕴藏着人体的生命系统、思维意识系统和感知系统，使人体成为有序的生命活体。

人体的运动，一是以骨为杠杆，二是以关节为轴，三是以肌肉的收缩为动力，四是在生命系统的支持下，五是由大脑、神经系统的支配所形成的。这就是构成人体运动的五大要素，是有其特定的结构、方式和规律的。

实用擒拿技术，是基于并针对人体生理结构和形成人体运动的五大要素所构成的，即是：（1）破坏人体骨杠杆的生理结构。（2）破坏关节轴的生理结构，损伤、固锁关节轴乃至整个运动链系统的运动功能。（3）破坏肌肉动力学结构，形成主动性和被动性动力不足，直至肌力完全消失。（4）击打、损伤人体要害部位，直接损伤其生命系统。（5）击打、掐拿神经浅支部位，造成神经损伤性运动障碍。

本书从擒拿者和被擒拿者两个对立的角度，以"系统论"和"控制论"的理论观点，从理、力、技、法四个方面来综合阐述中国武术实用擒拿技术。

理：是实用擒拿技术的基础部分，理为技之源。只学其技，不明其理，只能学一会一，生搬硬套，而且带有相当大的盲目性和不确定性。不明其理就无法明技、明力、明法，无法学习和掌握擒拿技术，就更谈不上实际运用了。

本书着重从"被擒拿者"的角度，以"系统论"的观点，对擒拿技术的基础理论和机理进行分析讲解。首先介绍了人体的生理结构、运动特点及对抗心理规律等；在此基础上，按人体运动链系统的十五个主要环节、五个运动链子系统，并依据人体在格斗中的运动特点，讲解了各运动链子系统的组成和运动特点，各运动链子系统的主要环节和主要关节的结构、运动幅度及运动特点，各运动链子系统相邻关节的效应性运动和锁定效应，各运动链子系统之间的相互支持、呼应、制约的整体效应性特征；重点讲解每个擒拿部位及关节的擒拿基本形态及其机理，同时讲述人体的薄弱要害部位及其机理。

力：实用擒拿技术是在人与人——"擒拿者"与"被擒拿者"之间进行的，本书着重从擒拿者的角度，以"控制论"的观点，分析讲解实施擒拿中复杂多变的力和劲力要素——力和劲力、整劲与透劲，以及它们的应用法则和力学原理。

在格斗中实施擒拿技术，首先是双方肢体的接触，然后是力的较量。如何合

理巧妙地使用力量，制人而不被人制，使巧不使拙？首先要对擒拿技术中的力学结构及应用力学进行分析研究，要掌握机械力学（人体运动是以骨杠杆的运动而实现的）、运动生物力学（人体的运动又比单纯的机械力学复杂得多，有其特殊性）的基本原则和规律，才能在力的较量中巧妙合理地使用，才能正确地掌握擒拿技术的技与法。

技：本书从擒拿者的角度，以"系统论"和"控制论"的观点来分析讲解擒拿的基本技术和实用技术。擒拿技术是针对被擒拿者人体运动链十五个主要环节、五个运动链子系统的生理结构及其运动特点，而形成的相应的控制固锁的擒法（分筋错骨）技术和拿法（抓经拿脉）技术，包括擒和拿的基本手法、人体各部位的实用擒拿技术。

擒拿的基本手法和实用擒拿技术是依据人体肢体与关节的解剖生理结构、运动特点和力学原理所构成的。针对人体不同部位、不同环节而形成的擒拿基本手法与技术是基础和关键。由各部位各种不同的基本技术相互组合、相互转换并结合踢、打、摔法，形成了绚丽多彩、浩如烟海的实用擒拿技术。因而我们要在基本手法、基本技术上狠下功夫，要掌握组成基本手法、基本技术的诸环节和实施要点，包括劲力的使用、手法及其机理，做到形正、技全、力活。

法：本书从擒拿者的角度，以"控制论"的观点对技法的应用原则做了详尽的剖析。法首先指的是练习的方法，包括基本功、基本手法、基本技术及实用技术的练习方法。而更重要的是指，将各个基本技术相互组合变化、相互转换的方法，以及在实际攻防格斗中依据对方的情况与变化使用擒拿技术的方法。概括起来讲就是技法和手法，法实际上讲的就是怎样练习和怎样使用。

格斗中的双方都在不断地运动着、变化着、相互对抗着，因而实用擒拿技术中的每一个技术，都有依据对方变化的相应技法。由于每一擒拿技术的实施都必须创造和具备一定的条件，所以在实施中不但要依据双方的态势、对方的变化，更要讲究力的变化（力点、力的方向的变化）、技法的转换、擒拿部位的转换及与踢、打、摔、拿的有机组合，这就是法。

总之，学习中国武术实用擒拿技术，必须从理、力、技、法四个方面入手。真正做到明理、巧力、熟技、懂法，再加上勤学苦练、勇于实践，才能真正掌握实用擒拿技术并运用自如。

上篇

实用擒拿技术概述

第一章　实用擒拿技术
基础知识

第一节　人体运动链系统与擒拿概述

学习研究实用擒拿技术，首先要了解人体运动系统的结构及其解剖生理特点和运动规律。人体的运动系统由骨、关节和肌肉（骨骼肌）组成，它们占人体总重量的 60%~70%。骨与骨之间以关节相连，构成人体的框架，保护脏器，并形成骨杠杆。肌肉附着在骨骼上，在神经系统的支配下产生收缩与舒张，牵动骨杠杆产生运动。

所以，人体的运动是以骨为杠杆，关节为轴，以肌肉收缩为动力，在神经支配下和生命系统的维持下完成的。擒拿技术就是利用人体的骨杠杆（自己的和被擒人的），针对其轴（关节）的结构特点、运动特点，采用不同的手法实施分筋错骨。因而首先要了解掌握骨、骨杠杆、关节的结构特点、运动方式和损伤固锁的机制，才能掌握擒拿的基本技术。

人体的运动表现为肢体的运动和身体的位移运动，而身体的位移运动又是以肢体的运动为前提的。肢体的运动不单是某一关节骨杠杆的运动，而是相邻几个关节乃至全身的运动。肢体的运动又是以链运动系统的形式体现的。依据解剖结构及相邻关节、骨杠杆的运动关系，组成不同的运动链子系统，各子系统之间相互支持、相互保护、相互制约，形成人体的各种复杂运动。

因此，学习实用擒拿技术，不能只知对某一环节或某一关节的分筋错骨、抓经拿脉，而应考虑其整个运动链系统的运动特点，从人体的整体运动的角度去认识和把握，辩证地处理相邻关节、各子系统之间及局部与整体间的关系。

一、骨、骨连结、运动链系统与擒拿

(一) 骨与骨的连结

骨骼是人体的框架，骨与骨之间以关节相连结。成人的骨共有 206 块，多数是成对的，只有少数不成对。人体骨骼分为中轴骨和附肢骨两大部分（图 1-1）。中轴骨构成人体的主躯干运动链系统，并组成骨腔，内涵人体的脏器，保护着人体的重要生命系统。附肢骨构成人体主要的运动链系统，即上肢和下肢运动链系统。

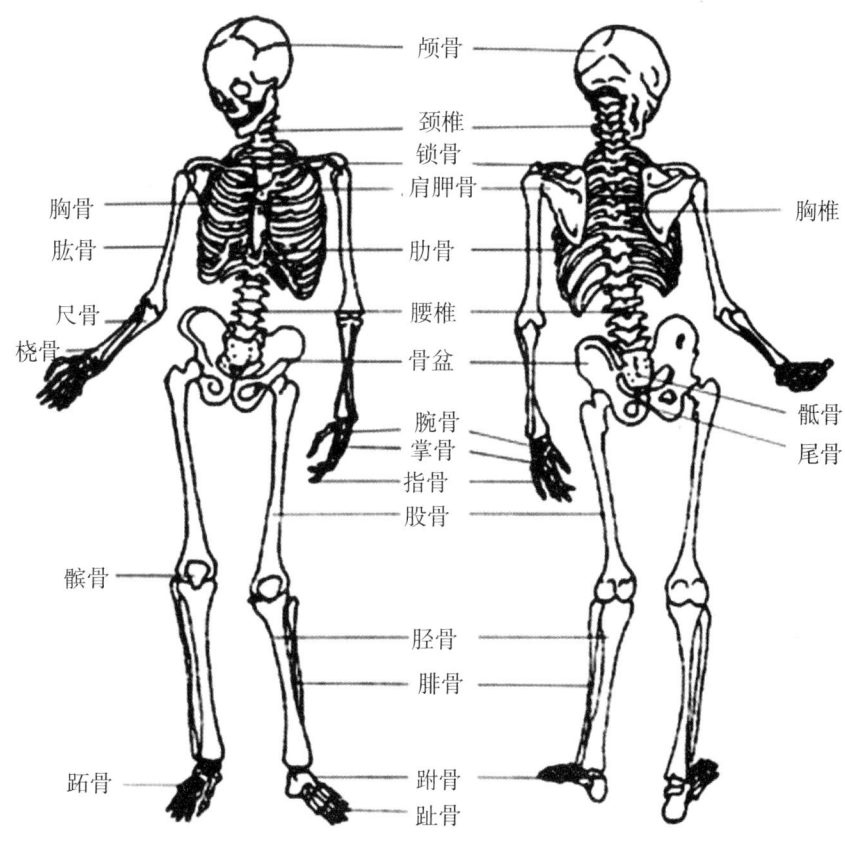

颅骨
颈椎
锁骨
肩胛骨
胸骨
肱骨
胸椎
肋骨
尺骨
腰椎
桡骨
骨盆
骶骨
腕骨
尾骨
掌骨
指骨
股骨
髌骨
胫骨
腓骨
跗骨
跗骨
趾骨

图 1-1　骨骼图解

人体的骨有长骨、短骨、扁骨和不规则骨四类。骨是由骨组织、结缔组织和神经组织构成；骨的化学成分包括有机物和无机物，有机物使骨具有弹性，无机物使骨具有坚固性。根据运动生物力学的分析测定，骨的压缩负荷、拉张负荷、弯曲负荷都较强，而扭转负荷较弱，也就是骨的扭转强度较小。因而在实施擒拿技术时，应以扭转力量为主，方能造成骨的损伤，在关节部位更应是如此。

骨与骨借结缔组织、软骨及骨组织相连结。骨连结分为无腔隙的骨连结和有腔隙的骨连结。无腔隙的骨连结即骨与骨之间没有任何间断和缝隙的连接，包括韧带联合、软骨连结和骨性结合。有腔隙的骨连结通常叫作关节，是擒拿格斗中控制对方、实施擒拿的主要部位。

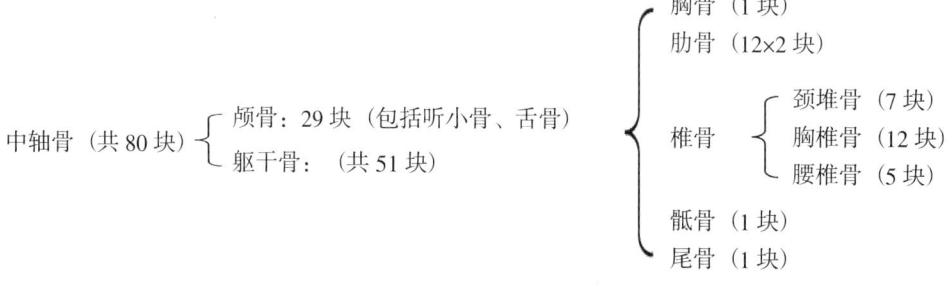

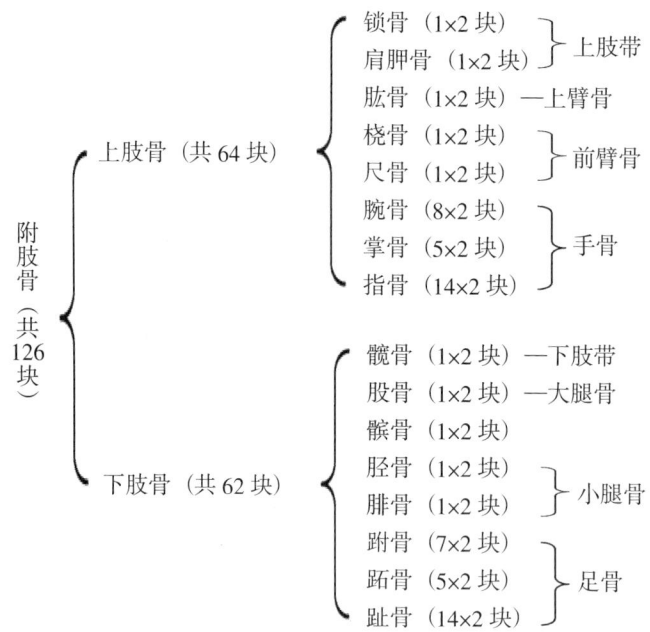

关节的结构是由关节面、关节面软骨、关节囊、关节腔所组成，并有关节韧带与辅助结构，还有血管、神经、肌腱穿行跨越其间（图1-2）。擒拿中的分筋错骨，"分筋"要损伤、破坏的就是韧带，因韧带有连接两骨、增加关节稳固性及限制关节过度运动的作用。在将关节固锁、扭转并超越到其最大限度时，就形成了关节的锁定，此时扭拉韧带和挤压神经就会造成剧烈疼痛；如超过其运动极限（错骨），便造成整个关节的破坏性损伤。

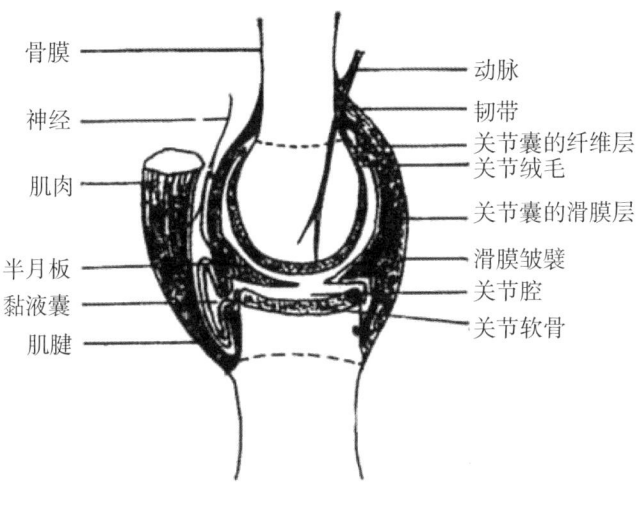

图 1-2　关节模式

根据关节运动轴的数目和关节面形状，人体关节可分成单轴关节、双轴关节和多轴关节三大类（图1-3）。

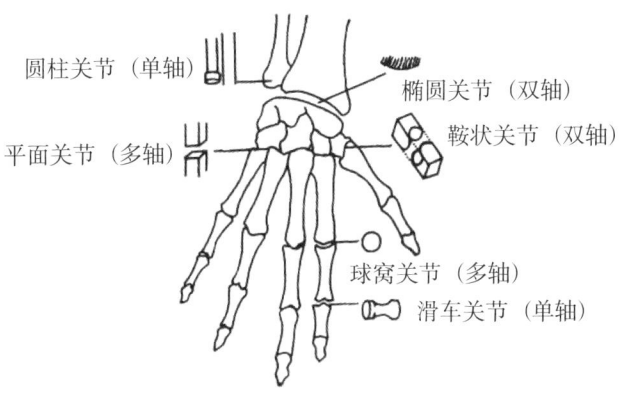

图 1-3　关节面的各种形状

单轴关节：只能绕一个轴运动的关节。有滑车关节，其关节面形似滑车，如肱尺关节和指关节，它们只能绕一个轴做屈伸运动。还有车轴（圆椎）关节，其关节面似车轮的轴式圆柱，关节面位于骨的侧方，骨围绕骨长轴平行的垂直轴旋转，如桡尺近侧与远侧关节。

双轴关节：可以在两个轴方向运动的关节。有鞍状关节，两骨的关节面均呈鞍状，彼此成十字交叉结合，类似握手，每一骨的关节面既是关节头，又是关节窝。鞍状关节有额状轴和矢状轴两个运动轴，如第一腕掌关节，它可以在两个轴上做屈伸和内收外展运动。另外还有椭圆关节，关节头及关节窝的关节面均呈椭圆形，也有额状轴和矢状轴两个运动轴。沿额状轴做屈伸运动，沿矢状轴可做内收外展运动，还可做环转运动，如桡腕关节和寰枕关节等。

多轴关节：是指可在多轴方向运动的关节，其运动范围最大。有球窝关节，关节头较大呈球形，关节窝小而浅且接触关节头的面积不到三分之一，因而它是人体中运动范围最大的关节。其运动轴通过关节的中心，关节沿着这些运动轴可做屈伸、内收外展、旋内旋外和环转运动。如肩关节就是多轴的球窝关节。除此之外还有平面关节，两骨的关节面均平坦而光滑，大体一致，关节囊紧张而坚固，运动幅度极小，只能做轻微的滑动及回旋，所以又叫微动关节，如跗跖关节等。

关节的运动形式取决于关节面的形状，包括滑动、屈伸、内收、外展、旋转（内旋、外旋）和环转（图1–4）。

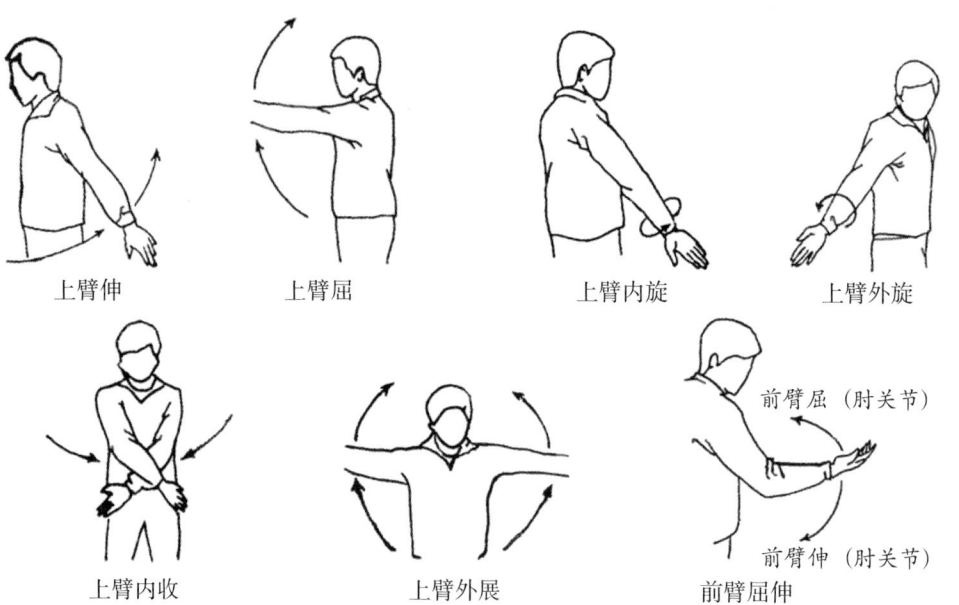

上臂伸　　　　　上臂屈　　　　　上臂内旋　　　　　上臂外旋

上臂内收　　　　　上臂外展

前臂屈（肘关节）

前臂伸（肘关节）

前臂屈伸

肘部内收（肩关节内收）

肘部外展（肩关节外展）

桡尺骨平行

前臂外旋

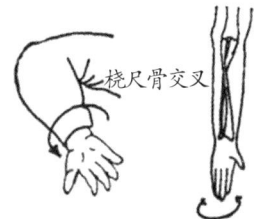

桡尺骨交叉

前臂内旋

手屈（腕关节屈）

手伸（腕关节伸）

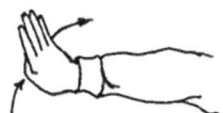

手内收（腕关节）

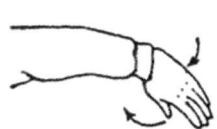

手外展（腕关节）

大腿屈

大腿伸

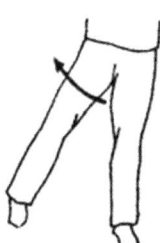

大腿外展

大腿内收

大腿外旋（膝部外展）

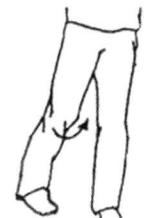

大腿内旋（膝部内收）

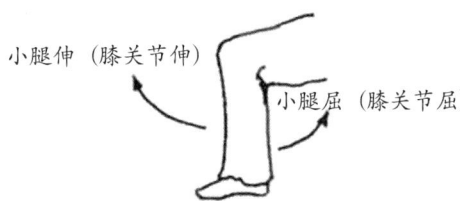

小腿伸（膝关节伸）

小腿屈（膝关节屈）

小腿屈伸

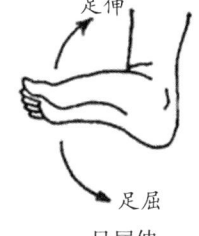

足伸

足屈

足屈伸

图 1-4 人体运动基本形态图

屈伸： 运动环节在矢状轴面内绕额状轴运动，向前运动为屈，向后运动为伸（膝关节和踝关节相反）。

水平屈伸： 上臂在肩关节处，大腿在髋关节处，外展 90° 后向前运动为水平屈，向后运动为水平伸。

内收外展： 运动环节在额状面内，绕矢状轴运动，远离正中面为外展，靠近正中面为内收。

旋转： 运动环节在水平面内，绕其本身的垂直轴旋转，由前向内的旋转叫内旋，由前向外的旋转叫外旋。

环转： 运动骨的上端在原位活动，下端则做圆周活动，凡是具有额状轴和矢状轴的关节，都可做环转运动。

关节运动除了有特定的运动方式外，其各自的运动方式又都有一定的幅度（限度）。关节运动幅度是指运动环节围绕某运动轴进行转动的最大活动范围。关节运动幅度的大小，是能否充分发挥肌肉工作能力的前提之一。适宜的关节运动幅度，不仅能保证运动的协调性，而且对充分发挥肌力、防止运动损伤都有意义，对于学习擒拿技术来讲就更为重要。因为擒拿技术正好反其道而行之，采取相应手法分筋错骨，使对方不能充分发挥肌力甚至主肌力消失，并使其关节的运动超过其最大运动幅度，锁定关节、破坏韧带、挤压神经，有意识地造成对方的损伤，以便擒拿。

关节运动幅度由关节的类型、关节囊的厚薄与松紧度、韧带的多少与强弱以及关节软骨的形状所决定。一般情况下，关节囊薄而松弛，韧带少而且弱，关节的运动幅度就大。因而人体关节运动幅度最大的方向，往往是擒拿中拆卸关节的主攻方向。

（二）人体运动链系统

学习擒拿技术，在掌握了人体的骨骼、骨杠杆、关节的生理结构及运动特征后，还必须掌握人体的运动链系统的特征。因为人体的运动不是某一单一关节骨杠杆的运动，而是相邻几个关节乃至全身的运动，是以一种传递式的链运动系统形式出现的。

人体是一个有机整体，是一个巨大开放系统。人体本来有 200 多个环节，为了研究和学习方便，我们把它抽象为 15 个环节和以主要关节连结而成的 5 个运动链子系统（图 1-5）。

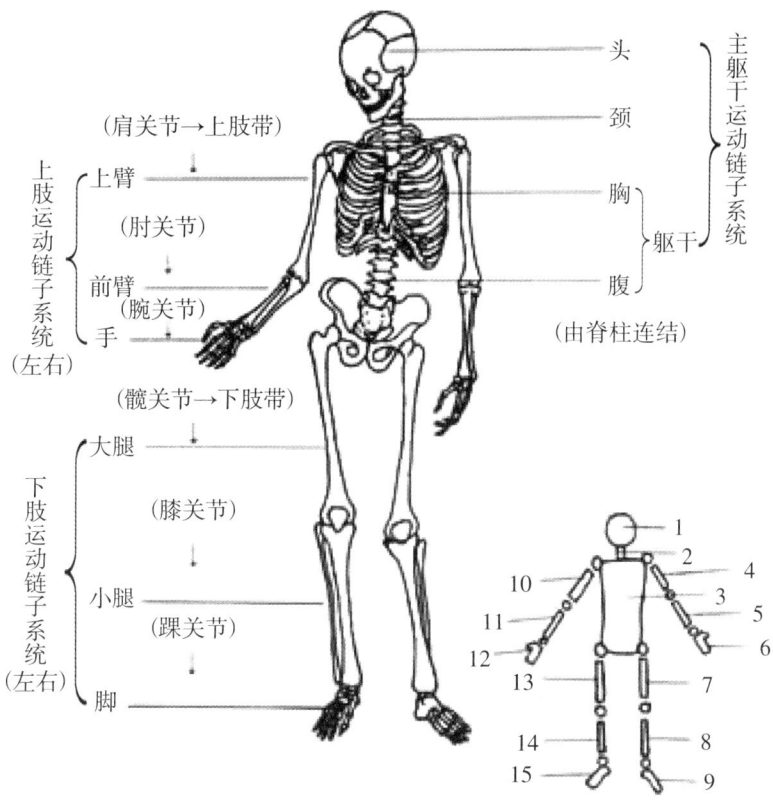

图 1-5　人体主要环节与运动链系统

15 个环节是：头、颈、躯干（胸腹）；左上臂、左前臂、左手；右上臂、右前臂、右手；左大腿、左小腿、左脚；右大腿、右小腿、右脚。这 15 个环节又以主要运动关节相连结。躯干：颈椎、腰椎。上肢：肩关节、肘关节、腕关节、掌指关节。下肢：髋关节、膝关节、踝关节、足趾关节。从而形成人体的大运动链系统，又依据其运动关系分为 5 个运动链子系统。

1. 主躯干运动链子系统

主躯干运动链子系统是由头、颈、躯干（胸腹）组成，以脊柱相连结的人体主干，它是人体生命系统和运动系统的主体部分，其他 4 个运动链子系统均是以它为基础，并围绕它进行生命活动和运动的。

体腔中有人体全部的脏器和生命系统，保持着人体各种复杂的生命活动。因此在擒拿格斗中，对主躯干运动链系统要害部位的击打、掐拿，往往能削弱以致使对方完全丧失抵抗能力，并会对其人身造成重大伤害，甚至危及其生命。

主躯干运动链子系统本身有较大幅度运动能力的只有颈椎和腰椎，因而对颈椎和腰椎的旋拧、锁扣是擒拿技法的重要组成部分，尤其是对颈椎的旋拧，更能直接造成擒拿，并直接危及对方的生命。

2. 上肢运动链子系统（左、右）

上肢运动链子系统是由锁骨和肩胛骨所构成的上肢带并与躯干相连结，通过肩关节连结上臂（肱骨），通过肘关节连接前臂骨（尺骨、桡骨），通过腕关节连结手（腕骨、掌骨、指骨），形成以骨骼为中轴，关节为枢纽，肌肉按关节运动轴分群、分层排列，有血管和支配手臂运动及感觉的臂丛神经穿行其间的运动链子系统。

上肢运动链子系统是人体运动功能最多、最活跃、最灵活且运动幅度最大的运动链子系统，也是人体擒拿格斗中最常用、最重要的运动链子系统。

3. 下肢运动链子系统（左、右）

下肢运动链子系统由下肢带与躯干下部相连结，并通过髋关节连结大腿（股骨），通过膝关节连结小腿（胫骨、腓骨），通过踝关节连结脚，形成以骨骼为中轴，关节为枢纽，肌肉按关节运动轴分群、分层排列，有血管和支配腿运动及感觉的神经穿行其间的运动链子系统。

下肢运动链子系统具有支撑体重，使人直立行走、运动和位移的功能。在擒拿格斗中，下肢运动链子系统是人体在空间上转移变化和保持稳定平衡的基础，也是人体借以支撑发力的基础。因而针对该系统的实用擒拿技法，主要是对其运动链的髋、膝、踝等环节，实施破坏性击打、掐拿、绊锁，以阻止对方身体的转移变化，破坏其重心位置并使之失去平衡，配合其他各种技法从而形成擒拿。

二、运动偶、效应性运动、锁定效应与擒拿

（一）基本概念

运动偶：是指由关节相连结的一对活动杠杆的两骨。运动偶以关节为转动

轴，互为动骨与不动骨，彼此相对运动，但不分开。

效应性运动：是指在擒拿中对某一运动链子系统中某一环节、某一关节施加一定方向的力，同时固锁其前端骨，则对偶骨必产生相应的运动，并引起对偶骨另一端的关节也产生运动，以此类推，产生连锁反应。

锁定效应：是指对运动链子系统中某一环节或关节实施擒拿（分筋错骨）时，其相邻关节必会产生相应的效应性运动。因此，当关节运动至某一特定位置，不但可锁定该关节，而且可同时锁定其相邻关节，乃至整个运动链系统。

（二）在实用擒拿技术中的应用

人体运动链系统中，相邻关节的效应性运动和锁定效应在实用擒拿技术中十分重要。擒拿技术的本质就是利用人体效应性运动规律，通过对某一关节或环节的抓经拿脉、分筋错骨，使其相邻关节或环节（尤其是其靠近躯体的上端关节）产生相应运动，依据该运动链的生理结构特征，在运动到某一位置时，将该运动链中相邻的几个主要关节全部锁定，这样就能真正地造成擒拿。反之，如果只对单一关节实施分筋错骨，而不考虑相邻关节的效应性运动和锁定效应，也就是不考虑对整个运动链系统的锁定，那么最多只能造成单一关节的疼痛和损伤，仍给对方留有充分的运动能力、反抗时机和反击余地。形不成擒拿，势必变成死拿硬要、反被人制的被动局面。因此，研究学习实用擒拿技术，除了要掌握各运动链子系统中各主要关节的生理解剖结构、运动特点和运动幅度外，还必须掌握运动链系统中相邻关节的效应性运动和锁定效应，就是要掌握当对某一关节实施擒拿时，其相邻关节会产生什么样的效应性运动；使关节处在什么位置情况下，能将其主要相邻关节全部锁定，进而锁定整个运动链系统，真正造成擒拿。

例如，在实施擒拿技术"金丝缠腕"中，当你控制住对方的腕关节，并施以反挫关节时（使其腕关节极度内旋），若不注意其相邻关节的效应性运动和锁定效应，在使对方腕关节极度内旋时，不同时使腕关节极度内收，即通过骨杠杆向肘、肩关节传递一个向下的压力，则对方可疾抬肘、屈臂，用肘部扫击你头部，腕部擒拿即被解脱（图1-6①②）；因相邻的肘关节和肩关节未被锁定，对方也可疾屈肘，向后转身，翻身用另一手插掐你喉，腕部擒拿亦被解脱，同时还造成了反被人制的局面（图1-6③④⑤）。

图 1-6 "金丝缠腕" 解析一

如对方直臂，可对其腕关节实施内旋，从而引起前臂骨的内旋，使肘关节产生锁定效应。此时如传递给肩关节的下压力不够，则其肩关节和主躯干运动链子系统未被锁定，虽可造成腕关节部的剧烈疼痛而使对方暂时丧失抵抗能力，但若遇顽强之敌，利用身体通拉肩使手臂产生上穿前顶之力，即可使腕关节解脱，这就是擒拿古谱中讲的 "神拿怕穿顶"。

当对腕关节实施反挫关节（内旋）擒拿时，必须考虑到其相邻关节的效应性运动和锁定效应。在对对方腕关节实施内旋时，会产生其手臂内旋、肘关节外展的效应性运动，此时如使其腕关节同时极度外展，并使其肘和肩关节受到向下的压力，即使其平屈肘，上臂与前臂间夹角在 100°~140° 之间，则不但能同时锁定肘、肩关节，锁定整个上肢运动链，而且能通过肩关节和上肢带锁定主躯干运动链，使对方完全丧失反抗能力（图 1-7）。

图 1-7 "金丝缠腕" 解析二

我国传统擒拿技法对此早有深刻的总结，"金丝缠腕"的口诀中讲道："一把金丝是缠绕，锁手侧闪肘对肘，翻腕旋臂切腕骨，坐胯拧腰意守中。""锁手"是讲锁住对方上肢运动链子系统的游离端（手）；"侧闪"是防备对方躲闪转移至其臂外侧，使对方另一手无法反击；"肘对肘"是控制对方肘部使其无法折屈肘反击和解脱。"翻腕旋臂切腕骨"是讲两手反向用力旋拧其腕关节的同时要向下切压。"坐胯拧腰"指的是通过自己身体的运动使对方被擒上肢产生向其臂外侧下方的旋压之力；"意守中"是注意力不应在其腕，而应注意使力传递至其肩身，也就是同时作用于其躯干。在腕部擒拿的总则中也有，"擒手梢节扣旋腕，鱼际望天守中线，两臂平屈六七分，扣切卷插鬼神哀"。这句讲的是腕部内旋擒拿时的基本擒拿形态，就是必使其小鱼际向上，手掌正对胸前正中，手臂要平屈（100°~140°）。在注解中也讲道："擒腕，必锁肘，不锁遭肘击"；"擒腕、锁肘

亦锁肩，不锁翻身必遭打"。这些讲的都是在对腕部分筋错骨时，必须利用效应性运动和锁定效应，同时锁肘、锁肩，才能造成擒拿。

三、运动链特性与擒拿

（一）运动链

运动链是由若干运动偶相互依次连结而成的运动体系。人体的运动是相邻关节依其相互的运动关系，而依次连续运动的运动链形式。相邻关节之间相互支持、补充，又相互制约，形成人体的各种复杂的运动。

人体运动链又分开放式运动链和闭锁式运动链。

开放式运动链是指终端游离的运动链，当系统中某一关节固定时，其余关节都可转动，有一定的自由度。人体开放式运动链的游离终端常常是手、足和头。人体的运动大部分是属于开放式运动链的动作。

闭锁式运动链是指运动链系统终端固定的运动链，当系统中某一关节运动，必然引起该系统其他关节的运动，并受一定的限制和制约。

（二）在实用擒拿技术中的应用

实用擒拿技术的基础，首先就是要控制（固锁）住人体运动链某子系统的游离端，使其由开放式运动链变为闭锁式运动链。如不控制、固锁其手，就无法对腕部实施擒拿；如若不控制其前臂，就无法对肘部实施擒拿；如若不控制其前臂和肘关节，就无法对肩部实施擒拿。

当控制（固锁）运动链的游离端，使其由开放式运动链变为闭锁式运动链，并对其中关节实施反挫关节，必会产生效应性运动和锁定效应，从而完全控制对方，造成擒拿。因为在闭锁式运动链中，其中一关节运动，必会引起相邻关节的运动，产生相互的锁定效应。这是所有实用擒拿技术的基础。

例如，当旋踢或抱压对方膝关节内侧时，如果只是沿水平面或向上方向用力，则其腿（下肢运动链子系统）为开放式运动链，就可随势做移动，因此只能给对方造成轻微的局部伤害（图1-8）。

图 1-8　动作分析一

但若向对方膝关节内侧，并向斜后下方用力旋踢，由于对方膝关节受到向斜下的力量，使脚亦受到垂直向下的分力而无法离开地面或移动。此时，其下肢运动链子系统就由开放式运动链变为闭锁式运动链，相邻关节产生效应性运动。由于膝关节无外旋的运动能力，受到旋冲的压力必造成膝部外旋引起大腿极度外旋，这样就形成了膝关节两端——踝关节和髋关节的锁定效应，膝关节又受到反关节冲力，整个下肢运动链子系统就被锁定，对方必向后倒地，同时踝、膝、髋关节也会受到损伤（图 1-9）。

图 1-9　动作分析二

又如，擒拿技术中的旋颈技术，如果只是在一个轴上做旋颈，因为是开放式运动链，其终端游离，两足可移动，身体也可随之转动；如果在垂直轴和额状轴两个轴上做螺旋式旋颈，由于颈椎在转动时同时受到向下的压力（后仰），又受到颈椎解剖结构的约束，对方身体就无法同时沿两个轴的方向转动，这样就使对方身体变为闭锁式运动链，从而形成擒拿，也会使颈椎受到严重损伤甚至危及生命。

如果沿一个轴（垂直轴）转拧时，想办法利用自己的肢体将对方的身体、肩、腰、髋锁定，那么也会不同程度地将对方变为闭锁式运动链，使力量集中于对方颈椎，造成巨大伤害。

总之，在擒拿技术的实施中，必须首先控制（固锁）对方身体的游离端，使其由开放式运动链变为闭锁式运动链，这是造成擒拿的首要条件。

四、运动自由度与擒拿

（一）运动自由度

从力学观点来看，自由度是描述物体位置的独立坐标数，或是指允许自由活动的可能性。对于擒拿技术来讲，是应用自由度来研究和掌握人体运动链某子系统、某环节、某关节自由活动的多种可能性。

人体的运动是在三维空间中进行的，研究人体的运动首先要建立三维坐标体系，即建立三个线度相互垂直的空间坐标系，对人体运动来讲就是矢状轴、额状轴、垂直轴（图1-10）。

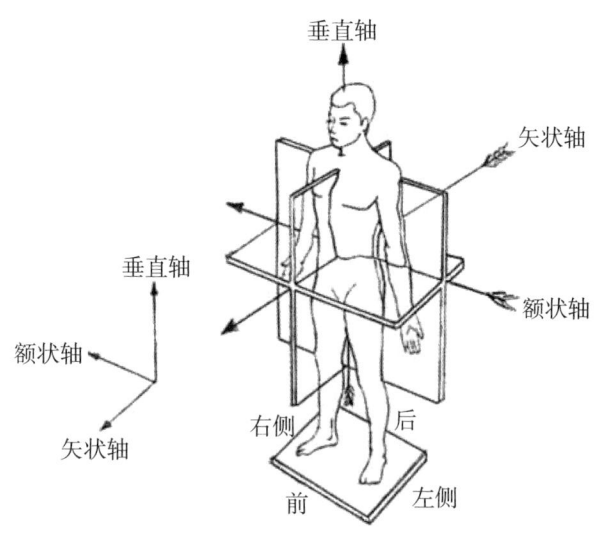

图1-10 人体在三维空间的三个运动轴

一个不受约束的物体，处于完全游离状态，自身不转动，可以在三个方向（矢状轴前后、额状轴左右、垂直轴上下）上平动，称为三个平动自由度。当一个物体一点固定（不发生平动），它可绕这三个轴转动，即有三个转动自由度。这三个轴上的三个平动自由度和三个转动自由度，对人体运动来讲，共计最多只有三个自由度。

在研究人体或某一环节（肢体）的自由活动可能性（自由度）时，并非每个环节或关节都有六个自由度，而是要依据关节的结构特征、运动链系统中相邻关节的支持和制约作用，以及要看是相对哪一个环节或关节而言的。例如，肩关节固定，上臂（肱骨）只能绕三个基本轴有三个转动自由度，而不能平动，无平动自由度；肘关节固定只能使前臂有两个自由度；指间关节限制手指只有一个自由度；手相对肘关节和肩关节就会有不同的自由度。

在开放式运动链中自由度可以相加，但最多不超过六个（三个平动、三个转动）。例如人体上肢运动链子系统，由上臂、前臂和手构成开放式运动链，这个运动链的游离末端（手）可活动的自由度较多。上臂对肩关节有三个自由度，前臂对肘关节有两个自由度，手对桡腕关节有两个自由度，合起来对肩关节有六个自由度，因而以肩关节为支点，手的活动范围很大，手可以达到以臂长为活动半径所形成的范围内的任意点上。

（二）在实用擒拿技术中的应用

研究人体运动自由度对于实用擒拿技术来讲，就是要控制人体并使其完全丧失运动自由度，才能造成擒拿。因此必须明了运动链系统中各环节（关节）的运动自由度，以及相邻关节参与运动的自由度和它们之间的支持、制约作用。在实施擒拿技术的第一步，控制运动链游离端时，要尽可能地减少其运动的自由度，第二步的反挫关节固锁，就是要使其完全丧失运动自由度。

仍然以上肢运动链子系统为例，该运动链的游离端（手）有腕关节的运动，又可加上肘关节和肩关节的运动。如果控制对方腕部，其手臂的运动就只有前臂骨、肘关节和肩关节的运动了，并受到被控制手的制约和限制；如果控制肘关节的话，那么其整个上臂的运动就只有肩关节的运动了，并且也受到一定的制约和限制。因此在实用擒拿技术中，如控制住对方腕关节或前臂，使其由开放式运动链变为闭锁式运动链，并对其肘关节施加一定方向的

力，特别是要注意通过肘部的反挫关节来控制其肩关节的运动（自由度），使肩关节在一个方向上达到生理结构允许的最大运动极限，就能造成擒拿。而当对方反抗时，可顺其劲在同轴的反方向上，使关节达到运动幅度最大极限。这是擒拿技术的核心。

在搏击擒拿过程中，如果瞬间能控制上肢运动链子系统中某一关节，尤其是其中枢关节——肘关节，就可最大限度地限制对方手臂的自由度，造成擒拿的态势和时机。故而拳谚上讲："封手不如封肘，吃手不如吃肘。肩动肘伸手必到，固手旋肘人必翻。"这是无数前辈在不断实践中总结出来的经验。所以在实用擒拿技术中，是以控制对方肘部的两个运动自由度为核心，并通过运动链的效应性运动和锁定效应来达到擒拿的。正如擒拿口诀中讲到的，"擒腕看肘亦锁肩"，"擒肩必锁肘，否则必受苦"。这是对上肢运动链子系统擒拿技术的最精确的描述。

总之，根据关节的运动特点、运动链的自由度和锁定效应规律，采用合理技法，使对方由开放式运动链变为闭锁式运动链，使对方身体整个运动自由度和肢体运动自由度受到一定的限制和控制，并依据抓经拿脉、分筋错骨的原则，就可实施擒拿。

第二节　人体神经系统与擒拿概述

人体的运动是以骨为杠杆、关节为轴、肌肉收缩为动力，在神经系统的支配下完成的。因而在研究学习实用擒拿技术时，除了要掌握骨骼、关节的结构和运动外，还必须了解神经系统，尤其是躯体的运动神经。特别是神经在肢体的走向和浅显部位，这是擒拿技术中掐拿、击打的要害部位之一，一经掐拿、击打，就会使对方立即产生触电般酸麻感，从而失去抵抗能力。

神经系统由脑、脊髓和周围神经组成，按其所在位置不同分为中枢部和周围部。中枢部即中枢神经系统，包括脑和脊髓；周围部即周围神经系统，包括由脑发出的脑神经和由脊髓发出的脊神经。按其分布范围不同，又可分为躯体神经和自主神经。躯体神经分布于皮肤、肌肉、关节等处。自由神经分布于内脏、血管、腺体等处。神经系统是一个不可分割的整体。

一、中枢神经和周围神经系统

（一）中枢神经系统

1. 脑

脑位于颅腔内，分大脑、间脑、中脑、脑桥、延髓和小脑六个部分。中脑、脑桥和延髓合在一起又称脑干。

大脑的皮质管理身体感觉和运动的机能区有运动中枢、感觉中枢、视觉中枢和听觉中枢等，可对传入的刺激（信号）进行综合分析。

小脑位于大脑的后下方，它的主要功能是维持身体的平衡、调节肌张力和协调肌肉的活动。

间脑位于中脑上方两个大脑半球之间。间脑的下丘脑是自主神经的皮质下中枢，它控制和协调内脏活动，还调节水盐代谢、体温、食欲和情绪反应等活动。间脑的丘脑是皮质下的感觉中枢。

脑干包括中脑、脑桥和延髓，是连接大脑、小脑和脊髓的桥梁，它有视觉和听觉反射中枢，并与自主神经的活动、肌张力调节以及维持清醒状态有关。

2. 脊髓

脊髓位于脊柱椎管内，上端在枕骨大孔处与延髓相连，下端缩细止于第一腰椎下缘。全长共31节，发出31对脊神经。

（二）周围神经系统

1. 脑神经

由脑发出的神经称脑神经，共12对，在脑底和脑相连，分布于头颈部的器官、肌肉、皮肤以及心、肺、胃、肠等内脏器官。这12对神经为：感觉神经——嗅神经、视神经、前庭神经（位听神经）；运动神经——动眼神经、滑车神经、外展神经、副神经、舌下神经；混合神经——三叉神经、面神经、舌咽神

经、迷走神经。

在擒拿中主要揸拿的脑神经是迷走神经和副神经，因为它们支配平滑肌、心肌的活动和腺体的分泌，以及内脏器官的感觉，并有主干在颈部通过。

2. 脊神经

由脊髓发出的神经称脊神经，它们是混合性神经，含有感觉纤维和运动纤维，共31对，即颈神经8对、胸神经12对、腰神经5对、骶神经5对、尾神经1对，是我们在擒拿中主要揸拿、击打的神经（图1-11）。

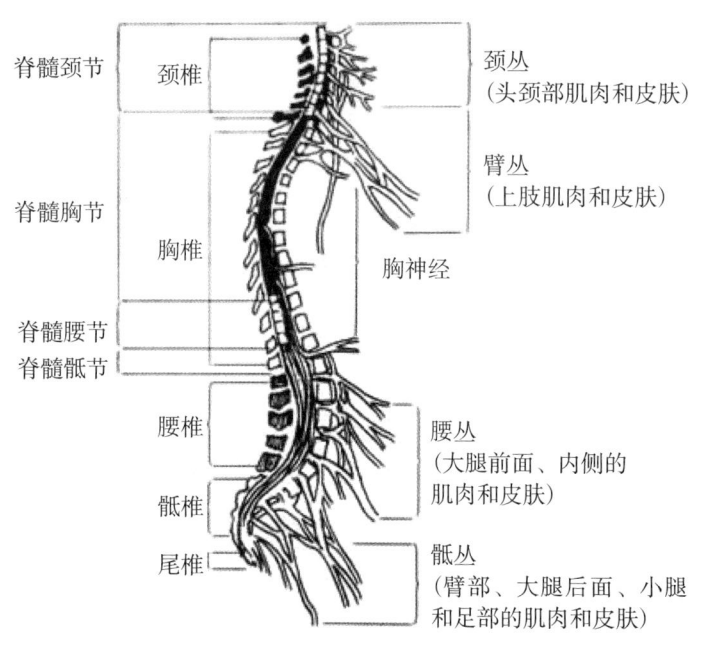

图 1-11　脊神经

胸神经前支沿肋骨下缘形成肋间神经，其分支分布于肋间肌、腹肌及胸腹壁皮肤。

颈神经、腰神经、骶神经、尾神经的前支相互交织，形成神经丛，分别称为颈丛、臂丛、腰丛、骶丛（图1-12）。

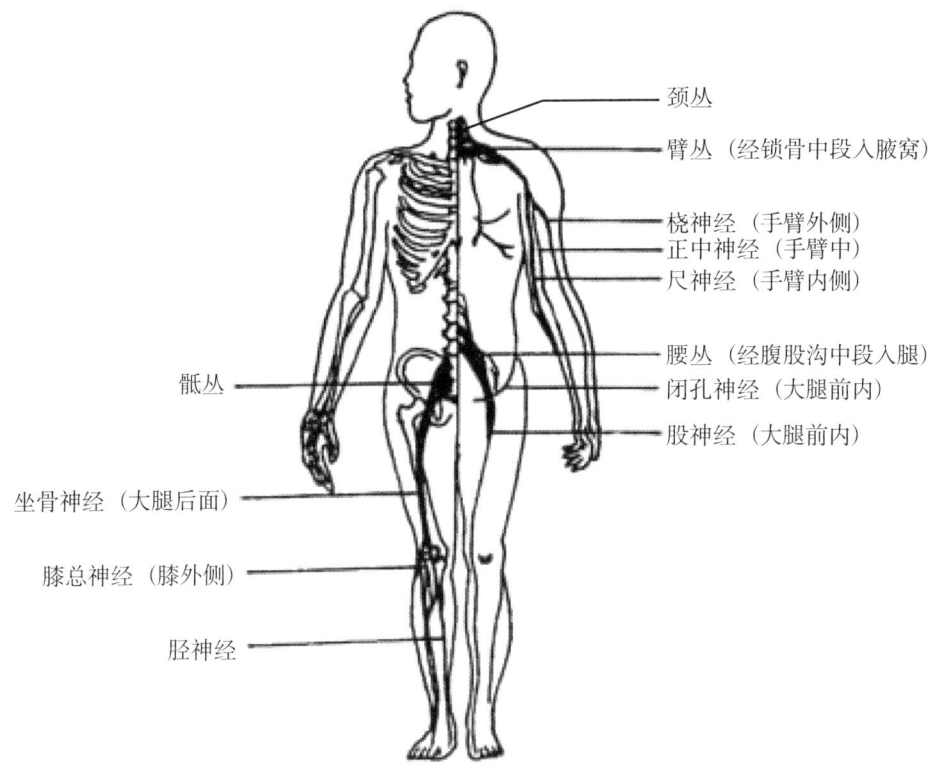

颈丛

臂丛（经锁骨中段入腋窝）

桡神经（手臂外侧）
正中神经（手臂中）
尺神经（手臂内侧）

腰丛（经腹股沟中段入腿）
闭孔神经（大腿前内）
股神经（大腿前内）

骶丛

坐骨神经（大腿后面）

腓总神经（膝外侧）

胫神经

图 1-12 神经丛

(1) **颈丛**：颈丛发出的神经分布于头颈部肌肉和皮肤，其中最长一条是膈神经，它进入胸腔分布于膈肌（主要的呼吸肌）。

(2) **臂丛**：颈椎和胸椎前支相互交织发出的脊神经形成臂丛，经锁骨后方进入腋窝，分布于上肢的肌肉和皮肤，主要神经有肌皮神经、正中神经、尺神经、桡神经，均伴随主血管支行走。

正中神经——在臂部走向与肱动脉一致，在臂正中行走，经肘离正中，行至腕前远纹中点入手。

尺神经——从腋窝沿肱骨至肘部，经肱骨内上髁与尺骨鹰嘴间，沿尺侧至腕部豌豆骨桡侧缘入手。

桡神经——自腋后襞下缘外端与臂交点处，沿肱骨经肱骨后方，至肘部肱骨外上髁，再沿桡侧至桡骨茎突入手。

(3) **腰丛**：腰椎和骶椎前支相互交织发出的脊神经形成腰丛，腰丛经腹股

沟中点入大腿，分布于大腿前面和内侧面的肌肉和皮肤，主要有股神经和闭孔神经。

股神经——经肌腔隙于股动脉外侧进入股三角，位于髂筋膜深面，肌支（支配肌肉的神经）分布于大腿前面股四头肌、耻骨肌和缝匠肌；关节支分布于髋、膝关节；皮支（皮肤感觉神经）分布于大腿前区，其末支为隐神经，在股动脉前方入收肌管。

闭孔神经——起自腰丛第二～四腰神经，经闭膜管出骨盆后，分为前、后两支。前支位于短收肌表面，分布于长收肌、股薄肌、短收肌、耻骨肌及膝关节；后支位于短收肌后面，支配闭孔外肌和大收肌；皮支分布于大腿内侧皮肤。

（4）骶丛：从骶丛发出的神经分布于臀部、大腿后面、小腿和足等处的肌肉和皮肤，主要有坐骨神经、胫神经和腓神经。

骶丛发出的坐骨神经，经坐骨结节与大转子之间，沿股后（大腿后面）中线下行，在腘窝上角处，分为胫神经和腓总神经。胫神经沿腘窝中线下行，进入小腿后部，至足后跟腱内缘处，进入足底。腓总神经自腘窝处绕经腓骨头（膝关节外侧下腓骨小头处），其腓浅支沿小腿外侧行至足背；其腓深支沿前骨筋膜鞘下行，直达足背。

二、神经系统走向和位置特点

神经系统在人体内各系统中居于主导地位，是人体内主要的调节系统，它调节人体各器官的功能活动，使人体成为一个统一整体。人体的一切行为和运动，都是在神经系统的支配下完成的。因而我们在研究学习实用擒拿技术时，除了要掌握骨骼、关节和肌肉的功能外，还必须掌握人体的神经系统的组成、分类和功能。特别是神经在人体的走向、浅露部位，是擒拿技术中掐拿、击打的要害部位之一，经掐拿、击打就会直接刺激神经系统，使对方立即产生触电般酸麻感和剧烈疼痛，从而失去抵抗能力。

神经常和血管、淋巴沿骨伴行，形成血管淋巴神经束，大都在肌群的深处行走，外部有厚实的肌群保护，但当其穿行身体的某些特定部位时，会形成浅支，其外没有厚实肌群保护，只有表皮和结缔组织，是擒拿术中掐拿、击打的重点部位。

三、神经系统的特殊薄弱部位（击打、掐插部位）

（一）关节部位

运动神经在穿越骨连结（关节）处时，如肘、腕、指、膝、踝关节处，因其外没有厚实的肌群保护，又处于经常运动状态，所以是在其关节间的骨神经沟中通过，或在骨间、骨内外侧通过。同时关节部的神经分支较为丰富，因此将关节扭曲、折扳到一定位置上，可挤压损伤神经。也可有意击打、掐拿神经浅支部位，刺激、损伤该处神经，造成无法忍受的剧烈疼痛，使对方在一定时间内丧失或减弱反抗能力，从而造成擒拿。

例如，在肘关节鹰嘴沟的尺神经沟中，有尺神经通过，在其外部没有厚实的肌群保护。当肘关节适度弯曲到一定范围，尺神经暴露在外，这时对该部位的击打、掐拿必然直接触及尺神经，会使对方前臂产生有如触电般无法忍受的疼麻感，手臂在一定时间内丧失运动能力，为我擒敌创造有利条件。在平时生活中，常有屈肘不小心磕碰后，手臂出现触电般的疼麻，俗话说"碰着麻筋了"，就是碰着肘部的尺神经了。

又如，猛烈踢击膝关节外侧腓骨小头隆起处，则可直接刺激、损伤在该处通过的腓总神经，造成触电般剧烈疼麻，引起小腿前外侧肌群麻痹，形成暂时性发力和运动障碍。严重损伤则可造成足内翻成马蹄内翻足，形成残疾。

（二）关节窝处

肘关节的肘窝内有正中神经通过；膝关节的腘窝内有胫神经通过；腋窝处有臂丛神经通过；腹股沟中点处有股神经通过。在这些部位，只有松软的结缔组织，因而对这些部位的突然插打和掐拿，视力量的大小，不同程度地刺激乃至损伤神经，使对方剧烈疼痛、有如触电，造成肢体的运功障碍，严重时可造成永久性损伤。

例如，当对方伸、举臂时（尤其使用凶器劈砍我时），我可疾用四指猛力插击其腋窝，因腋窝内有支配手臂肌肉运动的臂丛神经通过，插击该处使

对方感到无法忍受的剧烈疼痛、触电般酸麻、手臂酸软无力，为我擒拿创造条件。

（三）头、颈和躯干部位

维持人体生命的重要脏器全部都在人体主躯干内部（包括头、颈、胸、腹四个部分），它们是人体生命系统的主体部分，在体内构成具有一定功能的系统（神经系统、内分泌系统、血液循环系统、呼吸系统、消化系统等），保持着人体各种复杂的生命活动。因而对主躯干各主要环节和要害部位的击打、掐拿，往往会对人体造成重大伤害，甚至危及生命。

神经均在深处行走，但根据人体生理结构的特点，凡是各处的窝就必是掐拿、插打的部位，其内都有重要神经通过。所谓"窝"就是凹陷的松软部位，如，耳垂后的耳后窝，内有大量脑神经分支通过；颈部锁骨上大窝，内有臂丛神经通过；锁骨内上小窝，内有锁骨上神经和膈神经通过。另外如胸骨上窝、心口窝等，这些凹陷的窝都是掐拿、插击的擒拿部位，一经掐拿插击必然会造成剧烈疼痛，减弱乃至使其完全丧失抵抗能力。

例如，在实施携背擒拿技术时，对方用力上挺，全力顽强反抗。我除去反错、折别其肩、肘、腕关节，使其局部剧烈疼痛外，还可利用插压其肩部的那只手，掐插其锁骨上大窝或锁骨内上小窝，使其身体躯干部也感到难忍的酸痛，身躯无力上挺，从而完全丧失抵抗能力。

（四）颈、背脊柱部位

周围神经系统中除大脑直接发出的 12 对脑神经，分布于头面、颈部外，由脊柱中心脊髓发出脊神经，分为躯体神经（运动、感觉神经）和自主神经（内脏、血管、腺体），也就是说在人体的颈、背部有神经系统的重要部分，且不易保护。那么对颈部、后背脊柱的击打，必然会直接刺激损伤中枢神经系统，使对方丧失抵抗能力或直接造成伤残死亡。

例如，对颈椎的旋拧切打，可直接使颈椎错动而伤及脊髓；从背后对胸椎或腰椎的突然猛力击打，可直接损伤脊神经，而造成伤害或死亡。美国国防部编制

的《一招制敌》技术教材中所述的摸哨技术，用枪托或硬物从背后猛击对方胸椎或腰椎就是一例。

（五）重要脏器浅表部位

自主神经分布于内脏、血管、腺体等处，尤为内脏部位较为丰富。因而对人体重要内脏浅表部位的击打、掐拿，均可造成剧烈疼痛而使对方丧失抵抗能力，严重的甚至造成破坏性损伤而危及生命，如肝区（腰肋部右侧）、脾区（腰肋部左侧）、胃区（心口左下侧）、前胸心区（心窝处）、背后心区、背后腰肾区等。例如，在腹部（中右部）有腹神经和淋巴丛结，一经击打造成剧烈放射状疼痛，引起整个腹肌痉挛，而使对方直不起腰来，完全丧失反抗能力，被我擒拿。

由于人体生理结构的特殊性，一些特定部位内脏距体表很近，外面没有厚实的肌群或充分的骨骼保护，这也就是我们常说的人体薄弱、要害部位。在擒拿格斗中对这些部位的击打、掐拿，必然会刺激该脏器丰富的神经，造成无法忍受的剧烈疼痛；力量达到一定程度时，会直接损伤该脏器而危及生命。例如，人体的肝区、脾区，当受到猛力击打时，易造成肝脏、脾脏的破裂而危及生命。

第二章　实用擒拿技术的
基本原则与功法

第一节　实用擒拿技术基本原则

实用擒拿技术的基本原则是无数前辈在不断的实践中总结出的根本法则，共有六大原则。

一、一打二留三要手，刁拿锁扣固梢行

"一打二留三要手，刁拿锁扣固梢行"是实施擒拿技术的先决条件。

一打是指："以打为先，迫其应手，阴阳相变，劲力绵沉，螺旋粘黏。"也就是说在施用擒拿技术时，对方在不断地移动反击，不可能上手就擒拿，因而必须打为先手，引动对方防架移动，即动则隙，隙则有机。而且在接触的过程中劲力要绵沉，螺旋粘黏，不要一触即离，这样才能给施用擒拿技术创造一定的先决条件。

二留是指："接打、打接同时，两手相挣，刁勾缠锁，必留其一，以迫其应。"也就是说在对方进攻时，要防打同时进行，并运用刁、勾、缠、锁等手法，粘黏连随滞留其一臂，使对方想进不得手，想退不能脱。同时两手相挣，即用我双手来对付其一臂，为擒拿创造先决条件。

三要是指："留一要一，要者打也，可谓：你不来时我叫来，入吾机关死不知。"也就是说在主动进攻或防守反击中要有目的地运用技法，使对方在不知不觉中按照我的意图进行防架，即是主动要手，为实施擒拿技术创造最有利的态势。

"打、留与要互为，迫其应手，得势即进，未留变打，如法轮之常转，疾不停手。"这句口诀讲的是：打、留和要必须相互穿插进行，才能迫使对方按照我的意图运动（防架、移动等）。得机得势就使用擒拿技法，不得机、不得势就打，身手不能有任何停顿，更不能一厢情愿地死拿硬要。

"刁拿锁扣固梢行"是指：在搏击格斗中，"打、留、要"的实质是在采用刁拿锁扣、粘黏连随等技法时，首先要控制、固锁对方的梢节（上肢——手梢，肘中，肩根；下肢——足梢，膝中，臀根；身躯——头梢，腰中，腿根），也就是首先要使对方由开放式运动链变为闭锁式运动链，然后才能实施抓筋拿脉、反挫关节的擒拿技术。这是实施擒拿技术的先决条件，在对方无防备情况下的主动擒拿也应如此。

二、抓经拿脉消其力，反挫关节鬼神哀

抓经拿脉、反挫关节是擒拿技术的根本技法与核心内容，一切擒拿技术的手法都是以此为基础的。

"抓经拿脉消其力"，就是说在实施擒拿技术中，不要乱抓乱拿，而要依据擒拿部位的生理结构特点，有目的地采用有效手法抓拿要害部位，以削弱对方的反抗力量和能力。

"反挫关节鬼神哀"，就是对关节反其道而行之，或使关节超过最大运动极限，必然会造成剧烈难忍的疼痛，使对方失去反抗能力，甚至伤筋断骨，造成伤残或死亡。擒拿技术中的"卸骨之法"及"断颈之法"，就是在反挫关节基础上的伤人之法。

对于"反挫关节"，擒拿口诀中讲得好，"何为反，偏转三四分，旋拧扳折亦同行"。"偏转三四分"是说反挫关节并非是向关节运动的正反方向用力，而是向其反关节方向侧方三四分处（30°左右）用力。这是因为人体在长期的进化过程中，在关节的反方向上都有特殊的限制结构和强大的肌力保护，而在其侧方30°左右处却很薄弱。正如我们在折卸其他动物骨关节时，向其反关节的侧方旋拧、扳折非常省力一样。"旋拧扳折亦同行"讲的是在反挫关节时，必须旋拧和扳折同时进行，要边旋边扳，边拧边折。也就是反挫关节必须同时至少在两个运动轴上进行，这样就同时考虑到了相邻关节的效应性运动和锁定效应规律，通过

对某一关节的擒拿，锁定整个运动链系统，正确地实施擒拿。

抓经拿脉，反挫关节，就是拿与擒，它们是相辅相成、缺一不可的两种根本技法，所以合称为擒拿。

三、擒拿巧字必当先，术巧劲巧法更巧

擒拿技术并非蛮打胡要，而是集踢、打、摔、拿之大成，是中国武术最上乘的技法，"巧"是擒拿技术的灵魂。

术巧：术巧是建立在对人体解剖结构和运动规律的深刻认识上，利用人体的薄弱环节和运动特点，巧妙地运用擒拿技法。

劲巧：劲巧是建立在正确地使用劲力和借用对方之力的原则上，巧妙地使用力量，用巧劲不用拙力。所谓"用巧劲不用拙力"，一是要顺其势，顺其劲，依势变化，阴翻阳转，不顶不抗。充分利用"合力"与"分力"的作用，横能破竖，竖能破横，顺则力合，分能转变对方的劲力方向，达到"四两拨千斤"之功效。二是要力走螺旋，使用旋拧的混元劲。在实施擒拿技术的出手动作中，必须随时保持螺旋力，这种螺旋的潜在力量和下意识动作，要成为动作中的习惯力量和习惯动作。出手虽似直出直入，但是无处不是圆劲，只要接触对方的某部位，便显出是由螺旋力在上下左右旋拧逼迫，使对方肢体、关节发生位移和旋拧。这是擒拿中的基本力量。三是要明虚实，刚柔相济，欲左先右，循环相生。在劲力的使用上，就是缠裹黏沉劲和冷脆劲相结合刚柔相济的连环劲。拿而不缠裹必遭拙打，拿住又缠裹住了，还必须用十分坚韧的冷疾脆劲抖发之。连拿带打，沉黏冷脆，方能奏效。四是要把握力的方向、作用点和大小，把握住支点、力点、力臂、力矩等的相互关系，充分利用力学原理（分力、合力、杠杆、剪切、旋转等），以达到克敌制胜的目的。

法巧：法巧就是讲究擒拿手法与技法的组合变换。一方面利用人体运动链的结构和运动特征、相邻关节的效应性运动与锁定效应，达到擒拿一点而控制全身，或造成自锁自、自捆自的目的。另一方面，要求不死拿硬要，每一技法的组成均考虑到对方反抗的最多可能性，在各个可能反抗的方向上及环节上均有相辅相成的相应技法，组合成针对每一环节、每一关节的一套完整的擒拿技法，可随其力其势的变化而变化，随意组合，以适应复杂的搏击对抗态势，达到克敌制

胜、擒拿捆锁的目的。

四、上锁下别，下锁上拿，上下相随

实施擒拿技术，必须手拿脚绊、上下相随、身手一致。当对对方上肢运动链系统实施擒拿时，必须配合对其下肢的绊锁，或通过力的传递使其随我意图移动而无法应势变化。因为对方欲应势变化，往往会先从脚步变化。在实施擒拿中首先是要阻止对方移动变化，以利己变；更重要的是要破坏对方两足的力点和支点，迫使其身体失去平衡，便于我充分发挥擒拿技术的效用。上下一齐动作就使对方失去任何反抗的余地，顺利地造成擒拿。

上锁下别、下锁上拿、上下相随还有更重要的意义，就是在擒拿中使巧劲、用巧法，抓锁住对方一个环节或关节，同时还必须迅速将其前后相邻关节缠锁住，并使用沉长的黏沉劲将其缠紧、缠死，使对方欲化化不了、欲解解不脱、拙力拼不上，此时再疾施刚猛之劲，即可造成擒拿。

总之，正如传统武术擒拿口诀中讲到的"手脚齐到身相随，填肩补胯锁绊别，上下锁别紧相连，裹缠旋拧趁腰行，你不来时我叫来，伸手一拿鬼神哀"。

五、随机应势顺吾意，审势而行辨吾法

在擒拿中绝不能一厢情愿，凭主观想法，逞一时之能，而是要依据对方的情况（身高体重、力量大小、技术动作、劲力的虚实等）审势而行，不顶不抗，并想办法诱使对方照我的意图运动。一旦得势得机，要稳、准、狠、轻巧、敏捷地施用相应的擒拿技术。如遇对方反抗、解脱时，要随机变化、机智灵活，切忌死拿硬要。根据实际情况（双方的态势、动作变化、力的方向和对方意图）使用不同的手法，抓拿不同的部位，使用不同的技法组合。否则，两劲相抗，死拿硬要，往往反遭拙打，被对方所乘。

六、拿要突然，出敌意外

拿要突然，出敌意外，疾快敏捷，就是擒拿口诀中所述"惊如闪电出敌意，

诱引移转分其力"。在施用擒拿技术时，先要采用各种技法，设法引开对方对所要擒拿肢体的注意力，绝不能在对方精神集中、有准备的情况下死拿硬要。一旦得机得势，动作要疾紧迅猛，绝不拖泥带水。同时在实施中，得机得势就拿，不得机就变，打、拿、摔相间，技法阴阳互变、循循相生，才能稳操胜券。

第二节　实用擒拿技术基本功法

实用擒拿技术融踢、打、摔、拿为一体，是实用搏击格斗技术中的精华，因而对人体的要求也就最高、最全面。

在实际格斗中，搏击的双方都在不停地运动，不断地进行全面的较量。要想准确地实施擒拿技术，首先必须具备一定的搏击格斗本领，具有敏锐的感觉，具有勇敢、顽强的精神气质，具有冷静、快速反应及紧急应变的能力。其次，因实用擒拿技术有它自己独特的技术特点和要求，所以必须刻苦练习和掌握实用擒拿技术的基本功法。在身体全面训练的基础上，着重进行专项练习，为真正掌握技术打下扎实的基础。

实用擒拿技术的基本功法，包括擒拿技术中特殊劲力的练习，尤其是指、腕力量的练习。如旋拧、缠裹，刚柔、阴阳劲力的练习和擒拿基本手法的练习，这些都是实用擒拿技术的根本基础，必须狠下功夫。

练习实用擒拿技术的基本功法，对人体动作姿态有严格的要求，按照要求刻苦练习，使头颈、躯干、上肢、下肢始终保持正确的姿势，会大大提高练功的效果。

一、头颈

实用擒拿技术对练习者的头颈部要求，可总结为"头要顶，颈要稳，目似虎"。

头要顶： 就是头要正，不可歪斜，有意识地保持一股向上的顶劲，仿佛头顶的百会穴处有一条线悬于天空。头上顶能使人体自然中正，运动中易于变换重心，身体更加灵活、轻捷。"头为六阳之首，周身之主，五官百骸，莫不以此为

向背"。头上顶能振奋精神，归沉内气，运化自然。若失顶劲，则四肢百骸疲软无力，精神靡散。俗语讲："头上顶，有冲天之雄。"

颈要稳：就是在头要顶的前提下，颈要端正有力，不可松而疲软，才不致低首俯面，摆头晃脑。但也不可僵硬，致使头部不能转动自如，影响两眼的左顾右盼及下视。

目似虎：就是要聚精会神，手眼相随。眼随势行时，应集中精神逼视对方，虎视眈眈，眼神和一招一式紧密配合，把内在的精神气质及劲力贯于眼，注于目。"人之一身，运用全在一心，而传神全在于目"。"目有杀人之威"说的就是这个道理。

二、躯干

躯干包括胸、腹、腰、髋。要求练习者做到"实腹畅胸，圆背松腰"。

实腹畅胸可使人体上虚下实，灵于变化，周身神气贯通。所谓"畅胸"是胸如鞠躬向前微收，四面包涵住，胸要含住劲，又要虚而含实，不可僵挺。"实腹"可助腰发劲，辅佐胸、腰的活动，还可助气沉丹田，使气上下贯通，并使力达于肩背。

腰是连接上下肢体运动的主要枢纽，是人体运动的关键处，腰对运动时动作的变化、重心的稳定以及推动劲力使之达到肢体各部都起着重要的作用。松腰的目的主要是为了把住劲力，在运动时使重心不上浮，下肢沉稳有力，使身体在快速的运动中不会摇晃不定。腰不可过软，也不可硬。因此，练腰不仅要求把腰练柔、练韧，而且要练得灵活自如，对擒拿技术来说更要练出合扣、旋拧、顶收之劲。

髋关节（胯）上与腰接，下与腿连。腰身的灵活与否，跟胯大有关系。胯不松活，会导致腿的僵直，也必然导致身法的呆滞，亦使下肢不灵，两腿笨拙。只有先松活胯，才能使膝、踝关节灵活，运动时的劲力才能顺达于膝、足，也才能使身法灵活。故而拳谚上说："松腰先松胯，胯不松，腰不活。"

三、上肢

上肢包括肩、肘、腕、掌和指几个部分，是实施擒拿技术的主要环节，因

而对它们的特殊要求就更高。总的要求概括起来可简述为"松肩、坠肘、活腕、坚指"。

松肩： 在擒拿格斗中要想使手臂灵活多变、劲力顺达、刚柔相济，首先要求两肩松沉，不可僵硬。两肩下沉、微微向前，自然形成含胸圆背。"沉肩背圆则力催两肩"。松肩能使身体发出的劲力顺利地通过肩部到达手臂的各个关节，只有先松肩才能练出灵活多变的内劲，消除身上原有的僵劲，使肘、腕各关节都能随时放松。但要注意，松肩绝不能松而无力，应是松中沉实、松而不懈。肩是上肢运动的根节，肩部运动机能的好坏，直接关系着手臂的运动效果，因此必须十分重视肩部的柔韧和力量练习。从某种意义来讲，实用擒拿技术中很多动作都是要依靠肩部的动作来完成的，因而必须练到使肩部灵活自如，劲力松、活、沉、稳。

坠肘： 肘和肩一样要求松而不懈，柔中有刚。肘要微屈下坠，坠肘时应注意在腋下要留有一定空隙。在做任何擒拿动作时，肘尖不可高抬外展。肘尖高抬，则前不能呼应掌、腕，后不能呼应于肩，臂僵劲软。肘尖外展，则胸肋暴露受敌。翻肩敞肘，力无从发，变无从起，易受敌制而百害无一益。

活腕： 腕要活，腕是人体较为灵活的一个关节，前有掌、指，后有肘、肩关节运动的支持，因而腕关节的运动幅度虽然不大，但灵活多变。腕关节是实施擒拿技术的主要环节，因此擒拿口诀上说："出手端在指腕求，牵来引去刁锁捆。出不空出回不空，步随身到法全功。"又说："擒拿先机指腕行，腕动指合肩肘迎。腕为天枢统百术，腕无指术即全空。"由此可见练腕的重要。腕必须练得轻柔灵活，具有一定的力度，尤其是刁扣、旋拧之力更要着重练习。即使是一个刁手、旋抖、带扣、翻拧的小动作，也要练得轻快利索，绝不拖泥带水。这样发力施劲时，腕部才能形成正确的紧张感，使内劲能由腕顺达掌指，疾发而沉稳，也才能使劲力随势转换，疾变应势。

坚指： 指为上肢的末梢，是擒拿技术中拿法的主要环节，抓经拿脉、掐插剔撅、刁拿锁扣以及其他技术均离不开指的应用技术。指的动作和指力，要求练得指如钢钩一般硬而有力，且要灵巧。"五指运功，各有所司"，人手的每个指在擒拿中作用不同，配合掌、腕组成不同的擒拿手法。所以练习擒拿十分讲究腕功、掌功和指功，既要有力量（功力），又要灵活，还要协调统一。

四、下肢

下肢是人体运动、发力的根基，根基不稳，则力无从发，周身运转不灵，更谈不上灵活敏捷地变化。常言说"拳打三分脚打七"，可见腿的重要。腿要练得如手臂一样灵活，其活动范围才能大，腿法、步法才能得心应势，移动自如。髋、膝、踝关节的灵活性要好，应具备一定的力度，要柔中有韧，韧中有刚。腿部的力量和柔韧性练习可通过站桩、压腿、耗腿、踢腿，以及各种沙袋、腿靶的训练来提高，同时应配合身法练习各种步法，使步法快速有力，不停不滞。

第三章　力与劲及劲力的运用

擒拿技术的实施是在双方肢体接触下进行的，因而首先是劲力的较量。如何合理巧妙地使用力量，制人而不被人所制，就成为擒拿技术的核心之一。使巧不使拙是擒拿技法的根本大法，因此，不仅要对擒拿技术中的力学结构、运动力学和应用力学进行分析研究，还要掌握机械力学（人体运动是以骨杠杆的运动而实现的）、运动生物力学（人体运动又比单纯的机械力学复杂得多，有其特殊性）、肌肉力学的基本原则和规律。

在擒拿技术中需要解决的三个根本问题：

第一，是使用劲力的合理性。就是如何发挥自己的最大体能，发挥出最强、最大的劲力；如何合理巧妙地运用自己的劲力，使之圆、活、巧；如何发出明、暗、化、合、滚、钻、挣、裹、拧、旋、弹、抖的劲力来。

第二，是使用劲力的经济性。就是在擒拿技术的运用中，如何巧妙地运用力学原理，利用双方肢体接触所形成的骨杠杆力学结构，经济合理地使用自己的劲力。也就是用最省的劲力取得最大的擒拿效果。这就要掌握"力小胜力大""以巧破千斤"的法则，它是擒拿技术借以形成的根本大法之一。

第三，是如何充分利用肌肉力学原理，造成对方主动性动力不足和被动性动力不足，使其无法充分发挥肌力，甚至完全丧失肌力。

第一节　力与劲的区别

力与劲，在日常生活习惯中似乎并无什么区别，所以人们常常把力当作劲来表示，也把力当成劲来使用。在中国传统武术与擒拿技术中，二者是有区别的。

"力"是指大脑支配下的肌肉收缩力，其形显于外，其力虽猛却僵硬且短促，力单直而无后继运转变化之能。

"劲"是指在意识支配下的气息吐纳和肌肉有机的舒张和收缩，是按照一定规律进行有序化配合产生的。其劲沉绵而宏大，力圆韧而有精巧转换之机。

另外，"力"作用于外界时，往往是人体的肢体局部用力。而"劲"作用于外界时，强调聚全身之力（整劲）于一点发出，因此攻击力相对较强大。"力"是先天具有的本能，传递较慢，变转滞钝，随意性较小。"劲"是后天练出来的，是经过意识支配并经"有序化配合"而产生的，传递迅速，变转灵活，随意性较大。

从中国传统医学与传统武术理论来讲，"内劲"就是"以意领气，以气催力"。《擒拿经》云："以劲之运用，则为内中之气，伸缩往来，循环不已，周流不息，四正四隅无所不有，无所不生，积柔成刚，至大至极。"

这里讲的"气"有内外之分，它有两个含义：一是指五脏六腑在维持自身生命活动中所流行的气，即指"人体内部受意识支配的，由物质、能量、信息组成的，使活机体有序化的信息波动"，这种气我们把它叫作"内气"。而由口鼻呼吸之气我们把它叫作"外气"。二是指身体内部运行的营气和卫气。在我国传统医学经典《黄帝内经·痹论》中有"其清者为营，浊者为卫，营在脉中，卫在脉外"。"营气循环在奇经八脉，流注在十二经络之中"，为先天本命之气。"卫气，水谷之悍气也。其气慓疾滑利，不能入于脉也。故循皮肤之中，分肉之间，熏于盲膜，散于胸腹。"这是后天之气。《八卦拳经》云："气始生于一，终分为二，即魂魄也、阴阳也。魂者为营主阴，其劲在内，阴柔而灵敏。魄者为卫主阳，其力在外，阳刚而呆直。"由此可见，"内劲"发于营而注流奇经八脉、十二经络，"外力"发于卫而行于肌肤之间。因此，"劲"与"力"是有很大区别的。

劲是隐于内，是视而不见的。外力则是显形于外，是显而易见的。

我国著名的老拳师都不是肌峰高耸之人，然呼吸之间、一气之中的内劲，不但圆活灵巧，往来变化迅速敏捷，而且内劲之大令人难以置信，即所谓"武不露形"。而单纯求力者，虽然肌肉发达、肌峰高耸，外露其形，其力虽猛却僵直呆滞，气促而力短。

劲具有圆活灵巧、弹抖柔韧及至刚至大的特性。而外力具有勇猛剽悍、僵直呆滞的特点。

单纯求力者，虽肌肉发达，有一身勇猛剽悍的力气，但这种力多直出直入，在全身各部的转换运用中缺乏灵巧变换之能，因而对于三节（根、中、梢，在身腿为根、腰为中、头为梢，在臂肩为根、肘为中、手为梢，在腿则髋为根、膝为中、足为梢）的互换运用也就迟钝不活，所以多为拙笨之力。内劲则由于有柔而刚的特点，又有韧而弹抖的特性，而且它在人体中周流不息、无穷无尽，是随形势的变化、意识的导引、内气的运行而不断变化的。所以，内劲在运用中圆活灵巧、变化多端，并有不易琢磨之妙。

劲有外视安然、内气充盈、暗藏杀机之妙。外力则外视凶猛、内中空虚，且有粗筋暴肌、神意易露之象。

练至精、气、神、意、劲五者充实相聚而为一，意、气、功、技、法五形相合，劲如箭在弦上、弓张满月，可以随意而行、随意而变、随意而发。神不外泄，意不外露。正如擒拿诀中所述："视之如安妇，动则如扑食之猛虎，疾如闪电，发似炸雷，出手似鹰如蛇，变转如球形似猿，劲如怒涛，无有穷尽。"重外力者则怒目变脸，经筋粗暴，肌肉似紧而身形呆直，外视凶猛而内中空虚。"内中空虚"指的是，单纯求力者，因平时不注重内气的锻炼，则真阴不退，纯阳不增，"故"不能吐尽，"新"不能纳满，故内气无法充盈而滞，必显露于外。

劲有用之不完、取之不竭之长处；外力则有一发即尽、易于中断之缺点。

前面已经讲过，劲是产生于经络血脉并在其中运行的气血，它在人体中的流动，始终同行云流水一般，总是连续不断、周流不息的。因此劲的运用也同样是连绵不断、步步深入、愈发愈大的，即使爆发而行，丹田之气也是"抱七撑三"，不致于气散劲竭。而力在运用时，则一发不可止，一发则尽，无后续之力，无转换之能，故而易于中断，即过刚则易折。正如"三才诀"中所言："单求外而不重内者，内气不盈，犹如轻舟重炮，炮发，舟焉得不覆。"

中国武术和擒拿技术讲究的是"劲力"的使用，劲和力是相互关联、不可分割的，是相辅相成的。力指的是人的本力，劲指的是内劲。人的本力是基础，本力越大，再通过内劲的锻炼，那么"劲力"就会越大。也就是说在练习中，既要重视力的锻炼，更要注重内气、内劲的练习，这样才能练成至刚、至柔、至大而且周流圆活的"劲力"。任何废一偏一的说法和练习都是不对的，都是有害的。

第二节　整劲与透劲

在武术和擒拿中十分讲究整劲和透劲，整劲和透劲必须是在"劲力"的基础上所形成的。

一、整劲

整劲，是指人体所具备的劲力汇聚为一，就是"技主在手，根基主在足，吐气主在腹，发劲在丹田，变转在腰间，整劲主在合"，也是"精、气、神、力合一集中"的结果。

整劲大于任一局部的肌肉收缩力，整劲强调一个整字，运劲时要全身各部都在高度集中的唯一意念支配下，遵循同一技法的要求，一动无处不动地进行专一的配合，按照先"聚气松沉"（就是将弛散的意识收敛集中，将散向四梢的意气收归丹田，同时以呼吸配合，放松各部肌肉，且要松而不懈，肢体外形适度屈曲，以至收敛的内气好似被压紧的弹簧，放松的肌肉被屈曲的关节预先拉长，好似以躯肢为弓胎，以盘肌为弓弦而引满的弓，有一放即发之势），然后"气由丹田发，节节相催，节节相追，催发于梢"（就是意识支配丹田之气，瞬间运至四梢，向上运行形成肩催肘、肘催手，向下运行胯催膝、膝催足）。劲逐节叠加汇聚成整，达于梢端而发出，这就要求发气、发力应快疾。

劲的练习，贵在以意识引导动作，以呼吸配合力的蓄发，从而提高驾驭肌肉张弛的机能和以气催力的能力。锻炼步骤是由松静入手，以静练气，以松练体，逐步将显露于外的刚劲，引藏于内。练习方法是一桩、二盘、三操。

"一桩"是指站桩，保持一定姿势，长时静站练习，借此体会人体各部是有机联系的整体。一静无有不静，一动则百骸俱动，同时体会精神内守、发劲以整的细微体验。气随意识的引导，以丹田为聚发之地，逐步提高意识支配气息的能力。

"二盘"是指盘练架子，也就是徒手练习各种实际技术，使周身运动协调顺达，气血流畅，要求用意不用力（拙力），同时体会站桩所得之劲力随意运往身

体某部发出体外的能力。

"三操"指的是实操，分为操桩和操手。操桩是借用练功器械或木桩（人字桩、丁字桩）练习发劲。操手是两人动作由慢到快、由随（不对抗）到顶化（有意识地对抗），劲力由小到大，以练习运用技法发劲的能力和劲力转换的能力，要求做到随势随意而行，收发于心，周转圆活。

二、透劲

透劲，是指能穿透攻击目标的劲力。欲发此劲，要求意识要有穿透感，意气要有穿透感，目光要有穿透感，劲力要有穿透感。此四感，实际都是高度集中的意志力，即为意感。发力时要丹田之气顺腰脊发出，通肩穿臂过腕，迅疾爆发，同时要延长发劲的量度，"意感"与"劲力"相合。如擒拿中的断肘技术，意感是透过对方肘击地面，劲力则要到肘并透达其背。因而透劲的练习是在获得整劲（劲力）后，主要是意念、四感的锻炼培养，可通过操桩来培养，通过掌或拳断木石来检验。

第三节　劲力的运用

经过锻炼有了"劲力"，练出了整劲和透力，那么怎样合理地运用劲力呢？这就需要结合手法讲究各种劲力的使用，这一点非常重要，它是搏击格斗、擒拿的本源之基。

一、劲力的圆、活、巧

武术、擒拿中的技法无非是阴阳变化、奇正相生，如"卒于阳，而生于阴"，"拳之大要，重在阴阳"。这些说法都离不开阴阳的互易变化与阴阳的相互分合，故阴阳乃术中之妙、术中之诀。而阴阳的变化之妙，犹如太极，即在于一个圆字。圆为术中之母，万变不离其宗，俱在圆圈之中。所以说："巧从圆中生，妙从圆中得。"

（一）圆

所谓"圆"，一是指在擒拿中周身无处不圆，"背圆则力在两肱，臂圆则力催肘前，虎口圆则力达指间"。二是指劲力要混元，也就是每一动作的劲力不能只有单一方向，而是要有四面八方的劲力，这样才能蓄意变化，周流灵活。三是指每一动作都是做圆弧的运动，两手相应互为阴阳，其运转在气、变化在骨、提领在神。首先是自己肢体的自转，这就产生了一种螺旋旋转的劲力，也就是我们讲的混元劲。出手似直出直入，然手臂随势旋拧产生的劲力，向任何方向一触即会产生螺旋滚动的劲力。其次是肢体的运动呈圆弧状，力走螺旋，劲力以圆活为主，使圆不使单，两手互为阴阳，虚实相变，周流圆活，决不微滞。也就是两手形如环，在擒拿中缠裹拧旋，圆整灵活，在两手的配合上及在支点和力点之间的力量上要有横竖螺旋的混元劲相配合。只有这样缠裹住了，又以脆劲抖发之，方能收到分筋错骨的最大效益。只有圆活混元之力和圆活混元之臂，方能趋避得机、审时度势、捷于变化，立于不败之地。

然而这个圆究竟多大，循什么方向、什么角度，怎样走圆，才能成为擒拿术中的诀窍呢？就是要做到：起钻落翻是法，阴阳变幻（两手互为虚实阴阳）为妙，尺寸角度为诀。具体地说，"起钻落翻"指行手俱是圆，包括大圆、中圆和小圆。大圆者，以肩为轴，高不过眉，低不过腹，展不过150°（指上臂与前臂的夹角）。中圆者，以肘为轴，全在前臂、腕翻转之间。小圆者，为手臂拧转之圆。"阴阳变幻为妙"指的是两手之圆的运动要大、中、小圆相互合理搭配，要圆中套圆，互为虚实阴阳。这里讲的圆不是单一平面的圆，而是呈螺旋状旋拧进退之圆。"尺寸角度"指的是我针对对方之势、劲力的方向而应势的方位角度，有平圆、立圆、斜圆各分左右和正反两个圆，共为八圆，以应八方之势。

在练习中必须是从大圆开始，逐步把运动中的圆缩小到中圆、小圆。要注意练习各个方位的、左右两手配合的、阴阳互变的圆弧运动。同时要注意周身的整体协调。出手、行步、身动无处不是圆。

（二）活

所谓"活"，就是说在练习或运用时，不论体内体外都要没有一点僵滞之劲气。神安、气舒，体则松而不懈。内气要随身而洋洋流动，内劲要应势而转移变化。身要随机而应变，步要随势而进退，两手如环出入不乱。这样就会内外相合如一，气如浮云不断移动，劲力如流水不断变化，身如车轴不断转动，手如车轮不断运转，步如狸猫进退敏捷。就如江河之浪涛，起伏因势而自如，运动滔滔而不绝。

在练习和运用中，手、眼、身法、步，意、气、劲力、功，要相合合一，变化要敏捷，动转要迅速，闪展要快，腾挪要得法，要神安而意气集中，在操桩中悉心体会接触时的肌肤感觉，审势度势，随机而变。在对抗练习中，应由不变到变、由顺到顶，依次逐步练，才能建立良好的时空感觉，也就是要把握相互间的距离，把握住恰到好处的时机，静如安妇，动则敏捷迅疾。

（三）巧

所谓"巧"，是指变化中的方法和在实际应用中的技巧。也就是如何合理运用力学原理，如何使用技法和劲力转化之巧。

总之，在平时的练习过程中，必须刻意求索，逐步形成气动如游云，连绵不断；劲动如浪涛，有柔有刚，无有穷尽；身动如车轴，迅速中正；手动如车轮，圆而无角；足动如猿行，轻灵敏捷；体动如翻浪，不停不息。但无论是求身活、手活还是步活，都是从阴阳的互易变化中求得的，都是从圆或圆弧运动中求得的。没有阴阳的互易也就没有"圆"的产生，没有"圆"的运动也就谈不上"活"，没有"活"就无从谈"巧"，它们相互间是密切相关的。

二、劲力运用的类型

（1）明劲：力量充实，发力明显，先松后紧，干脆集中。一发即收，得实疾长，逢虚转化，刚先柔后。明劲为筑基、壮体之道。

（2）暗劲：先柔后刚，刚在柔中，不露其行，外视其弱，触则疾发。暗劲富有一种含蓄的弹簧劲，扯不断也压不实，劲力连绵不断、沉稳绵长。

（3）化劲：化者圈也，圆弧走化，外似柔软，内含螺旋，着力疾变，变而不离。我如水中漂球受力疾转，分化转变对方力的方向，或旋转还至彼身，或引其失中，顺劲顺势（屈己从人），借力疾发。

（4）合劲：周体相合，气聚不散，劲力合一。劲整而圆。

（5）滚劲：旋臂转腕，触实即滚，滚压其臂，吾滚则其直行，吾行则其圆转。劲沉而活。

（6）挣劲：两臂两脚，左右相挣，反向而行，对向相搓，全在腰腹丹田。劲力刚疾。

（7）裹劲：缠如蛇行，劲往中进，四面八方，合一集中。劲沉而稳。

（8）钻劲：螺旋滚钻，形如丝钉，先柔后刚，触而不离，如螺旋逼进之力。劲疾实而旋。

（9）拧劲：手扣腕发，得于腰肩，左右拧转，劲如拧绳。劲沉而圆。

（10）旋劲：转环之力，惊弹螺旋，周身上下，两臂两腕，形如摇轮。劲疾而刚。

（11）弹劲：如风鼓浪涛，随起随落。随势蓄劲如压簧，借势发劲如拨销。劲韧而长。

（12）抖劲：瞬发即逝，迅如闪电，一发即松，一出疾回。劲短而疾变，抖动之力，如马之抖蝇。劲疾实而短。

当然劲力的种类远不止这些，这里讲的是擒拿中所运用的主要的十二种劲力，这些都要在桩功和对操中悉心体会和练习。在实际格斗擒拿中，"劲力"仅具备"整劲"和"透劲"是远远不够的，还应该进一步掌握以上这十二种劲力，才是真正掌握了擒拿的劲力。

第四章　劲力应用的基本原理与法则

第一节　劲力应用的基本力学原理

力有三个要素，即大小、方向和作用点。在任何瞬间，要想破坏对方的力，一种方法是用比对方大的力反方向走抗消它，这样势必造成力大胜力小或死拿硬要反被人制的局面；另一种方法强调力的方向和作用点，并注意到搏斗是在三维空间内进行的，这样在瞬间就必定存在无穷个从其他方向上破坏对方的力，也必定存在最合理的破坏对方的作用点，这就需要掌握擒拿中的基本力学原理，并在实际中巧妙适宜地应用。

一、合力与分力在擒拿中的应用

在搏斗擒拿力的较量中，最忌从相反方向去用力抵抗，而是应或多或少地顺着对方的用力方向，加力于对方力上，以产生更大的合力，转变其用力方向，并使对方失中，从而陷入不利的境地。有时用化劲，目的在引动对方重心。有时用发劲，将二劲合而为一，施还于彼身。总之都离不开顺着来力的方向及时加力，从合力上提高效果，这是借人之力以供我用的方法，也是以小力胜大力的基础之一。那么什么是合力，它的原理是什么？为了便于了解和掌握，下面结合图示作介绍。

已知两个或两个以上的力，求它们的合力称力的合成。若两个平行力，方向一致，则合力为两个力的代数和，且力的方向不变；若两个力（F_1，F_2）方向互成角度（α）则其合力 $\sum F = \sqrt{F_1 + F_2 + 2F_1F_2}\cos\alpha$，其力的方向改变。用代表这

两个力的线段作邻边，画出平行四边形，对角线即为两个力的合力及其方向。

如图 4-1 所示，以 AB 线作为对方所出的力及其方向，以 AC 线作为我应势所发出的力及其方向，那么就产生了合力 AD 及其方向。从图中就不难看出，对方的力 F_2 和我的力 F_1 所产生的合力 $\sum F$ 要大于我所发出的力，而且还使对方力的方向产生偏移，离开了对方施力的方向和攻击的目标。

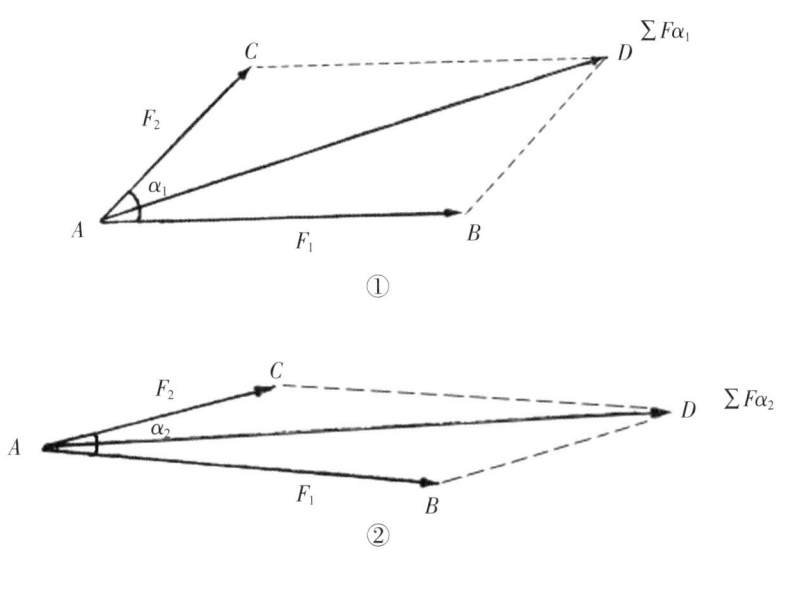

图 4-1　合力与分力示意图

从合力的计算公式中可以得到：两个分力大小不变，两分力间的夹角越小，它的合力越大；夹角越大，合力就越小。如果我们把图 4-1 中①和②相比较可知，F_1 和 F_2 大小不变，且 $\alpha_1 > \alpha_2$，则 $\sum F\alpha_1 < \sum F\alpha_2$。

从以上合力的力学原理就可以知道，当对方对我施加一定力时，不可反向硬顶，要顺其力的方向，及时施加一个同向或斜向的力。两力之间的夹角越小，合力的力量就越大，同时使其用力方向产生变化。

如果我顺其来力方向，施加一圆弧的力，那么随着合力的不断变化和力方向的不断改变，必然产生力还彼身的巧妙效果。也就是《擒拿诀》中所说："环转化力还彼身。"

二、杠杆原理在擒拿中的应用

在擒拿技术中的所有技法，都是利用双方的肢体和力线（合力的传递路线和方向），构成稳定的三角形力学结构，利用人体运动链的锁定效应，使对方无法位移，使对方肢体锁定而形成硬棒，并利用杠杆（撬杠）原理分筋错骨，而且达到省力的目的。因而，我们首先要了解杠杆的省力原理。

（一）力臂

擒拿中对关节所施加的力，都是使骨杠杆在关节（轴）处超限度扭转，而研究力对转动所起的作用，不能单纯看力的大小和方向，还要看它与转动轴（关节）的距离，力矩的概念就是把这两个因素概括起来。力臂是指由转动轴到力的作用线的垂直距离，而力和力臂的乘积叫力矩。

$$力矩（M）=力（F）×力臂（l）$$

由以上力矩公式我们可以看出，力与力矩、力臂与力矩都是成正比的，也就是说如果力不变，力臂增加两倍，那么改变关节转动状态的作用（也就是力矩）就增大两倍。这就是为什么在擒拿技术中，往往充分注意利用加大力臂的长度，从而达到省力的效果。

如图4-2所示折腕动作，我方的着力点距离对方腕关节越远，即力臂越长，就越省力；离其腕关节越近，相对的就越费力。

显然，施用同样的力 F，A 点到腕关节轴 O 点的力臂（l_1）是 A_1O，而 B 点到腕关节轴 O 点的力臂（l_2）是 B_1O。

因 $A_1O > B_1O$

则 $F×l_1（A_1O）> F×l_2（B_1O）$，即 $M_A > M_B$

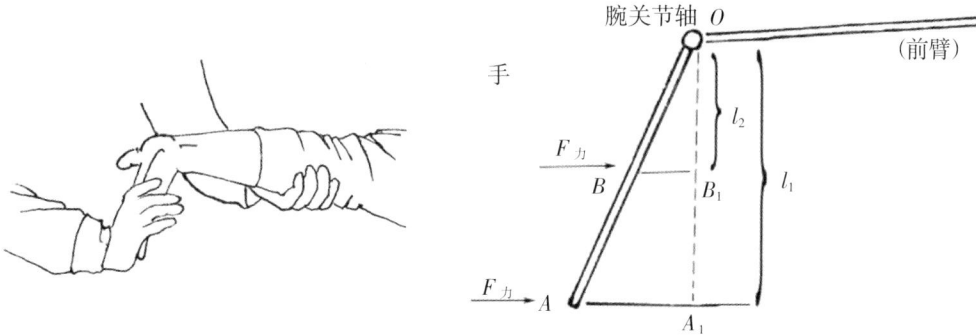

图 4-2　折腕动作力学结构图

（二）杠杆

人体肢体的运动都是骨杠杆的运动所构成的，而在擒拿中就更要充分利用杠杆的省力原理，来达到既省力又能产生更大效果的目的。在擒拿中所利用的省力杠杆有两种，一种是单臂杠杆，其重点在支点和力点之间；另一种是双臂杠杆，其支点位于力点和重点之间。

如图 4-3 所示，根据杠杆平衡（力矩平衡）原理：

$$\sum M_顺 = \sum M_逆$$

即：$F_顺 \cdot l_1 = F_逆 \cdot l_2$（顺是指顺时针方向，逆则相反）

当 $l_1 > l_2$ 时，则 $F_顺 < F_逆$

又因：$F_1 = F_2 \cdot l_2 / l_1$

当 F_2 不变时，l_1 越大，l_2 越小，则 F_1 越小，也就是越省力。

就是说，当 l_1（力臂）大时，只需要较小的力就可产生较大的力的效果。

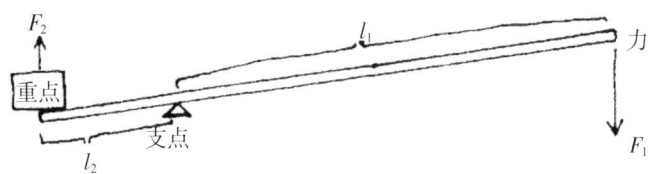

图 4-3　杠杆示意图

1. 单臂杠杆

从图 4-4 中可以看出，是以对方肩关节为支点，以其前臂为重点，以我臂为撬杠，对其肩肘关节进行分筋错骨。从杠杆原理中我们得知，力点距支点越远，且重点距支点越近，我们就越省力。

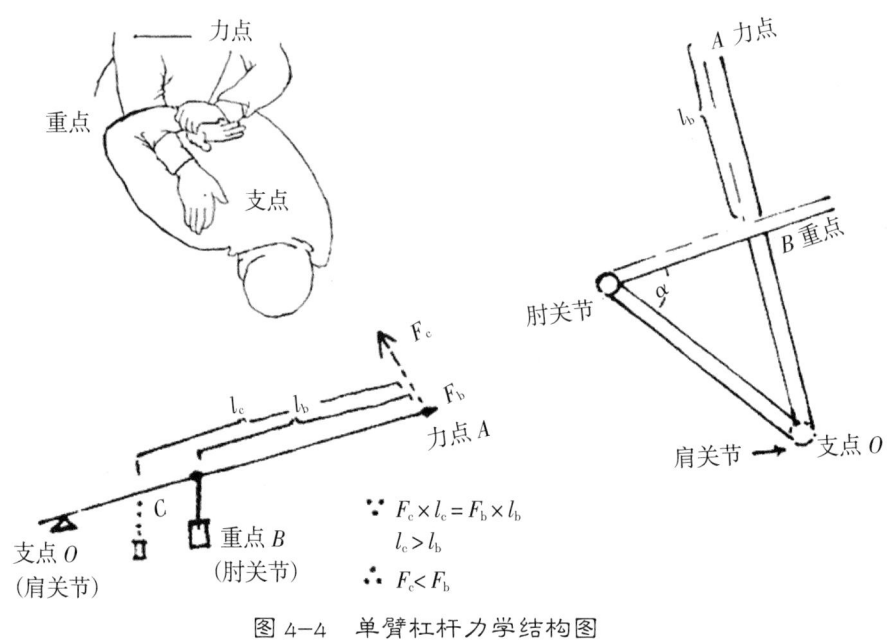

图 4-4　单臂杠杆力学结构图

所以应尽力将其前臂前推，其上臂和前臂间的夹角（α）越小，则其前臂距其肩关节（支点）就越近。而我方的手臂要伸直，以肩部用力上撬，这样又增大了 AB 间的力臂长度，从而达到省力的目的。

2. 双臂杠杆

从图 4-5 中可以看出，是以对方肘关节为支点，其肩关节为重点，以其前臂腕部为力点，以我双臂形成三角形稳定力学结构，对对方的肘、肩关节采用双重撬杠，进行分筋错骨。对其肘关节的单臂杠杆原理、法则，在前面已经讲述了，这里重点讲述对其肩关节所形成的双臂杠杆原理和法则。

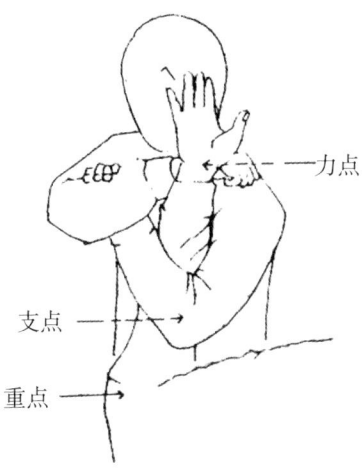

图 4-5　双臂杠杆示意图

从杠杆原理中我们得知，在双臂杠杆中，支点在重点与力点之间，那么力点距支点越远，而重点距支点越近，就越省力。也就是说我方用力点尽量远（在其手臂的最远端），而支点尽量靠近肩关节，就会越省力。

三、转动与旋拧在擒拿中的应用

（一）基本概念

在擒拿技术中，常常运用手法使对方肢体发生转动从而拧错其关节，所以我们要了解转动的力学特征与应用中的省力原则。

在打开门窗时，门窗上的各部分都绕着合叶的轴线做圆周运动。同样，物体的各点都绕同一直线做圆周运动，这种运动形式就叫转动，这条直线叫做转轴，物体最远（外）端到转轴的距离叫转动半径。

（二）物体做转动的特征

如图 4-6 所示，转动物体上离转轴远近不同的点，A、A_1、A_2 各点在同一时间内通过的圆弧的长度是不相等的，离转轴越远的点通过的弧线越长。不同

点的线速度是不同的，而角速度是相同的，线速度的大小等于角速度与半径的乘积。

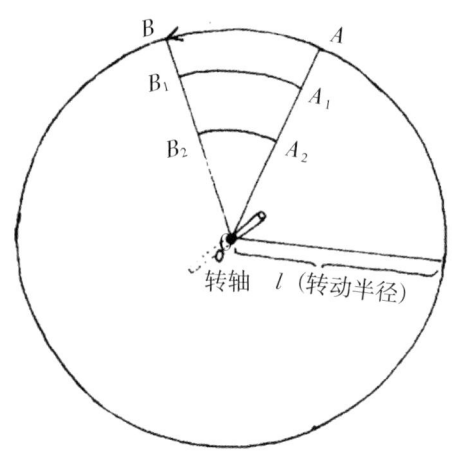

图 4-6　物体转动示意图

依据力矩公式 $M = F×l$ 可知，我们加以外力使对方肢体转动时，力点距其转轴越远，则越省力，也就是转动半径越大就越省力。如自行车的脚蹬子、汽车的方向盘，都是利用了这个省力原理。

平动物体有惯性，转动物体也有惯性。表示物体转动惯性大小的量叫转动惯量。物体的质量越大，各部分质量到转轴的距离越大，它的转动惯量也越大。而转动惯量和角速度的乘积叫角动量，角动量与动量相似，也是一个守衡量。角动量守衡是自然界的一条重要规律，无论天体的运行或微观粒子的运动，都遵循这一规律。

从角动量守恒定律中可看出，当人体转动使身体姿势改变时，其转动惯量就会改变。如角动量不变，则角速度就随着改变，转动惯量大时角速度就小，转动惯量小时角速度就大。在人体运动中常常利用以上原理，例如舞蹈演员或滑冰运动员有时只用一只脚着地，把另一只脚伸开，慢慢转动起来后，身体直立，把伸出的脚收回，双臂抱起，这时他的转速立即增大。

（三）物体转动原理在实用擒拿技术中的运用

1. 搓滚

我们在利用物体（人体）转动规律时，同时也在利用摩擦力。摩擦力是相互接触的物体发生相对运动或有相对运动趋势时产生的，摩擦力的方向永远沿着接触面的切线方向，跟相对运动或相对运动趋势的方向相反。

如图 4-7 所示，当对方对我施力时，在接触点上，我疾做同向滚动，利用摩擦力沿切线方向产生一个加速度，使对方沿其用力方向突然加速而失中，或被我方控制。要求：一是在阻格对方进攻时，我手臂在与对方手臂接触的瞬间要做滚动（圆转动作）；二是对方施力于我身体时，我疾圆转，既卸其力又使其失中。

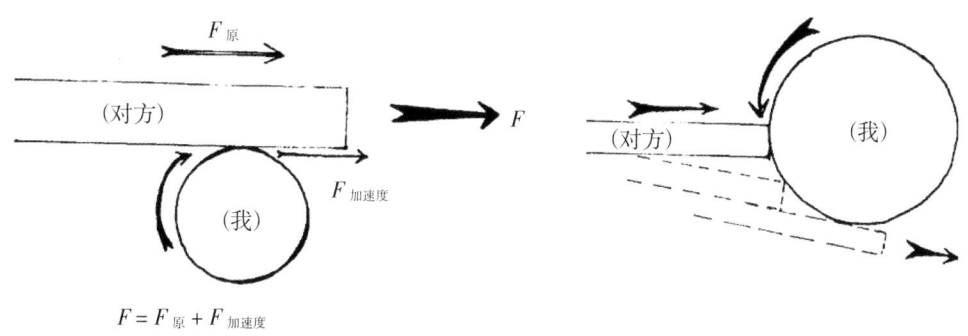

图 4-7　利用摩擦力示意图

如图 4-8 所示，利用摩擦力，我压在对方肢体上的手臂做直线运动，则对方肢体必然产生滚动。因人体腕部的拧转力量远远小于手臂的直线力量，因而我双手同样拧转对方臂，不如一手控其臂游离端，另一手臂搓滚其臂从而使其臂（关节）拧转，这样更加省力。从对方来讲，如果我单纯用双手同握拧其臂、腕，我方拧转力相对较小，因而对方可用强大的直伸力量来解脱；如果我搓滚其臂，则我的力量相对增大许多，而对方直伸力量无法应用，且其旋臂腕力量相对较弱，此长彼消，使对方无法应势而造成擒拿。即是《擒拿经》中所云："人言神拿怕穿，我则搓滚以应势，无往不利。"

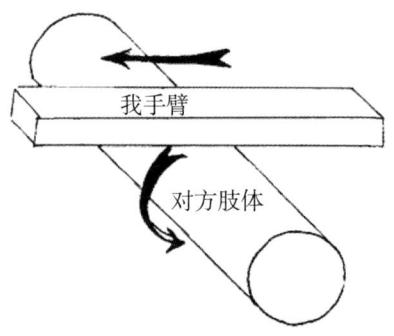

图 4-8　搓滚示意图

　　如图 4-9 所示，利用上述原理，我左手扣对方腕用力向下拧转，而右手在其肘部用力向前搓滚，使其肘关节部同时产生向下转动的强大的力，造成分筋错骨，对方无法抗拒，形成擒拿。从图中可看出，扣对方腕之左手，一则我腕部拧转力量相对较弱，对方直伸力量加转动力量的对抗力较大；二则因拧转半径（对方手臂的转动半径 r）小，所以费力。而搓滚对方肘部，一则因我手臂直伸力量相对大得多，相对来说对方转动力量小、直伸力量无，对抗力较小；二则因对方肘部的形态与结构决定了其转动半径（R）大，所以也省力。从这两手的不同用力点和用力方向上可以看出，要达到同样的效果，左手就比右手费力得多。然而在擒拿技术中都是拧转与搓滚相互配合同时进行的，而且是以搓滚为主，这样两力相合，必然造成势不可挡而又省力的目的。

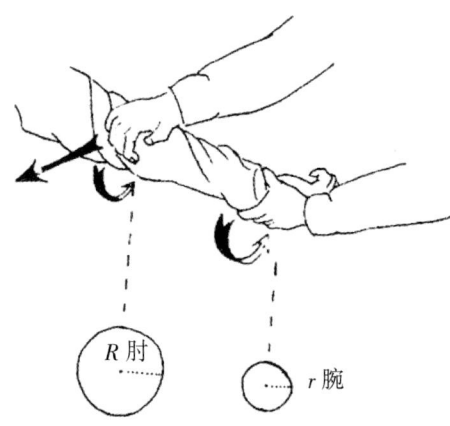

图 4-9　搓滚配合拧转示意图

2. 别转

如图 4-10 所示，别转首先是利用杠杆省力原理，对对方肘关节进行别锁；其次是利用物体圆转的法则，使其手腕关节与肩关节之间形成一条无形的转轴，同时使其屈肘，使肘关节到转轴的垂线（转动半径 r 或叫力臂 l）加大，对其肩关节进行拧转。这样形成对方腕、肩、肘三关节同时被锁定，再进行扭转分筋错骨，造成擒拿。

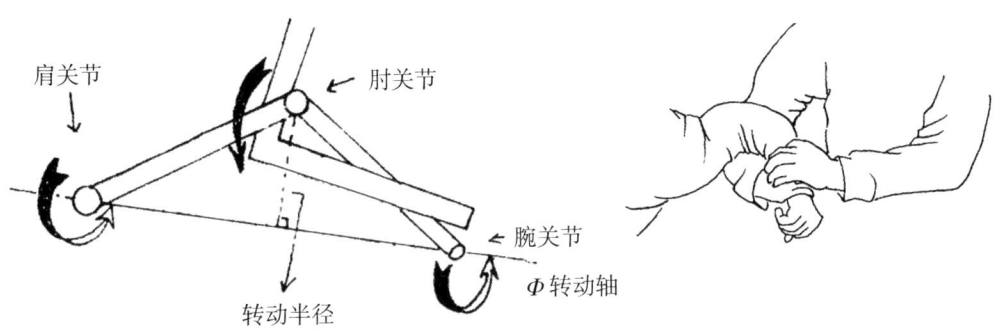

图 4-10　别转力学结构图

此时，因利用双方肢体形成了最稳定的三角形力学结构，锁定整个上肢链系统，既造成了对方被动性动力不足（在此状态下发不出力），使我处于最有力的发力位置，又利用了力学省力原理。因而此种技法，虽各因手法不同而状态不同，但都是实用擒拿技术中的主要技法。

3. 旋拧

擒拿技术中的旋拧技法，就是控制其运动链子系统的游离端，以其相邻或远端关节为轴，划一圆弧，进行旋拧，也就是在拧的过程中要加上旋。那么是先拧后旋，还是先旋后拧或旋中带拧呢？这就要从物体转动的力学特征进行分析。

前面已讲过物体转动的两个特征，一是物体有转动惯量，物体的质量越大，各部分质量到转轴的距离越大，它的转动惯量就越大；二是转动惯量大时角速度就小，转动惯量小时角速度就大，其遵循角动量守恒法则。

如图 4-11 所示，这是旋的动作，当我双手控制对方手臂游离端时，要以其肩关节为轴，用力划一大圆弧，这样就像摇把一样，加大转动半径，达到省力又突然的目的，加大对方手臂旋转的线速度。

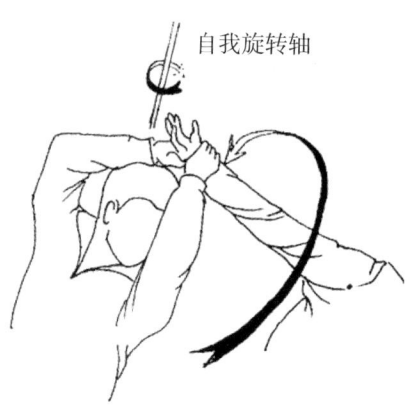

图 4-11　旋的示意图

如图 4-12 所示，以对方手臂为轴，尽可能地加大转动半径，疾速拧转翻身，加大转动质量（翻转拧旋力再加上自身体重），这样势必大大加大转动惯量，使对方肩关节受到巨大扭转。在转身的同时，我拧转对方手腕，使其腕、肘关节都超越其运动幅度，而形成锁定。此时我再突然缩小旋拧半径，并以对方手肘关节为转轴，这样一则转动半径突然减小，从而增大其转动的角速度；二则使质量（肢体）到转动轴的距离缩小，从而增大其手臂拧转的速度。我们知道：力量=质量×速度，在质量不变的情况下速度与力量成正比，也就是说旋拧的速度越快，力量就越大。

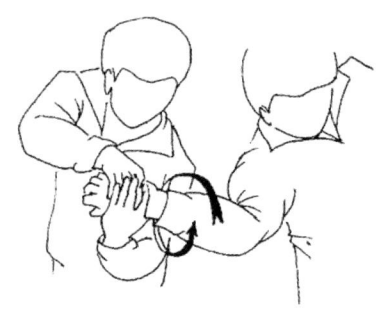

图 4-12　拧的示意图

从以上的分析中我们可以看出，当控制对方肢体游离端时（手腕、足踝、头颈），采用旋拧技法，应是先旋后拧，要旋中夹拧、旋拧结合，同时尽可能利用自身体重及自身的拧转力量，以达到最大的效果。

在这里要强调一下，旋拧技法一旦用上，其杀伤与破坏力极大，往往造成对方运动链子系统所有主要关节永久性的损伤。尤其是对头颈部的旋拧，会直接造成死亡，不是在生死关头，不是在对敌斗争中，切切不可乱用，慎而慎之。

四、对偶力与剪切力在擒拿中的应用

（一）对偶力

在擒拿的所有技术中，大都在前面所述的基础上，要充分运用对偶力。所谓

对偶力，是一对作用方向相反的力，它一方面可加大对所擒关节的破坏力，另一方面利用运动链子系统的锁定效应，使对方肢体产生旋转。

如图 4–13 所示，我左臂向右，右臂向左，同时反方向用力，就是使用一对对偶力。以对方肩关节为支点，手臂突然受到相反方向的两个力的打击，力量通过骨杠杆的传递，一是集中在肘关节，使其造成破坏性的打击；二是依据肘关节的解剖结构，侧向受力时造成肘关节屈曲，形成以肩、腕为转轴，以肘到转轴垂直线为转动半径，使对方手臂产生转动，从而锁定其肘、肩关节；三是依据对偶力的特征，以前臂前部为力点轴，形成人身整体的向前转动。因而在有的技法中，可同时采用锁绊其腿，从而使对方前跌的技术。

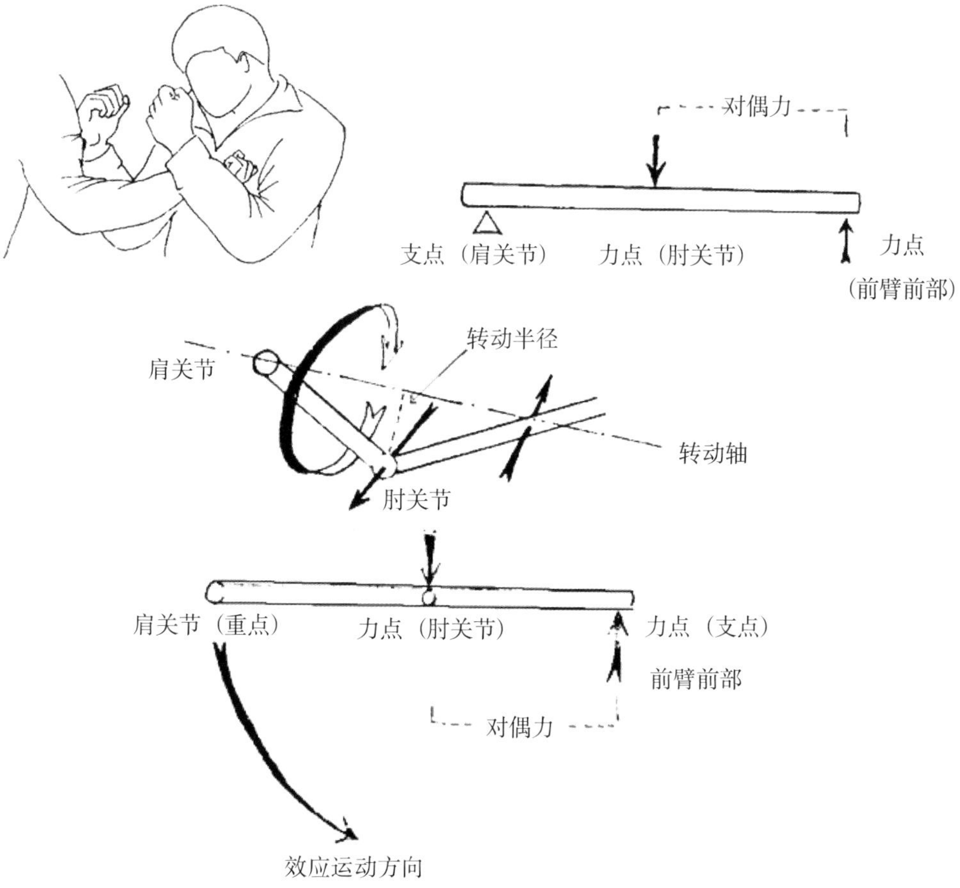

图 4–13　对偶力力学结构图

（二）剪切力

剪切力实际上就是一对对偶力，只不过是一对相反的力间距离极小的力，就像铡刀铡草、剪子剪东西一样，同样大的力量，使受力点集中而受力面积极小，那么单位面积内的压强就越大。在擒拿技术中，为了集中损伤对方某一关节时，尤其是腕关节，常常运用此法。

如图4-14所示白袍铡草，是一对完全相反的力，一下一上地剪切对方腕关节；图4-15所示虎抱头，也是一对完全相反的力，但与白袍铡草技法不同，它是将对方前臂和手在腕关节处，像折叠纸张一样地对应用力，使其腕关节超限度极度外展。剪切力基本上就这两种形态，在擒拿技术中通常施于腕部，使对方剧烈疼痛，并利用运动链子系统的锁定效应，锁定其肘、肩，通过骨杠杆力的传递，使对方肩部产生一个下压的力，对方因剧痛而无法反抗，从而造成擒拿。

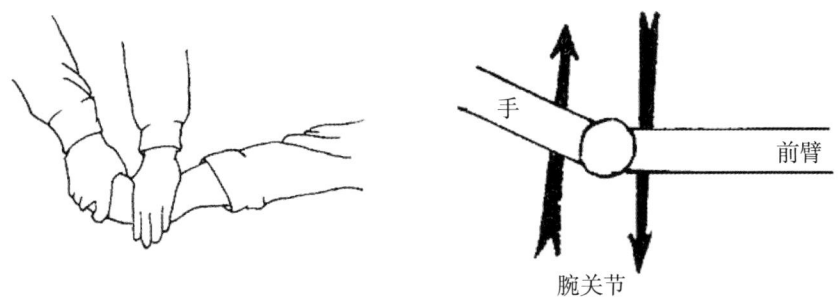

图 4-14　白袍铡草力学结构图

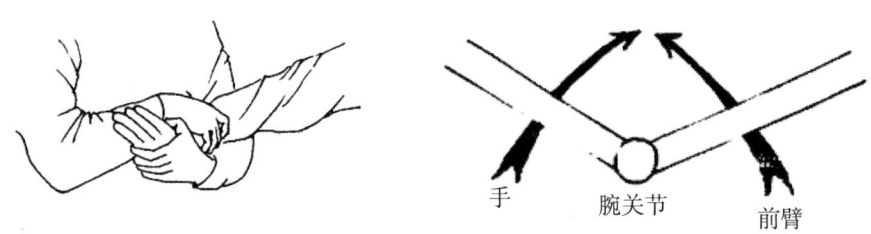

图 4-15　虎抱头力学结构图

第二节 劲力应用的基本法则

一、《九重天》三才诀劲力节选

前面讲述了擒拿中劲力应用的基本力学原理，那么在实际应用中应遵循哪些原则呢？我国历代武术家经过不断的实践，总结出一套行之有效的法则，以口诀的形式传留下来。如我的老师李子鸣先生所述："夫擒拿虽千变万化，亦不过人身之一动耳。擒于人，其理俱出于人之关节筋骨、血脉经络。运动劲力之妙，当循乎自然，合乎于理。"现将擒拿秘籍《九重天》中的三才诀中有关劲力的部分摘录于下，以供参考。

擒拿力巧劲更巧，圆转周流阴阳循。

刁拿锁扣勾股弦，锁定关节硬棍成。

彼亦无法使其力，我则得中舒展行。

拧旋环转带杠别，缠裹卷切龙虎争。

力走螺旋冷弹脆，圈中现圈阴阳分。

借力用劲刚柔连，周流圆活力混元。

二、基本法则

（1）在搏击格斗中，要有意识地利用双方接触的肢体及双臂；利用对方运动链系统中关节轴两端一对对偶骨所形成的夹角；利用自己的双臂与对方相应关节所处相对位置，造成稳定的三角形力学结构，使对方无法位移，同时锁定其运动链系统相邻关节，使其形成硬棒。这是所有擒拿技术的最基本的力学结构，脱离开这个基本结构就无法形成擒拿（可参见本书第五章擒拿基本手法图解）。

（2）在擒拿所形成的态势中，应尽量在我擒拿方向和擒拿部位上使对方主动肌处于扭转、完全拉长的状态，使对方骨杠杆生理力学结构破坏扭曲，造成肌肉力量的被动性动力不足；也就是要使对方使不出劲来，而我则处于最佳发力状态。这样彼消我长，使对方无法对抗。

（3）在使对方肢体、关节产生扭转时，要注意不是单纯的一个轴的转动，而是指使其在两个轴上做多方位的螺旋形的扭（拧）、转（旋）。这样才能使对方身体和双腿无法同时在两个轴上转动位移，形成解脱，并使力量集中在所擒部位，才能造成整体性锁定，形成擒拿。

（4）在关节锁定过程中，必须注意力的方向、力的作用点和双手用力的配合。要合理使用"刁拿锁扣、掐插挑顶、拧压缠旋、别扛折扳、剔盘挫撅、挣斫抱挟"二十四法，其单字不成法，要相互合理搭配。

（5）在用力的方向上，尤其是两手相互配合所形成的合力与分力的方向上，必须注意运动链系统的效应性运动和锁定效应以及人体的代偿性运动。通过骨杠杆传递一定方向合理的力，使对方的相邻关节，尤其是靠近躯体的上端关节，受到一定方向的力，产生连锁锁定，这样才能造成整体性锁定而形成擒拿。

（6）在用力时必须力走螺旋，把对方肢体、关节紧紧裹住了，又要以冷疾脆劲抖发之，也就是缠裹黏沉劲和冷脆疾相结合的刚柔相济的连环劲。擒而不缠裹必遭拙打，拿住又缠裹住了，还必须用十分坚刚的冷疾脆劲抖发之，连擒带打，沉黏冷脆，方能奏效。

（7）要把握力的方向、作用点和力的大小，把握住支点、力点、力臂，充分利用双方骨杠杆所形成的稳定的三角形力学结构，合理地应用合力、分力、对偶力、杠杆、转动，旋拧、剪切等力学原理，以达到小力胜大力、以巧破千斤的克敌制胜的目的。

（8）实用擒拿技术是以控制对方中枢（肘、膝、腰）的两个运动自由度为核心，并通过运动链的效应性运动和锁定效应来实现的。

第五章　擒拿基本手法

第一节　六十四基本手法概述

擒拿技术的基本手法是依据人体的解剖结构、运动特点和力学原理所形成的，是擒拿技术的关键。正如《九重天》口诀所述："手法不正技无展，出手一场空。"历来武术家都对此狠下功夫，视为密宝，轻不外传。因此，练习中必须在基本手法上大下功夫，要明确基本手法的组合手法和形态，以及所形成的稳定的三角形力学结构和用力方向；要练到形正、劲脆、力黏，动作协调、迅猛，为进一步掌握实用擒拿技术打下扎实的基础。

擒拿的基本手法为"刁拿锁扣、掐插挑顶、拧压缠旋、别扛折扳、剔盘挫撅、挣斫抱挟"二十四字，但单字不成法，每一个擒拿基本手法都是由其中几字相互搭配组合而成的。

常用的六十四手擒拿基本手法在练习中既可在丁字桩上单练（将横木当作对方的手臂），也可两人对练。

六十四基本手法：

刁手、拿手、扣手、刁旋、刁拿、剔旋、撅指、撅腕、折撅、顶折、旋顶、拧折、抱缠、拧压、旋压、挫旋、剔折、旋盘、刁压、锁盘、盘斫、抱压、挫撅、挣斫、斫挫、挫拧、抱斫、扛挫、缠挫、盘锁、扳折、抱别、挟旋、扳旋、斫挟、挫扛、斫旋、抱扛、抱旋、缠锁、拧扳、拧斫、旋锁、盘别、旋折、别扛、锁扛、锁斫、抱挣、别插、锁别、盘折、旋拧、掐剔、挫扳、扳拧、扳斫、挫别、刁挣、盘旋、斫盘、锁缠、掐挑、拧旋。

第二节　六十四基本手法图解

一、刁手

当对方伸右手或以右拳击我时，我疾以右手沿对方手臂外侧格拦其臂肘部，在触及的瞬间疾翻腕，用掌沿其手臂滑向其腕，边滑边扣指，用我右手中指、无名指和小指与腕部合力，刁拿对手的前臂或腕。（图5-1）

图 5-1　刁手

二、拿手

当对方伸右手或以右拳击我时，我以右手沿对方右臂外格拉，并疾翻腕，用手掌的虎口部沿其臂滑向其腕，边滑边收拢四指与拇指，五指相扣成环状，合力扣拿对方腕部，尤以拇指与中指和无名指用力扣拿在其腕关节环状带内效果最佳。（图5-2）

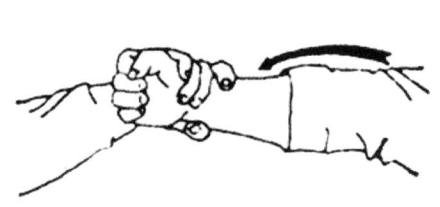

图 5-2　拿手

三、扣手

当对方右手抓握或推拍接触我肢体时，我疾用手拍压对方手臂，将其手压紧在接触部位上，同时我拇指在其手的虎口部位、四指在其小指外沿小鱼际处，一则配合另一手对其实施擒拿，二则以便在对方用力抽回时，我可疾收拢五指，扣拿其手指或手掌，采用相应技法，形成擒拿。（图5-3）

图5-3　扣手

四、刁旋

当对方伸右手或以右拳击我时，我疾以右手沿对方右臂内侧向外格击，并用力下压，在接触的瞬间，三、四、五指成钩状，拇指根（大鱼际）用力将其衣袖或臂肉挤压向三、四、五指钩内，合力扣紧并向内上用力旋拧，将对方手臂锁扣住。这是擒拿中最常用手法之一。（图5-4）

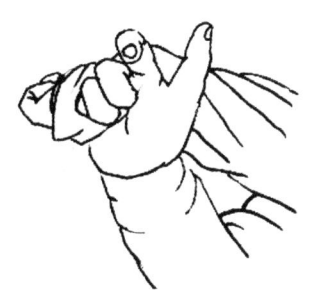

图5-4　刁旋

五、刁拿

当对方伸右手或以右拳击我时，我疾以左手沿对方右臂外侧向内拍格，在接触的瞬间，我手掌沿其臂滑向其腕，边滑边收拢四指，四指与掌根合力刁拿其腕，拇指微伸，置于对方拳背或掌背三四指骨间。（图5-5）

图5-5　刁拿

六、剔旋

当如上形成刁拿后，我可疾翻腕，四指内扣，拇指在对方拳背三四指骨间，用指甲沿其骨缝用力向前压剔，同时配合四指用力，形成一对力偶、合力旋拧，使对方前臂外旋，掌心翻向下。如单手力量不够，另一手可疾辅助之。（图5-6）

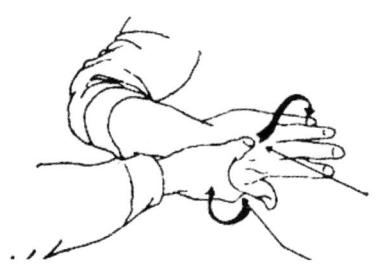

图5-6　剔旋

七、撅指

在与对方握手或对方抓握我时，我可疾用拇指配合四指，插拿对方拇指或其余各指，同时拇指用力回扣，食指指根向拇指方向顶其手指指节，造成对方指关节剧烈疼痛、前臂外旋，再辅以我另一手，对方必被擒拿。（图5-7）

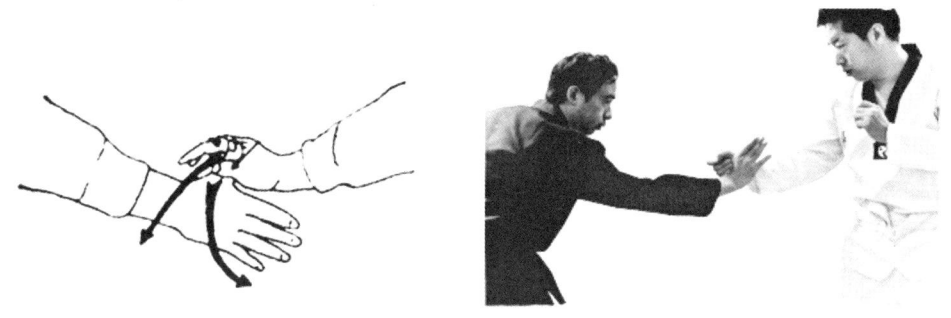

图 5-7　撅指

八、撅腕

当对方伸手抓握或拍击我时，我疾抓握对方四指或掌，用力向回扣腕，四指用力向后、向下扣压，手掌虎口处配合拇指也用力向前下顶扣，形成一对对偶力，使对方腕关节背折，同时对方指关节也受到反关节顶压，造成剧痛。（图5-8）

图 5-8　撅腕

九、折撅

当我握拿对方四指时，中指、无名指和小指用力回扣，手掌虎口处配合拇指用力向前顶压，同时五指合力扣拿紧对方手掌，使对方四指向其前臂尺骨侧折撅、腕关节过度内收，引起腕关节剧痛，并使其前臂内旋、肩肘关节强直而形成擒拿。（图5-9）

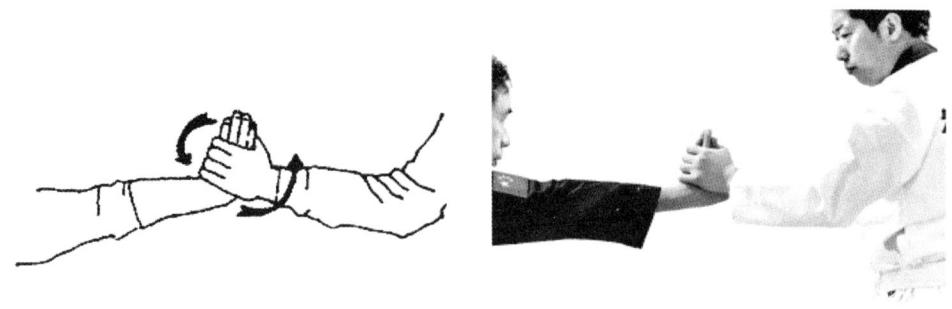

图 5-9　折撅

十、顶折

我一手扣拿对方肘关节，使其肘窝向上，另一手向前、向上顶压其手掌及四指，两手配合，一顶一折，使对方腕关节极度背折，造成腕关节剧烈疼痛。因对方肘关节受合力而成强直态，无法变化，从而整个上肢运动链子系统亦被我锁定。（图5-10）

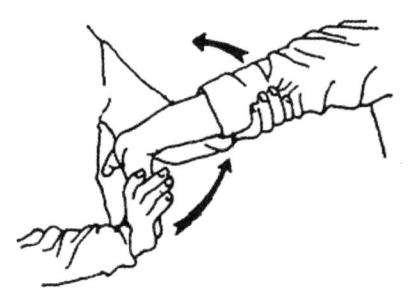

图 5-10　顶折

十一、旋顶

当我与对方两手相握或扣抓其手掌时，我疾沉腕，将对方手向手背方向旋拧，拇指与食指用力回扣拉其腕，掌根用力前顶其指掌端，成一对对偶力，使其手以腕关节为轴向手背方向转拧，形成腕关节极度背折、前臂外旋、肘部内收状态，造成腕关节的剧痛和整个上肢的锁定。（图5-11）

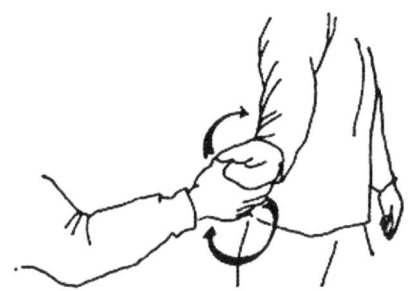

图 5-11　旋顶

十二、拧折

当我与对方两手相握或扣抓对方手掌时，我另一手疾扣抓其腕，用力向尺侧旋拧，使其前臂极度外旋，同时抓握其手掌，边向内旋拧其手，边用掌根向前顶压其指。我两手合力如拧绳一般绞拧对方手腕，同时顶压其手掌，使其腕关节极度背折，这样对方腕部关节和桡尺近远端关节受到两个转动轴上的双重拧折，形成腕部剧痛难忍和整个上肢的锁定。（图5-12）

图 5-12　拧折

十三、抱缠

当对方伸右拳击我时，我疾用右手沿对方右臂外侧刁拿其右腕，同时左手沿其右臂下向回抓扣其右手背，两手合力将对方右前臂抱夹紧。此时，我左手执对方右手，用力向上、向其右臂肩关节方向拧顶；右手在对方右腕部用力回抱并向下缠切，这样就使对方前臂极度内旋，腕关节受到旋拧，肘部外展，同时腕关节极度外展。对方腕关节受到旋拧与外展双重损伤，产生难忍的剧痛，而且其整个上肢运动链亦被我固锁，直接形成擒拿。（图5-13）

图 5-13　抱缠

十四、拧压

当对方扶抓我手臂或开掌格拍我手臂时，均可采用此法。我一手锁扣对方腕向内上方拧顶，另一臂压住其手掌或指向前下方压挂。注意我手臂必须与对方手掌压紧，不可稍有松离，才能使其腕、指关节极度背折，造成剧烈疼痛。此时，我再向后下带压，对方必然屈肘前跪，并被锁定整个手臂，形成擒拿。（图5-14）

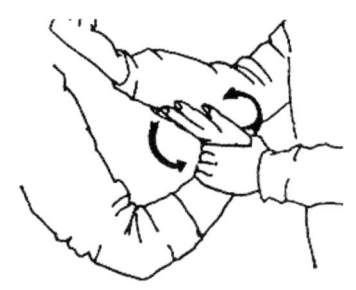

图 5-14　拧压

十五、旋压

当对方扶抓我手臂或开掌格拍我前臂时，我疾用另一手锁扣对方腕，向内上旋压，同时以我被抓拍手臂压紧其手掌，向其外侧旋压，使其腕、指关节极度背折，肘部极度内收，此时，我两手合力向下压带，对方必然侧身背向而被我擒锁。（图5-15）

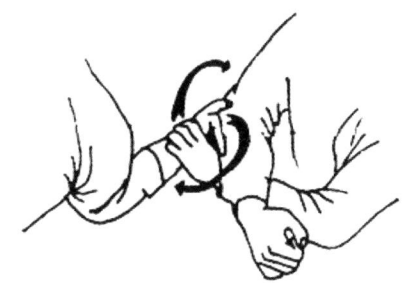

图 5-15　旋压

十六、挫旋

对方伸左手或以左拳击我，我疾出左手由内侧刁拿对方腕部（见刁拿），四指在其小指外侧沿，拇指在其掌、拳背三四指骨缝中剔压（见剔旋），右手疾用掌挫压其掌、拳背。我以两手合力旋拧对方的手，使其腕关节内收、前臂内旋、肘部外展，同时一挫一滚、一旋一剔，并用力向前下挫滚回拉其腕，使作用力全部集中于其腕关节，造成对方剧烈疼痛被我擒锁。

另外，如对方以右拳击我，我疾出左手由对方外侧刁拿其腕（技法同前），使其腕部极度外旋、前臂外旋、肘部内收，挫滚与旋剔同时进行，并同力向下压带，对方即被我擒锁。（图5-16）

图 5-16　挫旋

十七、剔折

我用手刁拿锁扣对方腕时，疾以另一手辅之，两手四指配合掌根扣住对方掌、腕，用力向后上方扣拉，两手拇指在其掌背顺其二或三或四掌指骨间用力向前下方剔压，使其腕关节极度屈。此时，我两手合力向对方的前下方带压，对方必然屈肘下跪，被我擒锁。（图 5-17）

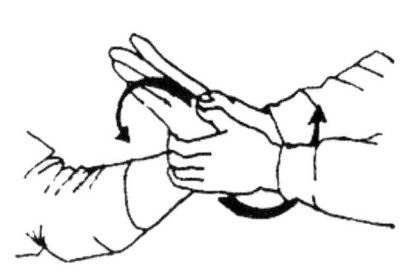

图 5-17　剔折

十八、旋盘

当对方右手抓握我右腕时，我疾用左手将对方右手紧紧扣锁在我右腕部（见扣手），右手翻掌反刁扣其右腕，此时右手用力旋拧，缠切其右腕部，使其腕部极度内旋；左手在自己右腕臂部压紧控制对方右手，不令其脱逃，两手同时用力将其手向其尺骨侧（肩关节方向）扳折。两手合力，旋切、扳折同行，使对方腕

部极度内旋、外展，前臂内旋，造成剧痛，对方必然平屈肘，上肢运动链被我固锁，形成擒拿。此法在大多数武术流派中都称为"金丝缠腕"。（图5-18）

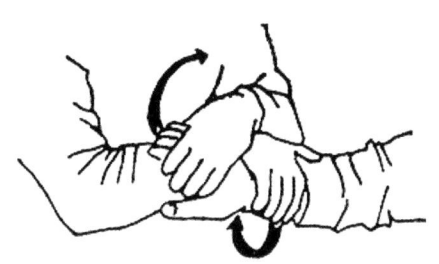

图5-18　旋盘

十九、刁压

　　当我用一手刁拿锁扣对方腕部时，另一手疾用拳背紧压对方拳背，并用力向其肩关节方向滚压，此时刁手再用力将对方腕关节回拉，使其腕关节极度屈，对方必屈肘下跪，被我扣锁。（图5-19）

　　如在滚压时，同时向对方臂外侧旋压，刁手用力配合，将其腕部向内上推拉，则会使对方肘部极度内收，如同旋压。

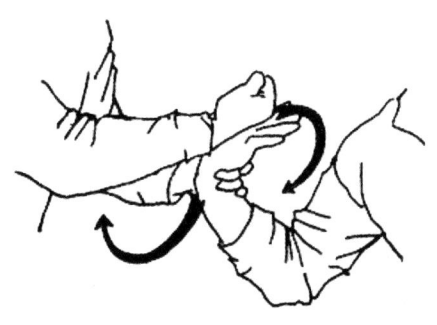

图5-19　刁压

二十、锁盘

当对方右手抓握我左腕或左前臂时，我疾用右手将对方右手紧紧扣锁在我左腕（臂）处，同时疾屈左肘，由上翻压至其右前臂上，用左前臂紧压在其右腕部，用力下盘旋压；我右手控制对方右手，压紧在我左腕（臂）部，并用力将其向尺骨方向（肩关节方向）扳折，使对方腕关节极度内收、前臂内旋，并使其腕部受到旋拧与扳折的双重破坏力。这样，对方必然会平屈肘，而被我锁拿。（图5-20）

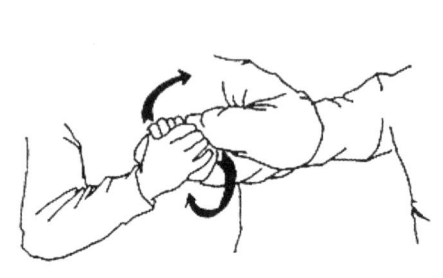

图 5-20　锁盘

二十一、盘斫

当对方右手拍抓我左侧肩背时，我可疾用右侧手将其手扣锁在我肩背处，要紧紧压住勿令其稍有松脱，同时我屈右肘抬臂并放至其右前臂上，用我上臂压紧其前臂，用力向下斫切；我右手将对方手用力向其尺侧扳折，使其腕关节极度内收，前臂极度内旋，造成剧烈疼痛。对方无论屈或直臂，我手臂均下斫，肩部向前顶，手扳折，周身合一，必然使对方下跪而被我擒锁。（图5-21）

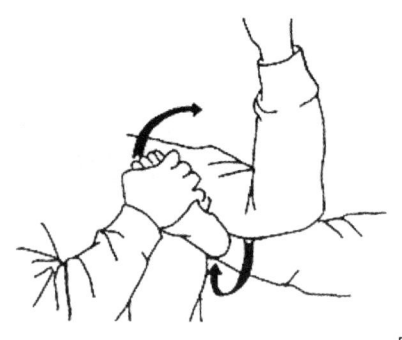

图 5-21　盘斫

二十二、抱压

将对方上臂置于我上臂之上，两手合抱对方手背，使其腕关节极度屈，我上臂用力向上顶送对方上臂，两手合力向下压其掌背，两处相对用力抱紧，必使对方腕关节处产生难忍的剧痛，丧失抵抗能力，而被我擒拿。（图5-22）

图 5-22　抱压

二十三、挫撅

当我要控制对方手腕时，可疾用一手虎口处扣拿对方腕部，使其前臂内旋，旋至其小指侧鱼际向上、掌心向外时，另一手执其手用力向其肩部扳折，扣拿其手虎口紧压其腕关节处，用力向下压送。两手成对偶力，剪切对方腕部，挫撅同行，必使其腕极度内收，造成剧烈疼痛，被我擒锁。（图5-23）

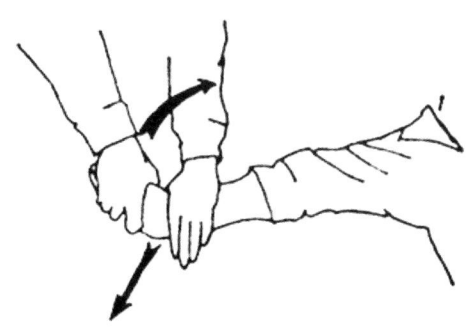

图 5-23　挫撅

二十四、挣斫

当对方伸手或以拳击我时，我可疾用两手，在对方臂两侧，一前一后，一在其肘关节部，一在其腕或前臂前部，利用腰劲，两臂用力向相对方向击打（劲要冷脆），必使其肘关节受到猛烈的反关节打击。此时，对方肘关节受损，反抗能力减弱，再使用其他技法实施擒拿。（图5-24）

当对方抓拍我胸、肩时，我也可用此法，一手固锁其手或腕，再用另一手前臂或肘，或用我肩部猛力击打其肘部，如果再伸腿绊锁其脚，对方必然前跌，而被我擒锁。

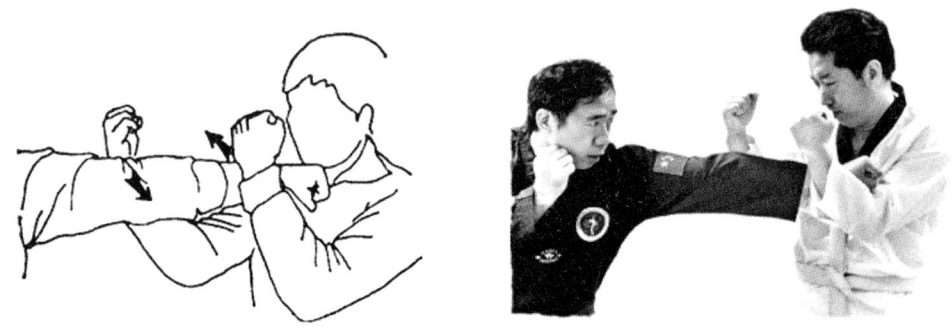

图5-24　挣斫

二十五、斫挫

此技法是在挣斫肘部的基础上运用的。在使对方肘关节受到猛烈反关节击打时，前手用前臂压紧对方肘尖部，并沿其肘用力向前挫压，利用滚动原理，使其肘部产生内旋，形成反关节捆锁，并使其身体向前下方俯跌，造成擒拿。（图5-25）

图 5-25　斫挫

二十六、挫拧

当对方伸左手或以左拳击我时，我左手疾刁拿对方腕部，同时伸右手，用掌心挫击其肘尖部。两手同时动作，劲力合一，一手旋拧对方手腕，另一手挫击其肘尖，两手配合同时用力向内挫滚对方肘部，使其左臂内旋、肘窝向下，此时旋拧手边拧边向上，挫肘手边挫边向下压送，形成反关节擒锁。（图5-26）

图 5-26　挫拧

二十七、抱斫

当对方伸左手或以左拳击我，或抓拿我右手时，我疾以左手刁拿对方手腕，右臂沿其左臂下沿屈肘回抱自己左手，同时利用我手臂与其肘部接触的瞬间，向

内挫滚其肘，配合双手对其左腕的拧旋，使其臂外旋至肘窝向上。我右臂配合双手，将对方左臂抱挟紧；我两手用力下压，右肘部向上斫击其肘尖部，再配合其他技法，形成摔捆式擒锁。（图5-27）

图 5-27　抱斫

二十八、扛挫

当对方右手击我时，我疾用右手刁拿对方右腕，向其桡侧拧旋其腕；同时屈左肘，沿对方右臂肘部，向内、向前挫滚其肘，两手合力，使其右臂外旋至肘窝向上。此时，右手执对方右腕用力向下扳压，左肘在其右肘下用力上扛（也可转身利用肩部用力上扛），使其肘关节极度背伸，造成剧痛，再配合其他技法形成摔捆式擒锁。（图5-28）

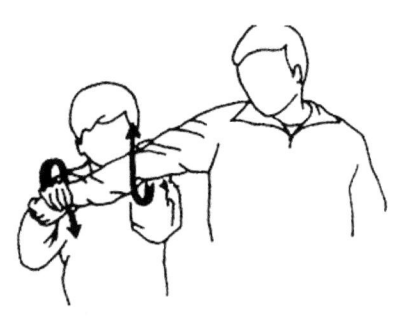

图 5-28　扛挫

二十九、缠挫

当对方伸右拳击我时，我疾以右手在对方右臂外侧拦格，并速沿其右臂向内缠裹（如同龙蛇缠物一样），使其前臂夹紧在我上臂与前臂之间，我再身体右转，右臂夹住其右前臂向自己右肩后缠带；同时我左手手掌用力向上挫滚对方肘尖，使其屈肘、前臂内旋、肘部外展上翻。此时，我上顶对方手腕，下压挫其肘，直接形成擒锁。（图 5-29）

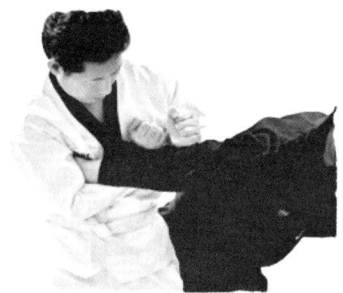

图 5-29　缠挫

三十、盘锁

当对方伸左手击我或抓拉我身体右侧时，我疾用右手在对方左臂外侧向内拦格，并疾沿其左臂在其左肘部，用力向下、向内缠滚。我屈右肘将对方左臂置于我身体和右肘部之间，同时转体，猛力挫斫其左肘部，使其肘部内收、手臂外旋，形成擒拿。（图 5-30）

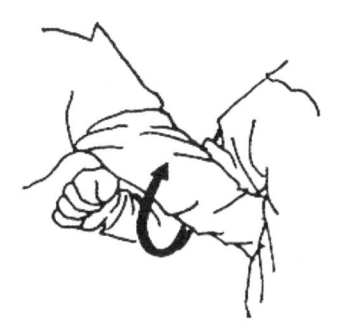

图 5-30　盘锁

三十一、扳折

当对方以右手击我时，我疾用右手刁拿对方右腕，左手掌向上沿其前臂用力向前上挫击其肘尖部；右手刁拿其腕，五指扣紧回拉，掌根在其拳（掌）背部用力前顶，使其腕极度屈。此时，我左手在对方肘部猛力上顶回扳，必使其腕关节和肘关节处产生剧烈疼痛，对方整个上肢运动链必被我锁定，形成擒拿。左手在托顶回扳的同时，四指可猛力掐拿对方肘窝正中神经处，使对方臂产生触电般酸麻而无力抵抗。（图 5-31）

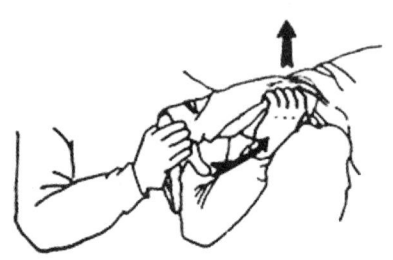

图 5-31　扳折

三十二、抱别

当对方以右手击我时，我以左手在其右臂内拦格（也可翻腕刁拿其右腕），同时右手屈肘，沿其右臂内下侧向外上侧回抓自己的左手（也可回抓其右腕）；我右肘在对方右臂肘关节外侧向内、向上滚挫其肘部，使其肘部极度外旋内收。此时，我两手合抱对方腕部旋拧下压，使其前臂极度外旋，形成擒拿。（图5-32）

图 5-32　抱别

三十三、挟旋

当对方伸右手或以右手击我时，我疾以右手在对方右臂外侧拦格，在接触的瞬间，右手不停，沿对方右臂上向内、向下缠滚，将其前臂夹在我上臂与前臂之间，同时疾收上臂，将其手（拳）夹锁在我上臂与身体之间。我右手不停，向内挫旋对方右肘（也可用左手猛击自己右手，施以加力），使其前臂极度内旋，肘部向内上翻旋，将其整个上肢运动链锁定，形成擒拿。（图 5-33）

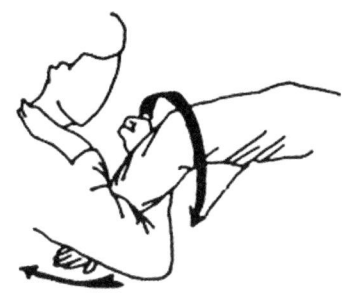

图 5-33　挟旋

三十四、扳旋

当对方推拍我胸，抓领、抓肩或直接用右拳击我时，我可疾用左手将对方右手扣锁在我肢体上，或用刁手扣锁其腕；同时再疾伸右手至对方右臂下，以四指扣掐其肘窝用力向下、向内扳折，配合左手对其腕的旋拧，使其屈肘、前臂极度外旋、肘部极度内收上翻。我两手一向左、一向右成一对对偶力，以对方肩关节为轴，动作如摇轮一般，使其腕、肘、肩关节产生剧烈疼痛，使其整个上肢被锁定，形成擒拿。（图 5-34）

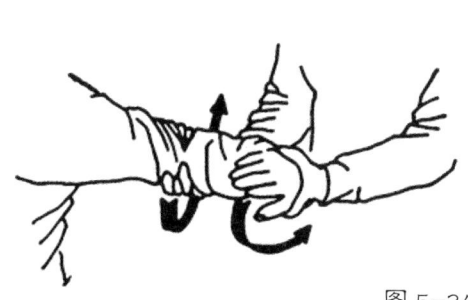

图 5-34　扳旋

三十五、斫挟

当对方抓我肩、胸、衣领或直接用右拳击我时,我可疾用左手封架或扣锁其右手,同时疾屈右肘,沿对方右臂肘部外侧向下、向身后收肘,猛击其肘部,使其肘部极度内收上翻。此时,对方必然侧身,但其上肢已被固锁,我再配合其他技法,形成擒拿。(图5-35)

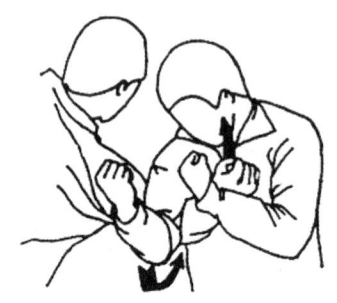

图 5-35　斫挟

三十六、挫扛

当对方抓拍我肩背或以拳击我时（以左手为例）,我疾以左手扣锁对方手,或以左手在其左拳内侧拦格,同时屈右肘用右前臂在对方左外下侧,向上、向内挫压其肘尖,使其臂极度内旋成肘窝向下状。此时,我身体前靠,使对方左臂置于我右肩上,我右肩用力向前扛顶,右肘尖向下猛力顶压其肩胛骨,两手呈合抱状,对方肘、肩关节被我固锁,形成擒拿。(图5-36)

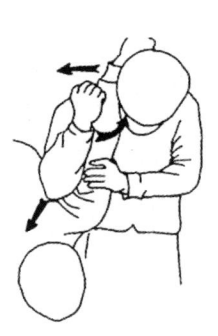

图 5-36　挫扛

三十七、斫旋

当对方抓拍我肩、背、衣领或直接用拳击我时（以左手为例），我疾用左手扣锁对方左手，或在对方左拳内侧拦格，同时疾伸右臂屈肘，用右前臂向下猛击其左肘窝，使其屈肘。此时动作不停，我向对方内上滚顶其肘部，左右两臂合力，使其肘部极度内收上翻，对方整个上肢运动链即被我固锁，形成擒拿。（图5-37）

图 5-37　斫旋

三十八、抱扛

当对方抓我领、肩、背或以拳击我时（以左手为例），我可疾用左手扣锁对方左手，或以左手刁拿对方左腕，再疾进右步，右臂自对方左臂下向上回抱，同时利用我上臂的挫滚，使其臂外旋至肘窝向上，并将其臂滚置于我右肩上。此时，我肩部用力向上扛顶其臂，双手执其手用力下压（劲要冷脆），使其肘关节极度背伸而剧痛，也可蹲身躬背用过背摔法使对方被我擒锁。（图5-38）

图 5-38　抱扛

三十九、抱旋

此动作基本同抱扛，不同的是，在我挫滚对方手臂时，有意使其肘关节屈，形成肩、肘关节的锁定。这样更易控制对方，并使对方的肩、肘关节遭受更大的损伤，对方整个上肢运动链即被我固锁，以背对我。此时，可拖带对方走，或用过背反关节摔法形成擒拿。（图5-39）

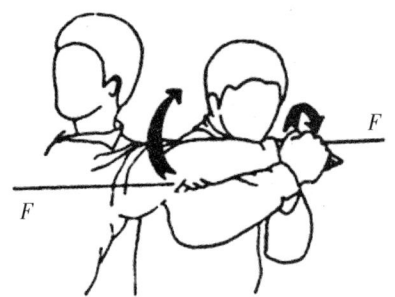

图 5-39　抱旋

四十、缠锁

对方出右直拳击我，我疾出左手由内向外刁扣对方右腕，向外旋拧，使其屈肘、前臂外旋。同时我另一手前臂在对方肘关节外侧，用力向上向前旋顶其肘部，使其肘极度内收、上翻。两手动作要一致，缠、旋、顶其肘时，用力要刚、猛、快、脆。锁定了对方肩、肘关节，对方必然侧后倒，被我擒锁。（图5-40）

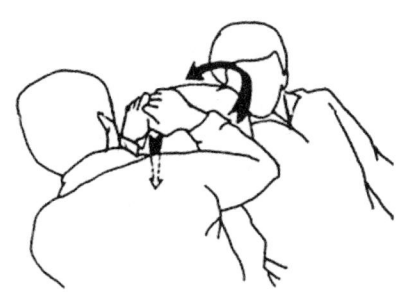

图 5-40　缠锁

四十一、拧扳

对方出右直拳击我，我疾出左手由外向内刁扣对方腕部，由下向上用力向其身后划弧，边旋拧边带推；另一手自对方上臂根部外侧，掐拿其上臂近腋窝处的软肉，用力向其肩、颈部撕拧。我两手动作一致，如同操桨行舟一般，周身合力，对方肩关节被我锁定必然向前俯，形成擒拿。（图5-41）

图 5-41　拧扳

四十二、拧斫

对方出右拳击我，我疾以右手刁拿其右腕，并旋拧其前臂，使其前臂外旋、肘窝向内；同时疾进左步，以左手沿对方臂下开掌击打其下阴部；再疾转体，用左肩部猛力向前下方斫击对方上臂或肘部。我肩、手合力，使对方肩、肘关节受到反关节斫击，其身必前俯倒，上肢被我锁定，形成擒拿。（图5-42）

图 5-42　拧斫

四十三、旋锁

我一手刁拿对方右腕，并旋拧，使其右腕极度内旋；另一手刁拿对方左腕，带搋至其右腋下。我两手配合一致，边旋拧对方右臂，边用对方左手沿其右腋窝向前下方旋压，对方双手俱被锁定，形成擒拿。（图 5-43）

图 5-43　旋锁

四十四、盘别

当对方伸右手抓拍我肩、背、衣领或出拳击我时，我可疾采用斫挟法，当对方肘被我肘部斫盘至极度内收时，我可疾进步转体，将右拳沿对方上臂下伸向其腋窝处，并利用我上臂和身体将对方手腕部挟紧固锁。此时，我臂别插在对方上臂与前臂之间，对方背向于我，整个上肢及全身被我固锁，形成擒拿。（图 5-44）

图 5-44　盘别

四十五、旋折

当对方伸右手或以右拳击我时，我以右手沿对方右臂外刁拿其腕，左手沿对方右臂上横击其左侧脸。若对方用左手封架，我疾翻掌刁拿其左手，并用力向回带掳；右手刁拿其右腕向上，并用我右肘扫击其头部。此时，我将对方右臂折压在其左臂肘关节处，将其双臂固锁，形成擒拿。（图 5-45）

图 5-45　旋折

四十六、别扛

当对方伸右拳击我时，我疾用右手沿对方右臂外侧向前顶格，左手屈肘，沿对方右臂上回插并抓掳自己的右前臂，同时，我疾进步向左转身，用右肘横击对方头面部。此时，我左臂别在对方右肘窝与我右臂之间，利用杠杆的省力原理，向上撬别对方肘部，右手将其右臂前端下压，使对方整个上肢即被我别锁住，肩、肘关节产生剧烈疼痛，身体后倒，被我擒锁。（图 5-46）

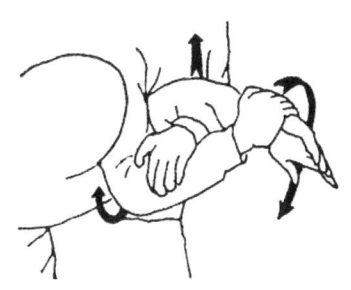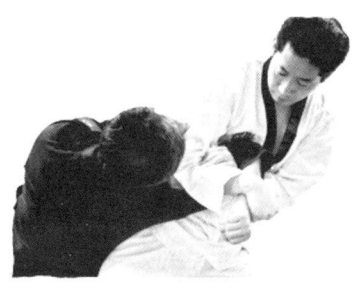

图 5-46　别扛

四十七、锁扛

当对方用右拳击我时，我疾进步，以左手扣拿对方右腕，右手摆拳击其头脸左侧。当对方用左手阻格时，我速带扣回搌对方左手，同时左手向对方左侧拍推其右臂，再进左步向右后转体，用左肩将对方右手顶锁在我肩、背上，两手扣抓其左腕用力下压，肩部向上扛顶。此时，对方双手被我固锁，我可用背拖带走，也可用反关节（肘关节）背摔，形成擒拿。（图 5-47）

注意，要将对方左手用力前拉下压，将对方右臂在我肩、背处顶紧，勿令松脱。

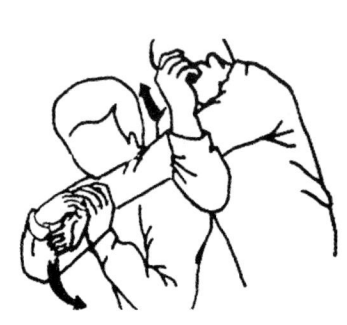

图 5-47　锁扛

四十八、锁斫

锁斫，是利用人体两臂交叉相互阻碍的生理结构和运动特点造成锁捆。当对方伸右拳击我时，我疾以右手沿对方右臂外拦格，左手速沿其右臂上横击其头面部。当对方用左手格架时，我疾翻腕刁拿对方左臂、腕，并用力向我左侧带搌。此时我右手不停，利用对方右拳回收屈臂之机，用力向前顶击其右前臂，成图 5-48 所示状；我再速进右步挡其右腿，左手回拉，右手顶斫，使对方两臂被我锁捆。对方左肘关节受到反关节斫击，必然后倒，被我擒拿。

图 5-48　锁斫

四十九、抱挣

对方下潜出右直拳击我腹，我疾用双手由上而下阻格对方右臂，同时疾进步，左手沿其臂内侧向外上，双手交叉合抱其臂向其身后折扳，成图 5-49 所示状。此时，我左臂在对方腕、肩之间，利用杠杆原理，我左手按压对方向下插卷，左肘上抬折撬其臂；右手扣抓对方掌背，使其腕极度伸；我以两臂相抱对方臂，左右相对用力，使其腕、肘关节产生剧痛。对方肩、肘、腕关节均被固锁，直接被我擒拿。

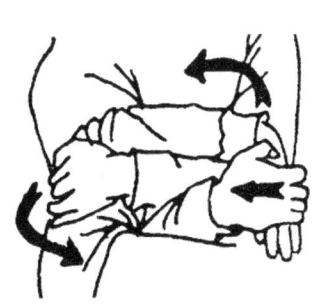

图 5-49　抱挣

五十、别插

我右臂插别在对方右前臂与肩、背之间，右手在对方肩、背部用力向下插卷，右臂顶住其右前臂用力上撬；左手刁拿对方右腕用力前推，使其屈肘、上臂后伸内收，同时掌根用力，使其腕关节极度屈。此时，对方整个身体被我锁捆，形成擒拿。（图5-50）

图 5-50　别插

五十一、锁别

当我采用缠挫时，我左手抓扣对方右肘内侧，右臂插别在对方右前臂腕部与我左前臂之间，左手用力下压对方肘关节，右手利用自己左臂为支点，右肘、臂部用力上撬对方右前臂，造成对方肩、肘关节剧痛和损伤，形成擒拿。（图5-51）

图 5-51　锁别

五十二、盘折

当我采用挫扛时，紧接着我左手沿对方右臂内侧回抓握自己右前臂，右手前顶对方右腕部，两手合力，别、盘、抱其右臂。此时，我左肘用力回夹对方上臂，肘尖下压顶其肩胛，右手向前下猛力折顶其右前臂，造成对方肩、肘关节的剧烈疼痛，形成捆锁擒拿。（图 5-52）

图 5-52　盘折

五十三、旋拧

当对方抓握我手腕时，我突然用力向对方拇指方向旋拧，并同时向前顶肘，利用我前臂在其拇指和食指抓握圈中的撬扛作用，很简单地就能脱离对方的抓握控制，并可顺势实施擒拿。（图 5-53）

图 5-53　旋拧

五十四、掐剔

当对方大力抓握我，力量悬殊以致无法解脱时，我可疾用自己的手指尖、指甲，沿其手指指甲根顺其指猛力掐撕其指甲根部，因该处神经丰富、感觉敏锐，故可造成对方难忍的剧烈疼痛，再牵拉其指，必使对方伸指松手，我可顺势对其实施擒拿。（图 5-54）

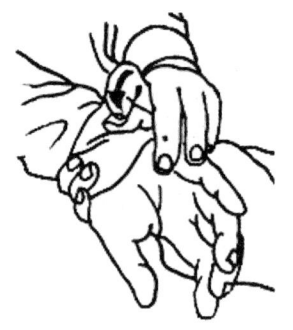

图 5-54　掐剔

五十五、挫扳

当对方伸右手或出右直拳击我时，我用右前臂由其右臂外向内格架，同时进左步，右手掌背贴其右臂上滑向其右肩，左手成掌（掌心向前）沿自己右臂横击其头部。对方必躲闪或以左手格架，此时我处于其右肩部的右手掌不停，突然猛力挫向其下颌角部，左手向上抓拿其头发或反手搂向其后脑部，同时疾侧闪左步，两手合力（右手向其左上挫推击右颌角，左手向其右下扳拉其头部），向自己腰部扳旋其头部。轻者对方立即倒地，若发抖脆劲，必使对方颈椎损伤，重者造成伤残或死亡。此技法为挫扳，挫是指挫击对方下颌部，扳是指扳拿其头部。（图 5-55）

图 5-55 挫扳

五十六、扳拧

当对方伸右手或以右直拳击我时，我疾进左脚，用左前臂向内横格其右臂，翻左掌沿其右臂向上横击向其左耳部。与此同时，右手沿自己左臂向上反手插其右耳部（由于对方右臂在我左臂下，左手又忙于格挡我之左手，因而右手可较顺利地触及其头右部），四指扣抓其颈后部，微抬右肘，右前臂向其右下压旋其头。此时，我左手突翻掌向上托拿对方头部另一侧，退左步，两手合力向其左下方拧旋其头部，必使其翻身前跌，并损伤颈椎。如使用抖脆之力，可使对方立即死亡。此技法为扳拧，扳是扳拿对方头部，拧是双手合力拧旋其头。（图 5-56）

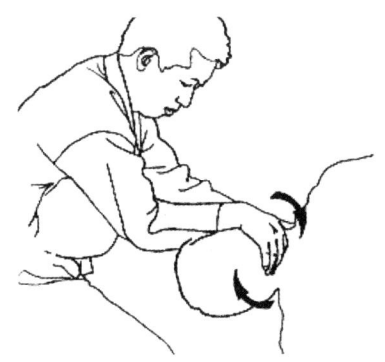

图 5-56 扳拧

五十七、扳斫

当对方用右拳击我时（其右脚在前），我疾进左步，左手沿其右前臂内侧格挡，同时屈腿坐胯、前俯下闪，右手抄抱其右小腿，用力上抬，左肘向下猛击其右大腿根部。因对方大腿被我锁定，髋关节处受到猛力击打，造成剧烈疼痛，必然立即后倒，被我擒拿。（图5-57）

图 5-57　扳斫

五十八、挫别

当对方用右脚踢我腹以上部位时，我疾沉肘、俯身，用左手由上而下抱挟其腿，左手在下，右手臂屈肘在上、向外猛挫其膝关节；同时进右步至其左腿里侧，绊别其左腿，坐腰胯，向左后转体，必使对方侧倒。此技法也是目前在散打技术中最常用的抱腿摔法之一。（图5-58）

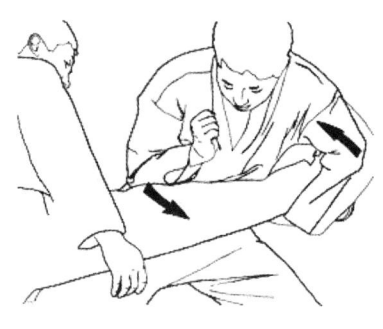

图 5-58　挫别

五十九、刁挣

当对方伸右手或以右拳击我时，我进左步，左侧闪，用左手推格其右臂，同时右手顺自己左手上，沿其右臂上缘疾前伸，刁握其肩、衣领或头发并向后撕拉，再用右脚向其斜前下方猛力蹬踩其膝关节后面腘窝处。我两劲合力相挣，必使其后仰、跪地，被我擒拿。（图 5-59）

图 5-59　刁挣

六十、盘旋

当对方用右拳击我时，我用左手由内向外格架，身体下闪，左手抱夹对方前臂；疾进右步至对方右脚外侧，坐腰胯，使对方右腿在我右大、小腿之间，再向左转体，我小腿在其小腿外侧绊锁，右胯在其腿膝内侧，两劲相挟，向其右侧旋挤压其膝关节，使其膝部内收。如此，对方必侧后倒，被我擒拿。（图 5-60）

图 5-60　盘旋

六十一、斫盘

当对方用右拳击我时，我疾下潜，进右步，左手至对方右小腿外侧固定其右脚踝，右臂屈肘用右前臂猛击其膝关节内侧，同时用力向其膝外下侧挫压，使其膝关节外展旋外。对方必后侧倒，被我擒拿。（图5-61）

图 5-61　斫盘

六十二、锁缠

在搏击或双方纠缠时，我可暗将左脚置于对方右脚外侧，屈膝，使我膝在其右膝关节内侧，左脚略勾锁住其外踝关节，再疾用我左膝顶住其小腿胫骨内侧，用力向其外侧旋顶，使其膝关节外展旋外。对方必后倒，形成擒拿。（图5-62）

此法为锁缠，锁是指用我之脚锁住对方踝关节外侧和脚跟跟腱处，缠是指缠顶其小腿胫骨内侧，使其膝关节外展旋外。

图 5-62　锁缠

六十三、掐挑

当对方用右摆拳击打我头面部时（对方右脚在前），我双手由下向上格挡对方手臂，左手臂顺势缠抱其右臂，右手快速掐击其颈部；同时我右脚上步，用右腿向后上挑击对方的右前腿，并配合上体动作，将对方摔倒，形成擒拿。（图 5-63）

此法为掐挑，掐是指我右手掐击对方颈部，挑是指用腿挑其右腿，上下配合用力，使对方站立不稳，倒地后被我擒拿。

图 5-63　掐挑

六十四、拧旋

当对方用脚正蹬我时，我疾收腹屈肘，用双手顺势抱搂其脚，两手顺其小腿向后抓拿其足，一手在其足跟部，另一手在其足趾部，两手合力，一正一反，向内或向外拧旋其脚。因踝关节和膝关节均无内外旋转的运动功能，故而依据运动链系统的效应性运动原理，必引起髋关节的旋内或旋外。而髋关节的内、外旋运动范围都很小，旋内只有 $10°\sim15°$，旋外也只有 $25°\sim35°$，因此必锁定髋关节，使对方左、右翻跌。如对方不能随顺其势而左、右翻倒，我则将力量全部集中于踝关节和髋关节，必然造成对方踝、髋关节严重损伤。（图 5-64）

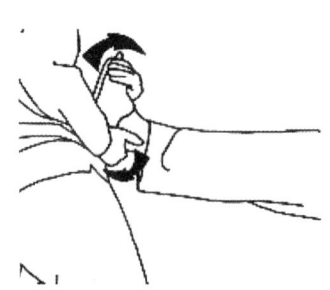

图 5-64　拧旋

　　以上六十四擒拿手法，是从擒拿秘籍《九重天》中天罗刹单八手（一百零八手）中摘选出来的（详见《擒拿秘籍〈九重天〉译注》一书），既是最常用的基本手法，也是擒拿技术的根本大法，必须认真反复进行练习，熟练地掌握其手位、结构、力量使用的方法与方向。

　　注：本书中的六十四手顺序与《擒拿秘籍〈九重天〉译注》一书上的顺序有所不同。本书把《译注》一书中放在第一、二位的旋拧、掐剔放在了第五十三和五十四位，这样就突显前三手——习手、拿手和扣手的重要性。五十九手的"挣"变为"习挣"，技术上没有变化，仅仅是为了名称的统一。另外，为了方便读者更清晰地理解六十四手的技法和用法，我们把典型技术拍成照片一并展示。

实用擒拿技术机理及技法

第六章　主躯干运动链系统

第一节　头部擒拿的要害部位及机理

　　头为六阳之首，是人体的中枢，由颅与面两部分组成。颅内包含有人体的中枢指挥系统大脑。面部有眼、耳、鼻、嘴，它们是特殊的感觉器官及呼吸、消化系统的门户。

一、头部的主要解剖结构

　　颅骨主要由 8 块脑颅骨和 15 块面颅骨组成。脑颅骨有成对的顶骨、颞骨及不成对的枕骨、蝶骨、额骨、筛骨。面颅骨有成对的上颌骨、腭骨、颧骨、鼻骨、泪骨、下鼻甲骨及不成对的犁骨、下颌骨和舌骨。此外还有 6 块听小骨也属于颅骨，见图 6-1。

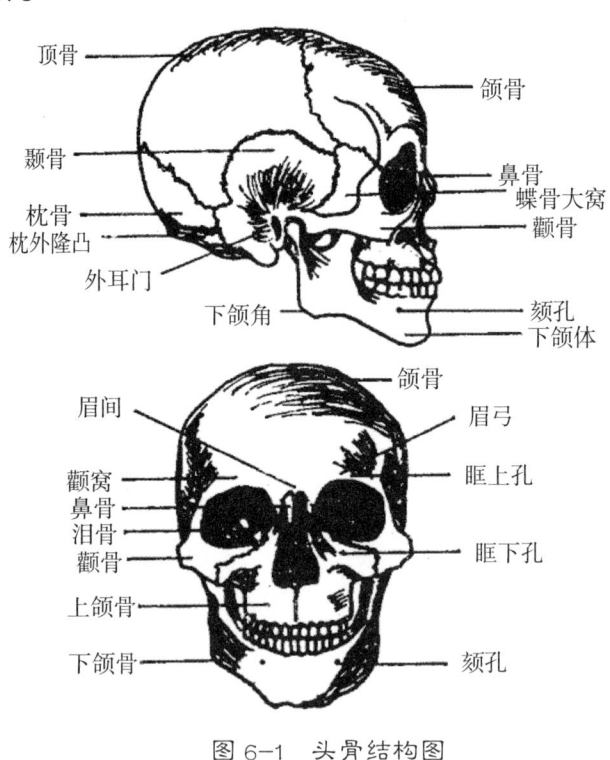

图 6-1　头骨结构图

脑颅骨构成卵圆形的脑颅腔，脑容于颅腔内。颅底的后部有枕骨大孔，此孔为脑和脊髓相连的通路，孔的两侧是枕髁，与寰椎组成关节，枕骨大孔的后上方有一枕外隆凸。

颅骨大部分以缝的形式连结，小部分以软骨连结形式相连结，以关节形式连结的仅有下颌关节。颞下颌关节由下颌骨的下颌头和颞骨的下颌窝构成，关节囊周围有韧带加固，关节腔内有关节盘，关节面呈球窝形，左右两关节同时运动，下颌在颞下颌关节处可以前后、上下和左右运动。

头部的主要动脉有颈动脉、颞浅动脉和面动脉等。

头部的神经是由脑发出的 12 对脑神经，在脑底与脑相连。

二、头部击打的要害部位及机理

擒拿中对头部的击打、掐拿可直接使对方完全丧失抵抗能力，甚至危及生命，头部击打、掐拿的要害部位见图 6-2。

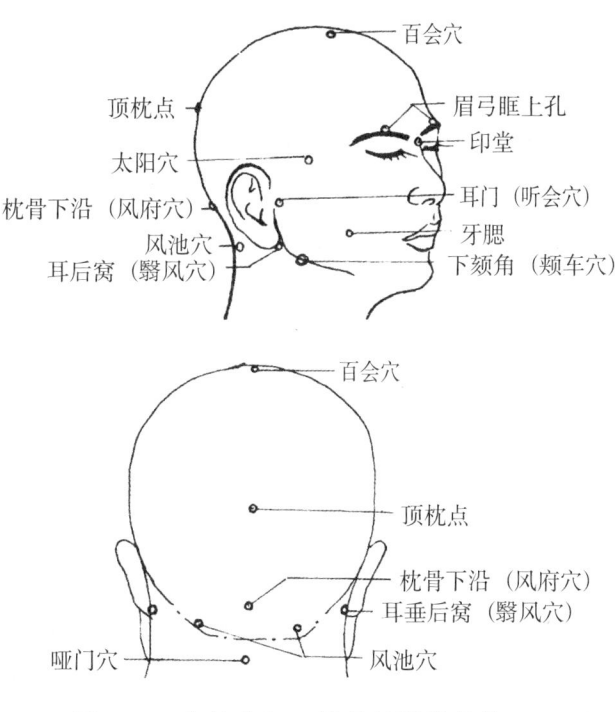

图 6-2　头部击打、掐拿的要害部位

（一）击打太阳穴（翼点）

太阳穴在顶骨、额骨、蝶骨翼和颞骨相汇处，属经外奇穴，位于眉尖和外眦之间向外移一指左右的凹陷中。此处是颅骨骨质薄弱的部分，深面有脑膜中动脉前支经过。

颅骨平均厚度为 5 毫米，最厚处达 1 厘米，而太阳穴处平均厚度只有 1~2 毫米，医学上称此处为翼点。颅骨为扁骨，内外层为密质，中间为松质，外层称为外板，较厚且耐受张力大，弧度小；内层称为内板，较薄而脆弱，有玻璃板之称。击打此处时，可据力量大小，轻则直接震荡大脑，使人视线模糊、眩晕，重则出现外板完整而内板发生骨折，骨折片可刺伤颅内的血管、静脉窦、脑膜以至脑实质，引起严重的合并症。另外，脑表面的脑膜中动脉经过该处，骨折易引起该脑动脉血管破裂，导致硬膜下血肿、脑挫裂伤，继而引起脑疝死亡。因此，不可轻易击打此处，如因特殊情况击打此处后对方昏倒，应立即送医院救治。

（二）切击风府穴（头后枕骨下缘）

风府穴属督脉经穴位，在枕骨下沿的凹陷中。枕骨下缘紧临颅底的枕骨大孔，是脑和脊髓相连的通路。孔的两侧是枕骨，与脊柱的寰椎关节相连，枕骨大孔的后上方有一枕外隆凸，此处俗称反骨，在脑后与颈椎相连处可摸到一凸起，凸起的下缘凹部就是风府穴部位。

切击风府穴，可直接引起寰椎关节与枕骨大孔相错。轻者造成脑、脊神经损伤，使人立即昏厥；重者直接错断脑、脊神经的连通，而致人立即死亡。所以千万要注意，不到万不得以，不可切打此处。

（三）击打头顶百会穴（前囟点）

百会穴是督脉经穴位，在头顶正中，位于两耳尖直上与头顶正中线交叉之点，此处为颅骨连结的冠状缝与矢状缝的交点。医学临床上常根据此处的膨出或凹陷，判断颅内压的高低。击此处，轻则造成脑震荡，引起眩晕，丧失抵抗能力；重

则造成脑损伤、颅内出血，从而导致死亡。所以，不可轻易用重手法击打此处。

（四）击打顶枕点（后脑）

顶枕点又称人字点，位于脑后枕外隆凸上方6厘米处，是颅骨连结的矢状缝与人字缝的相交点，呈三角形，也是头部的薄弱要害部位。击打后脑处，或后倒此处撞击地面，轻者造成脑震荡而引起眩晕；重者造成颅内出血、脑损伤而死亡，因此也不可轻易击打此处。

（五）击打眉弓（眶上孔）

眉弓位于额鳞的外面、两侧额结节下方，呈一弓状隆起，此处皮肤表面长有眉毛，眉弓框上缘的内三分之一距正中线2.5厘米处，有一眶上孔，孔内有眶上血管和神经穿出。击打此处可引起眶上血管及神经损伤，同时也可引起脑震荡损伤眼部，造成眼球充血，并引起剧烈疼痛。因眉弓保护着凹陷的双眼，所以击打此处虽能损伤双眼引起疼痛却不致击瞎致残。眼球受伤及眶上神经受到刺激引起疼痛和出血，触及视神经会造成视线模糊，因而失去判断与支配自己的攻守能力，从而为我方实施擒敌技术创造有利的时机。

（六）击打下颌角（颊车穴）

下颌角位于下颌体的下缘与下颌支后缘相交处，下颌角骨质较薄，击打此处常常容易引起骨折，造成剧烈疼痛而使对方丧失战斗意志。同时此处俗称"跌倒穴"，若用摆拳击打此处，易造成颈椎的震摆锁定，使人直接跌倒。所以在实际搏击中人们常常要微收下颌，或做耸肩动作来保护此处。

（七）击打印堂穴（鼻骨、泪骨部）

印堂穴是经外奇穴，在两眉之间，相当于额骨间隆起部，其处为鼻骨。鼻骨是成对长方形骨板，构成鼻腔上壁的一部分，它上厚下薄，中有小静脉通过鼻骨

孔，并有筛前神经分支经过，同时有来自眼动脉的鼻背动脉、额内侧动脉、内眦动脉及筛前动脉。因此击打此处极易造成鼻骨骨折，引起大量出血，造成呼吸困难。同时因鼻骨与泪骨相邻，泪骨薄而脆，击打鼻骨往往会累及泪骨，造成鼻部酸痛难忍、流泪不止、视线模糊，从而使对方的战斗力削弱或丧失。

（八）击打腮部（下颌骨上缘）

腮部的下颌颈及颏孔均较薄弱，暴力击打后极易引起下颌颈与颏孔部骨折，伤及血管神经，使对方丧失战斗意志。同时在对方张嘴或叫喊时，可向腮部斜下方搓击或击打。因腮部的下颌关节是联合关节，关节窝宽而浅，韧带松弛，关节灵活，在开口时由于下颌小头移至关节结节而处于不稳定状态，此时若受到一定向下的力的击打，会使下颌骨过度下降，下颌小头与关节盘可通过关节囊薄弱的前壁移至关节结节的前方，形成前脱位，造成剧烈疼痛，使对方闭不上嘴、无法叫喊，从而削弱对方的战斗力。

（九）击打或用掌根扇击两耳门

耳门前后处有大量的重要血管、神经通过。击打耳门时会形成冲击气流和震荡冲力，通过外耳刺激、震荡内耳前庭器和蜗器，轻者引起耳鸣、眩晕，重者气流击穿鼓膜导致耳聋，并震荡、刺激脑神经，造成休克，使对方丧失抵抗能力。

三、头部掐拿部位及机理

在擒拿技法中，头部的掐拿部位较多而集中。凡头部的凹陷处，均是掐拿、扳旋的部位，如眼窝、耳后窝、耳前窝、腮窝等。这里重点介绍几个主要的掐拿、扳旋的部位，具体手法在后面的技术部分再详细讲解。

（一）用指插、掐翳风穴（耳垂后窝）

翳风穴为手少阳三焦经穴位，在耳垂后乳突和下颌骨之间的凹陷处。此处

有大量的神经血管经过，如面神经、舌下神经、迷走神经、耳大神经、副神经等。插、掐此处可引起剧烈酸痛，从而削弱对方的反抗能力。尤其是当对方不服从指挥行走，我方又不得不使用暴力伤害对方时，可用各种手法插、掐此部位，如用拇、食指掐住对方耳垂，用中指插其翳风穴（耳垂后窝），或用四指扶其颈部，拇指在其窝穴中合力掐拿等，均可引起剧烈酸痛，这样就能控制对方头部，迫使对方服从命令行走。

另外，因翳风穴部位为颅底与颈椎连结的侧翼，遭暴力击打易引起脑、脊神经损伤，轻者引起昏厥，重者导致立即死亡，所以如用拳背指根骨节处击打，或用掌斫击此部，千万要谨慎。

（二）用拇指和食指掐拿脑后风池穴

风池穴为足少阳胆经穴位，在脑后枕骨下缘胸锁乳突肌和斜方肌起始部之间的凹陷中，此处为寰枕后膜及寰椎后弓两侧，有枕大神经经过。向斜上方掐拿此处，可控制对方头部的运动，并造成剧烈酸痛。如向斜前下方插掐此处，对方必前俯甚至前倒。

当对方不听指令行走时，可掐拿此处控制对方行走。在擒拿过程中也可配合其他技术掐插此处，使对方立即倒地，实施锁捆擒拿技法。

（三）掐拿牙腮

在对方不听指令叫喊时，可用拇指与食、中指掐拿对方的两侧牙腮，向下颌支方向掐插，造成剧烈酸痛，并能迫使对方张口而无法叫喊。如对方还不听劝阻，即可用另一手掌根，向其另一侧斜下方搓击其下颌骨上缘，必使对方下颌关节脱臼，完全丧失叫喊能力。

（四）掐拿、扳旋眼窝、耳窝、下颌骨及搓、插击鼻下部

在擒拿中的旋颈、断颈手法中，常以掐拿、扳旋对方眼窝、耳窝、下颌角或搓、插击其鼻下部，使其头发生旋拧或后仰，组成旋颈、断颈技术，往往能直接

伤害对方颈椎、脊神经。如在一定程度上锁定对方身体后，猛力在两个轴上旋拧其颈，必直接造成对方死亡。

当对方在前面抱搂住我腰时，使用此技法可立即解脱，再同时施以擒拿技术。

第二节　颈部擒拿的要害部位及机理

一、颈部的结构特征和运动特点

（一）颈部的结构特征

颈部位于头、胸和上肢之间。颈椎将颅骨与胸椎相连接，并发出八对颈神经，形成颈丛神经和臂丛神经。从颈丛发出的神经，分布于头颈部肌肉与皮肤，其中最长的一条是膈神经，入胸后分布于膈肌。臂丛神经由颈侧经锁骨中段处入臂形成肌皮神经、正中神经、尺神经和桡神经。臂丛神经是混合性神经，含有感觉纤维和运动纤维，是支配头颈部、上肢及膈肌（主要的呼吸肌）的感觉与运动的重要神经干。

颈前方中线有呼吸和消化道的颈段，两侧有纵行排列的大血管、神经和淋巴结，颈根部有大血管、神经以及胸膜顶及肺尖等。颈部是人体主要的呼吸通道，也是人体供给大脑血液（养料、氧气）的唯一通道。

颈部诸结构之间，填充有疏松结缔组织，并在器官与血管、神经周围形成筋膜和筋膜间隙。颈部诸肌作用于颈、脊柱间的连结，使头、颈运动灵活并参与呼吸、发音和吞咽等功能。颈部结构见图6-3。

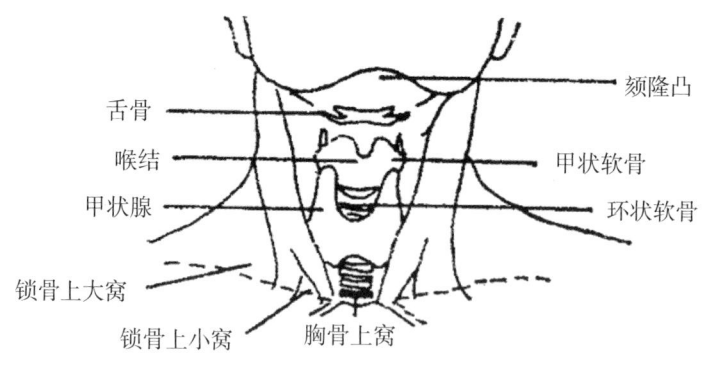

图 6-3　颈部结构

（二）颈部的运动特点

颈椎（图6-4）由七个椎骨连结而成，相邻两个椎骨间的运动很小，但由于颈部的运动是七个颈椎连结的链运动，同时由于颈椎上关节突的关节面斜向上方，因此颈部屈、伸运动范围较广，前屈运动是全部脊柱中幅度最大的，旋转运动的范围约为90°。颈部的侧屈运动常伴随旋转运动。

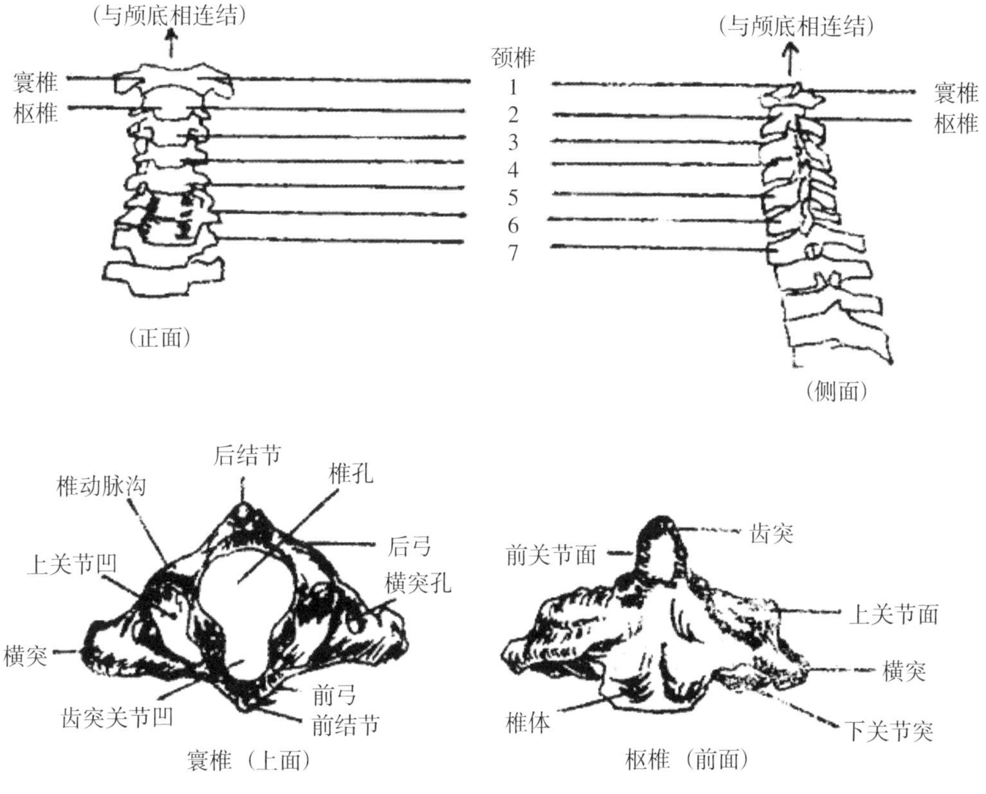

（与颅底相连结）

寰椎
枢椎

（正面）

颈椎
1
2
3
4
5
6
7

（与颅底相连结）

寰椎
枢椎

（侧面）

后结节
椎动脉沟
椎孔
后弓
横突孔
上关节凹
横突
齿突关节凹
前弓
前结节

寰椎（上面）

齿突
前关节面
上关节面
横突
椎体
下关节突

枢椎（前面）

图 6-4　颈椎结构

颈椎的寰枕关节和寰枢关节，是脊柱与颅骨相连结的重要关节，是大脑与脊髓、头与身体相连结的枢纽。

寰枕关节由颅骨枕骨髁与寰椎上关节凹构成。其关节囊松弛，关节凹较浅，关节囊的后部及外侧部肥厚，内侧部则很薄。此关节为椭圆关节，可使头做仰俯

运动和侧屈运动。

寰枢关节由左右寰枢外侧关节、寰齿前关节、寰齿后关节四个独立的关节构成，其关节囊都薄而松弛，但因只有一个通过齿突尖的垂直轴，寰椎与颅骨沿此轴只能向两侧旋转。此外，寰椎与枢椎之间，还可出现轻微的前后方和侧方运动。

二、颈部插掐、切打的要害部位及机理

由于颈部所处的重要位置，及其生理作用与结构、运动特点，在实用擒拿技术中，对颈部的插、掐就是阻断人体呼吸，阻断对大脑中枢神经的血液供应，刺激、损伤颈部诸神经、淋巴。对颈部的切打、旋拧主要是作用于颈椎，尤其是寰枕关节和寰枢关节，目的是损伤颈椎关节，达到损伤和阻断中枢神经的作用。所以对颈部的各种擒拿手法，可削弱直至完全解除对方的反抗能力。实施颈部擒拿，可视用力的大小、作用部位及作用时间的长短，使对方窒息、昏厥或立即死亡。它是实用擒拿技术中重要的技法之一，往往能达到直接制敌的目的，但要针对敌情的不同、矛盾性质的不同慎重使用，尤其是直接造成重大伤害、直接致死的技法，更应慎重，不得妄使。

（一）切击颈部的后、侧部

切击颈部的后（风府穴）、侧（第三、四颈椎）部，由于头部质量大，此部位又是颈部诸肌起始部，使头部产生反弹震荡效应，从而加大作用于寰枕、寰枢及其他颈椎关节的力。轻者使寰枢关节的齿突移动，刺激压迫脊髓，使对方沿脊柱产生触电热灼感而削弱或丧失抵抗能力，或使对方立即昏厥，并引起严重后果；重者直接使颈椎错位，切断脊神经、脊髓，造成对方立即死亡。因而，目前的散打运动中，颈部为禁切部位。

在实施腕部擒拿时，如突向下发抖劲，也可产生运动链的效应反弹震荡作用，使力作用于颈椎，造成颈椎损伤，从而刺激损伤相关神经，轻者使对方颈项僵直疼痛、颈肌痉挛而丧失抵抗能力；重者造成对方肩、臂麻木、颈椎受损，甚至四肢麻木、瘫痪等严重后果。

（二）正面切击喉结、甲状软骨部

喉是构造复杂的管状器官，不仅是空气出入的管道，也是发音器官，还有一部分感受味觉和吞咽的功能。甲状软骨是最大的喉软骨，它与环状软骨、会厌软骨等连结成喉结，其周围有丰富的血管和神经，其外下缘周围又有甲状腺。切击此处可造成剧烈疼痛，并同时引起吞咽、语言及呼吸障碍，而减弱对方的抵抗能力，严重时可造成暂时性窒息。如当对方仰头时，突然切击此处效果更好。

（三）插击舌骨部

当双目平视时，舌骨体平颏突下缘，舌骨后方适对第三颈椎，其后有会厌软骨，有迷走神经的喉上神经和喉返神经。喉上神经于舌骨两侧大骨处分为内支和外支，内支是感觉神经，外支是运动神经。如沿左右下颌骨猛力插击此处，必然造成剧烈疼痛和呼吸障碍，从而使对方丧失战斗能力。

（四）插击天突穴（胸骨上窝）

天突穴是任脉经穴位，在胸骨切迹上缘正中上 0.5 寸凹陷处（颈下正中凹陷处）。向斜下方插击此处，可阻断气管、颈总动脉、锁骨下动脉，同时刺激膈神经、迷走神经等，造成对方剧烈疼痛、呼吸困难、心跳加速、恶心等症状。一般采用指作钩状，一边插压，一边下拉，对方必前跌，形成擒拿态势。

（五）插击、压拉缺盆穴（锁骨上窝）

缺盆穴属足阳明胃经，在锁骨上凹陷中点，直对乳头，其处为臂丛神经到上肢的通路。一般采用四指成钩状插、压、拉该部位，使对方酸痛难忍、收腹弓背，必然前跌。

擒拿典型技法有"牧童牵牛"。

● **牧童牵牛**

传统武术擒拿口诀：

> 闪格臂下疾伸手，四指卷插锁骨窝。
>
> 锁腿拉卷是牵牛，吃肘倒步必伏身。

当对方伸右手或以右直拳击我时，我疾以右手横格拦对方右臂肘部，并顺其前臂刁扣其右腕。同时进左步疾伸左手，沿对方右臂下插向其右肩部，四指成钩状，插压其锁骨上窝（缺盆穴），勾拉其锁骨并向前下猛力拉带。然后，身体右转，用肩部压击对方右肘关节，配合右手拧臂动作，使其右臂肘关节受反关节击压，再进左步绊锁其腿，或直接退右步，必使对方丧失抵抗能力、前跌，形成擒拿。其技法要点为插带、拧压。（图6-5）

①　　　　　　②　　　　　　③

④　　　　　　⑤　　　　　　⑥

图6-5　牧童牵牛

三、擒拿中的扼喉技术

实用擒拿技术中的扼喉技法，不同于一般的扼喉动作。它不允许也无机会采用双手扼喉，都是采用单手扼喉。扼喉时拇指应在喉结下缘，因环状软骨位于平第六颈椎横突处，是气管及颈总动脉的通道，拇指在此处应用力向后上加压挤向颈椎，可阻断气管和颈总动脉血流，使大脑缺血、缺氧而造成对方晕厥死亡。四指应在对方对侧胸锁乳突肌后缘，因胸锁乳突肌的下面有大量神经，如颈丛神经、臂丛神经、副神经、枕小神经、耳大神经及颈动脉窦等，拇指与四指相对用力掐拿此处并同时挤向颈椎，必然会阻断呼吸、血液，刺激该部神经，造成剧烈疼痛，使对方窒息、昏厥甚至死亡。

扼喉技术在实施中必须注意手法的轻重，应视具体情况及对方的态度，掌握掐拿的松紧，掐拿的时间不可稍长，以对方放弃抵抗为准，避免不必要的伤亡。

四、擒拿中的旋颈技术

在擒拿中针对颈部构造及运动特点，先辈们在实践中摸索形成了一整套的旋颈、断颈技术。旋颈、断颈技法虽多，但其机理都是必在两个轴上做扳旋动作，先用手法使对方头后仰或侧屈，而后用旋拧法，即做螺旋式旋颈。由于颈椎同时受向下及力偶旋转的双重压力，使身体无法及时沿两个轴的方向同时转动，轻者倒地，使颈椎及颈肌受到损伤，进一步使寰枢关节的齿突移位，压迫脊髓，造成昏厥并引起严重后果；重者使颈椎错位，切断脊髓、神经，立即造成死亡。故此技法不可轻用，慎而慎之。

旋颈技法常用在对方正面抱搂时的解脱，即我双手掐拿住对方头部的凹陷处或穴位，在两个轴上做扳旋动作，对方必然会转体松手。

在实用擒拿技术中有断颈八式和旋颈八式，是在搏击格斗中施加于对方颈部的常用典型技法，如"天星坠地""依日摘月"，一为搓扳法，一为扳拧法。

● 天星坠地

传统武术擒拿口诀:

天星坠地取魁阳, 金丝捣眉手为先。

搓打颊骨反取头, 旋拧扳折腰间行。

当对方伸右手或出右直拳击我时,我用右前臂由对方右臂外向内格架,同时进左步,右手掌背贴对方右臂上滑向其右肩,左手成掌(掌心向前)沿自己右臂横击对方头部。对方必躲闪或以左手格架,此时处于对方右肩部的右手掌不停,突然猛力搓向其下颌角部,左手变向向上抓拿其头发或反手搂向其后脑部,同时疾侧闪左步,两手合力(右手向对方左上搓推击右颌角,左手向其右下扳压其头部),向自己腰部扳旋其头部。轻者对方立即倒地,重者(发抖脆劲)必使对方颈椎损伤,造成伤残或死亡。此技法为搓扳,搓是指搓击对方下颌部,扳是指扳拿对方头部。(图 6-6)

①

②

③

④

⑤

图 6-6　天星坠地

●依日摘月

传统武术擒拿口诀：

> 侧闪捣眉走自如，鹊桥暗渡依日行。
>
> 旋压右臂左手合，转身倒步手摇轮。

当对方伸右手或以右直拳击我时，我疾进左脚，用左前臂向内横格拦对方右臂，疾翻左手掌沿对方右臂上横击向其左耳部。与此同时，右手沿自己左臂上反手插向对方右耳部（由于对方右臂在我左臂下，左手又忙于格挡我左手，因而我右手可较顺利地触及对方头右部），四指扣抓其颈后部，微抬肘，前臂向其右下压旋其头。此时左手突翻掌向上托拿对方头部另一侧，退左步，两手合力向其左下方拧旋其头（图6-7），必使对方翻身前跌，且颈椎受损。如使用抖脆之力，易使对方立即死亡。此技法为扳拧，扳是扳拿对方头部，拧是双手合力拧旋对方的头。

①　　　　②

③　　　　④

图 6-7　依日摘月

第三节　躯干部擒拿的要害部位及机理

　　人体的躯干部是由胸部和腹部组成的人体主干，内有人体的全部脏器。依据人体结构特点，躯干部也存在着不少薄弱环节和要害部位，对这些薄弱环节或要害部位的擒拿与击打，不但会使对方丧失抵抗能力，而且有的部位可直接损伤脏器，危及生命。

一、躯干部的主要结构特征和运动特点

（一）胸部

　　胸部位于颈部与腹部之间，借上肢带与上肢相连结。以胸廓为骨性支架，填衬以肌肉等软组织构成胸壁，胸壁和膈围成胸腔。内有气管、支气管、肺、心及出入的大血管、食管、胸导管及交感神经干等。

　　胸廓由 12 块胸椎、12 对肋骨、1 块胸骨和将它们连结起来的软骨、关节、韧带构成。胸廓有上下两口，上口有气管、食道和重要的血管、神经通过；下口被膈封闭，起着保护和支持心、肺器官的作用。

　　12 对肋骨后端与 12 个胸椎由肋头关节和肋横突关节相连结，肋骨可绕这两个关节的一个，介于额状轴和矢状轴的中间轴做回旋运动。肋骨前端与胸骨之间由肋软骨相连结，其中第一肋软骨与胸骨柄直接连结，第二至第七肋软骨通常与胸骨连结成微动关节，第八、九、十肋软骨与第七肋软骨相连结，而第十一和十二肋的前端不和胸骨连结，游离在两侧腰弯处。

（二）腹部

　　腹部位于胸廓与骨盆之间，由脊椎（腰椎、骶椎）与骨盆相连结，包括腹壁、腹膜腔和腹腔脏器。

　　腹腔重要的脏器有：肝——处于右腹上部；脾——左腹上后部；胃——腹上中左侧；肾——后背两脊柱旁，上极平第十一或第十二胸椎，下极平第二或第三腰椎；

膀胱——位于盆腔前部、耻骨联合及左、右耻骨支的后方；会阴及外生殖器。

（三）胸腹部的神经

由胸椎发出 12 对胸神经，胸神经前支沿肋骨下缘形成肋间神经，其分支分布于肋间肌、腹肌和胸腹壁皮肤。

由腰丛发出的神经分布于大腿前面和内侧面的肌肉和皮肤，主要有股神经和闭孔神经。

由骶丛发出的神经分布于臀部、大腿后面、小腿和足等处的肌肉和皮肤，主要有坐骨神经、胫神经和腓神经。

在胸腹腔，由脊髓的胸部和腰部发出的交感神经，围绕着血管周围组成神经丛，主要的有心丛、肺丛（分布于心和肺等）、腹腔丛（分布于胃、肝、脾、肠等）、盆丛（分布于膀胱、子宫、直肠等）；由中脑、延髓、脊髓骶部发出的副交感神经，分布于心、肺、胃、肝、脾、肾等器官，其中迷走神经最长，分布最广。人体的大多数内脏器官受交感神经和副交感神经的双重支配。

二、躯干部击打、掐拿的要害部位及机理

躯体部位击打、掐拿的要害部位如图 6-8 和图 6-9 所示。

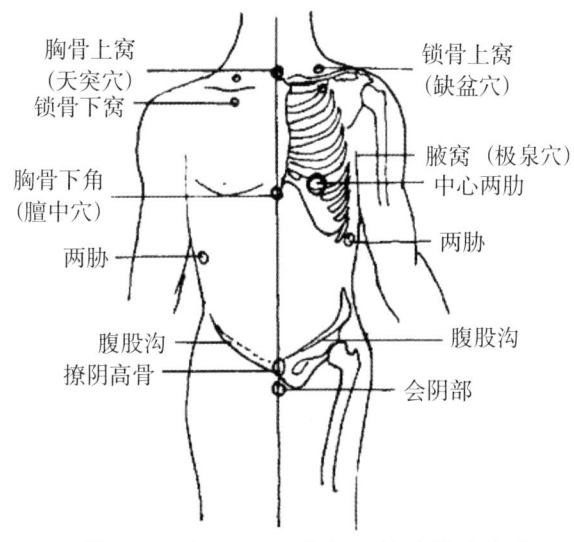

图 6-8　躯干正面击打、掐拿要害部位

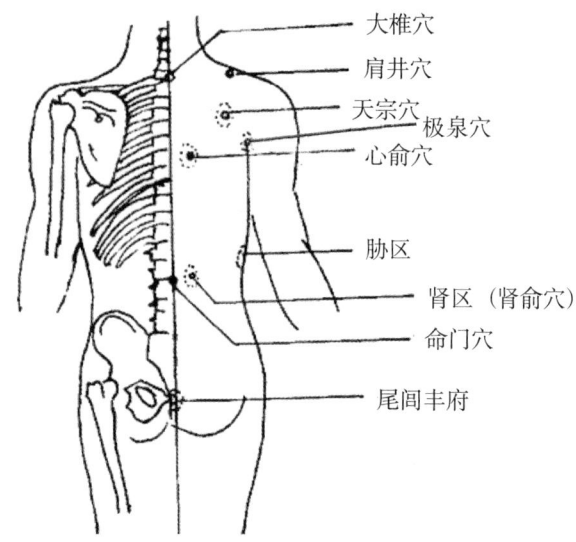

图 6-9　躯干背面击打、掐拿要害部位

（一）击打胸骨下角（心口窝）

胸骨下角是中心两侧肋弓与剑突共同形成向下开放的角，俗称心口窝，即胸骨剑突部位。因剑突后的内脏器官有心脏下部（心室），剑突下缘正好是肝与胃的重叠处，而剑突是软骨组织，此处又无肋骨保护脏器，所以击打此处可直接震荡心脏，刺激膈肌与下位肋间神经，使人心闷、呼吸困难、腹壁剧烈疼痛以致强直，丧失抵抗能力；严重的可同时引起胃充血、心脏震颤、肝脏破裂大出血而导致昏厥，或直接引起死亡。

击打此处时一般应注意部位稍靠下一些，以免直接波及心脏，造成死亡；或不要用力猛击。

（二）击打中心两肋

中心两肋是指胸前壁第七、八、九肋骨和肋软骨连结处，其左侧是心区，右侧是肝脏上部。胸廓上位肋有锁骨和肩胛骨的保护，不易被损伤。从胸廓结构看，人体第五~八肋弯曲度较大，最易发生骨折，尤其是肋骨与软骨连结处，若

受直接暴力击打，易使心脏受到震荡刺激，严重时可出现肋骨的内向骨折，致使心脏、肝脏损伤，导致大量出血而死亡。

（三）击打两胁

两胁即胸廓下部腰两侧，位于第十一和第十二两游离肋端。因其游离端未与胸骨连结成腔，遭受击打后必向内折曲，又因其内部右侧是肝脏，游离肋端内折，必挤压或刺破肝脏，同时冲击震荡肝脏，造成肝损伤直致肝破裂，直接引起死亡，所以两胁右侧不可轻易猛击。两胁左侧内为脾脏，同上述道理，易引起脾破裂而大出血，危及生命。

在警卫工作中，如围观者不听劝阻前拥时，即可用四指插其两胁，或两肘后顶其胁，其必后退。

在对方搂抱或摔我时，我亦可插抓其两胁，使对方酸痛而不易发力，便于我解脱而实施擒拿技法。

（四）插击、掐拿极泉穴

极泉穴属于手少阴心经，在腋窝中间。腋窝位于胸廓与臂部之间，由肌肉围成腔隙，其内充满疏松结缔组织，为颈部与上肢血管、神经的通路。腋筋膜中央较薄，有许多血管、神经和淋巴通过，呈筛状的腋窝有臂丛神经、腋动脉通过。从解剖特点上来说，此处既无肌肉，又无骨骼保护，因此插击、掐拿此部位，一般可使对方手臂有放射状触电感，从而丧失运动能力；重者损伤神经、血管，造成上肢运动障碍，甚至血肿、瘫痪及其他合并症。

在警卫工作中，如遇被对方抓住不放，或手拿东西、凶器威逼不放时，可猛力插击对方极泉穴，必使其松手。

擒拿典型技法有"仙人指路"和"彗星袭月"。

● 仙人指路

当对方右手持凶器劈我或以右拳击我时，我疾进左步且左闪，同时向斜上猛伸右掌，并用四指猛力插击对方右腋窝极泉穴，使其右臂如触电般酸麻疼痛，为

我实施擒拿创造有利时机。其技法为插击。（图 6-10）

① ② ③

图 6-10　仙人指路

● **彗星袭月**

传统武术擒拿口诀：

一格一进如流星，鹰爪逞威扣双经。

扣压卷带疾退步，反转旋折又锁劈。

当对方伸右手或以右拳击我时，我移左步左侧闪，以左手拍格并疾刁拿对方右前臂，右手沿其右臂下插向其腋、肩部，拇指在其腋窝极泉穴处，四指扣拿其锁骨上窝。我两手相对用力掐拿，并向对方前下方猛拉，同时疾抬右脚猛踢其右小腿，对方腿被我阻踢必前跌，被我锁拿。（图 6-11）

① ② ③

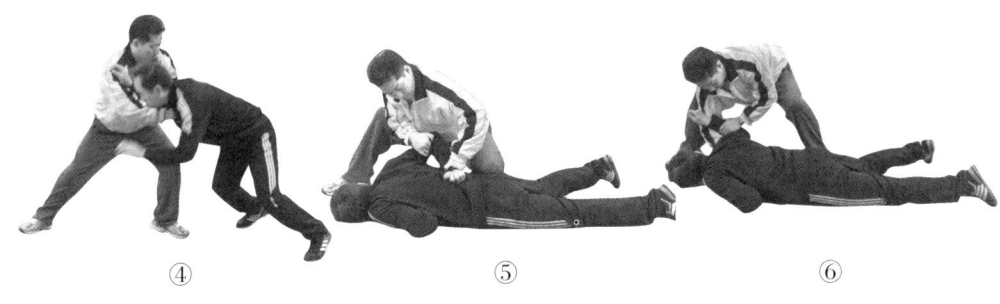

④　　　　　　　　　⑤　　　　　　　　　⑥

图 6-11　彗星袭月

（五）踢打撩阴高骨

撩阴高骨是指耻骨联合部（骨盆前联合），位于阴部毛际。由于此处有软骨垫，富有弹性，感觉神经敏锐，所以踢打此部位，虽不损伤脏器，但引起异常疼痛，使人下蹲、直不起腰，从而丧失抵抗能力。

（六）踢打会阴部

会阴部神经非常丰富，很难承受一定的外力击打。又因盆腔内有重要脏器，如膀胱等；外有外生殖器、阴茎、阴囊、睾丸等，踢打会阴部，轻者引起剧烈难忍的疼痛，使人完全丧失抵抗能力；重者引起睾丸、膀胱等破裂，导致休克甚至死亡。

（七）踢打尾闾丰府

尾闾丰府是指骶骨的骶骨裂，即尾骨部。此处脊神经暴露，受暴力击打，能直接损伤中枢神经，引起剧疼和瘫痪。在擒拿中也可抓、扣、提此处。

擒拿典型技法有"倒提金炉"。

●倒提金炉

传统武术擒拿口诀：

> 暗渡陈仓两手分，青龙潜渊找阴根。
>
> 翻卷腾飞上九霄，劈研魁阳倒提炉。

当对方伸右手或以右手击我时，我进右步左闪，左手拍格对方右臂，同时进左步，身体右转，右手下伸到对方臀后部，扣抓其尾骨后下部，并用力掐抓上提；左手则沿对方右臂向下斫击其头部，对方必扑跌，被我擒拿。其技法为扣提。（图 6-12）

①　　　　　　　　　　　　　　　　　②

③　　　　　　　　　　　　　　　　　④

图 6-12　倒提金炉

（八）击打背后两肾俞穴

肾俞穴在后背第二腰椎棘突下旁开 1.5 寸，两肾位于第十二肋与第三腰椎之间。两肾是一对实质性器官，具有泌尿作用，形如蚕豆状，在腰椎两侧紧贴腹后壁。从生理上看，肾脏是全身代谢最快的器官，有丰富的血管；从解剖角度来讲，肾脏没有肋骨保护，脆弱的两肾紧贴腹腔后壁，因此击打背后肾俞穴（两肾区），会造成剧烈腰痛，使人丧失抵抗能力，严重者造成肾破裂、内出血

而导致死亡。

在对方对我实施过背摔时，我可疾用肘或拳顶压对方两肾俞穴，迫使其腰背弓而无法实施过背摔，我乘机实施擒拿技术。

另外在施用擒拿技术时，如果对方倒地（面向下），为了减弱其反抗能力，便于我锁捆，可用肘尖或膝顶压其腰部（第四、五腰椎处）。

在正面缠抱无法解脱时，也可两手抱掐对方腰部向自己后方带压，同时上体紧靠其身向其身后下压顶，使对方腰椎后伸，从而后倒。

（九）击打背后心俞穴

心俞穴（俗称后心）在背后第五胸椎棘突下旁开 1.5 寸，而第五胸椎至第九胸椎之间正好是心区。俗语讲："前心深如井，后心薄如饼。"击打心俞穴区，可直接震荡心脏，并引起突发性窒息，使对方完全丧失抵抗能力，严重时可直接危及生命。

（十）插切腹股沟

腹股沟位于大腿部与腹前壁的交界处。腹股沟中段，是股动脉、大隐静脉等重要血管及坐骨神经、生殖股神经、髂腹股沟神经等重要神经的通路。腹股沟内口是精索由腹腔进入腹股沟管的入口，其表面无强大肌群保护。因此，插切腹股沟处，必使人酸痛难忍，从而后坐跌倒。

在擒拿的抱腿技法中，常一手抱抬对方腿，而另一手插压其腹股沟中段，必使对方向后坐跌。

第七章　上肢运动链系统

上肢运动链系统是人体最活跃、最灵活、运动幅度最大的运动链系统，也是人体擒拿格斗中最常用、最重要的运动链系统。

上肢运动链系统由锁骨、肩胛骨、肱骨、尺骨、桡骨、手骨（包括腕骨 8 块——舟骨、月骨、三角骨、豌豆骨、大多角骨、小多角骨、头状骨和钩骨，掌骨 5 块及指骨 14 块）组成，并由关节相连结〔分为上肢带的连结和自由上肢骨的连结(肩、肘、腕、指)〕。它以骨骼为中轴、关节为枢纽，肌肉按关节运动轴分群、分层排列；有血管和支配手臂运动及感觉的神经穿行其间；并有手太阴肺经、手阳明大肠经、手少阴心经、手太阳小肠经、手厥阴心包经、手少阳三焦经运行其中。（图 7-1）

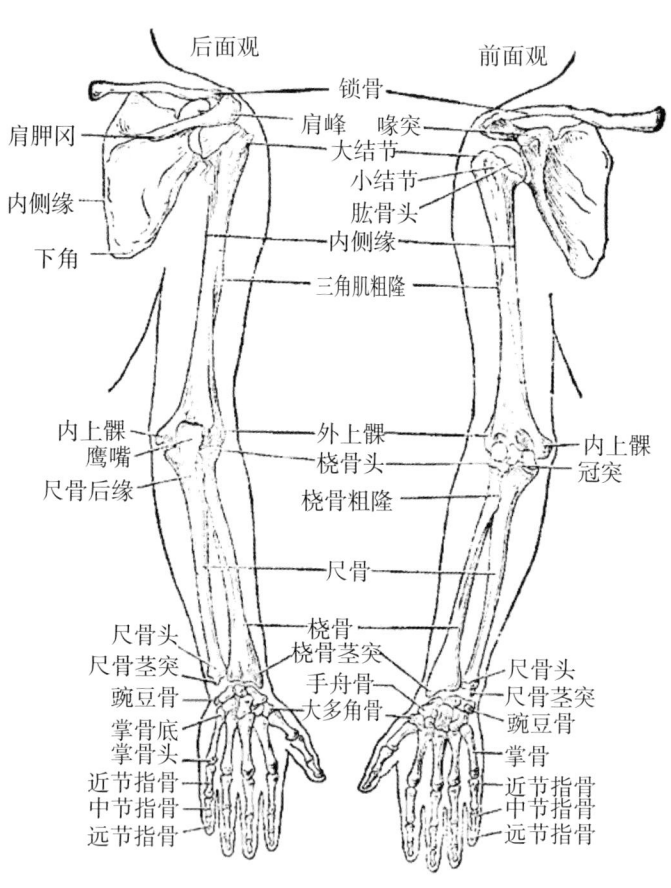

图 7-1　上肢运动链系统结构图

1. 上肢轴线及提携角

人体上肢的上臂与前臂并不在一条直线上，在肘关节部有一自然折曲，通常形成 165°~170°的角度，其补角为 10°~15°，称为提携角（图 7-2）。擒拿技法中常利用此自然生理角实施肘部擒拿。

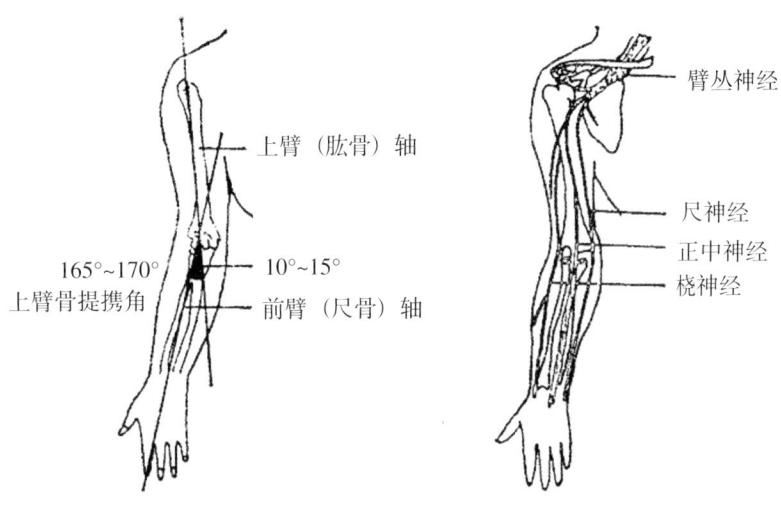

图 7-2 上肢轴线、提携角及神经走向

2. 主要动脉

由颈总动脉发出的锁骨下动脉，经锁骨中点下进入腋下为腋动脉，沿肱骨正中前行至肘窝正中桡骨颈为肱动脉，再由此分为左右两支，一支至桡骨茎突前方为桡动脉，另一支至豌豆骨桡侧为尺动脉。

3. 主要神经干

从颈椎发出的脊神经形成臂丛，从锁骨中线下伴动脉行至腋下，再向臂部分出神经，主要神经有正中神经、尺神经、桡神经，它们均伴主血管支行走（参见图 7-2）。

（1）正中神经：正中神经与肱动脉一致在臂中行走，经肘窝正中，行至腕前远端中点，入手。

（2）尺神经：尺神经从腋窝沿肱骨至肘部，经肱骨内上髁与尺骨鹰嘴间，沿尺侧至腕部豌豆骨桡侧缘，入手。

（3）桡神经：桡神经自腋后襞下缘外端与臂交点处，沿肱骨经肱骨右方，至肘部肱骨外上髁，沿桡骨侧至桡骨茎突，入手。

第一节　上肢带擒拿的基本技法及机理

一、上肢带的结构特征和运动特点

（一）上肢带的结构特征

上肢带是把上肢与躯干连结起来的组合关节，由胸锁关节下端附着于第一肋软骨，可阻止锁骨向内上方脱位并有缓冲震荡的作用。关节囊附着于关节的周围较坚固，前后壁较薄，上下壁略厚。韧带有胸锁前韧带、胸锁后韧带、锁骨间韧带（限制锁骨下降运动）、肋锁韧带（限制锁骨内侧端上提和加强关节囊下部）。

胸锁关节可绕矢状轴做向上运动，绕垂直轴做向前运动，绕额状轴做旋转运动，但其运动的幅度都不大，大多与肩部的运动同时进行。

肩锁关节由锁骨的肩峰端和肩峰的关节面构成，关节外有关节囊，关节面扁平，属于微动关节。肩锁关节通过胸锁关节运动，可增进肩胛骨的活动范围，支持整个上肢的运动。

加固肩锁关节的韧带有肩锁韧带和喙锁韧带，喙锁韧带又分出斜方韧带和锥状韧带。喙锁韧带非常重要，当肩锁韧带断裂时，仅能引起关节半脱位，而喙锁韧带断裂则引起关节全脱位，从而破坏整个上肢的运动。（图7-3）

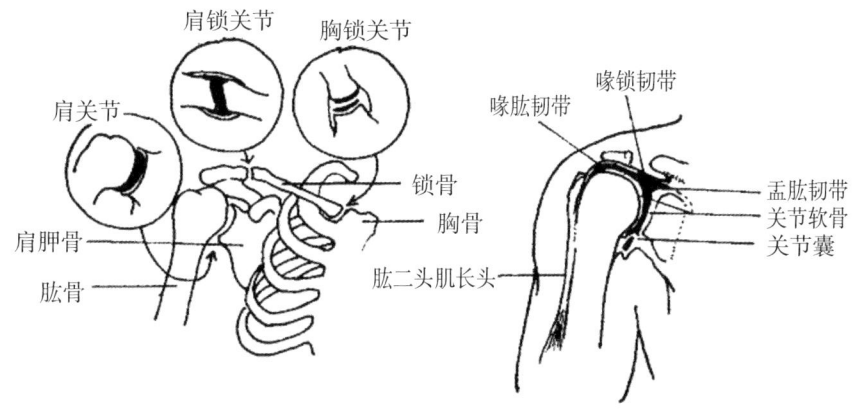

图 7-3 上肢带和肩关节的生理结构

(二) 上肢带的运动特点

上肢带关节的运动是个整体运动，包括肩胛骨和锁骨以胸锁关节与肩锁关节作支点的运动。由于肩胛骨和锁骨在肩锁关节连结较紧密，所以把肩胛骨与锁骨看作是一个整体，在胸锁关节绕各轴进行运动，其中肩胛骨的运动比较明显，所以用肩胛骨的运动来表示上肢带运动。

耸肩——肩胛骨上提。

沉肩——肩胛骨下降。

上臂前伸——肩胛骨前伸。

上臂回收或做扩胸动作——肩胛骨后缩。

上臂侧上抬举——肩胛骨上回旋。

上臂向后环绕——肩胛骨下回旋。

综上可以看出，上肢上臂的运动依赖于整个上肢带的运动，对上肢带的破坏性打击和固锁，可以破坏、控制和限制上肢的运动。

二、上肢带擒拿的要害部位及机理

(一) 插压锁骨上窝中段

配合对对方手臂的控制,插、压、拉其锁骨上窝中段(因此部位有臂丛神经通过),可造成剧烈酸痛,减弱其反抗的能力;同时对对方锁骨的向下拉压,限制了上肢带的运动,反过来帮助了对其手臂的控制。

如在携背擒拿技术动作中,我插臂压肩之手,可用四指猛插对方锁骨中段(锁骨上窝),会使对方完全丧失抵抗能力,前俯或前倒,利于捆锁技术的完成。

(二) 插掐锁骨下外端 (中府穴)

在警卫工作中,群众围观前拥,或双方纠缠难以解脱时,如对面站立,我可用四指扶对方肩,拇指插掐其锁骨下外端中府穴,造成酸痛使其后退;或拇指插掐对方锁骨下外端、四指扶其肩的同时,再用四指配合拇指合力掐拿其肩中部肩井穴或锁骨上窝缺盆穴,则效果更好。

(三) 击打背后骨缝

背后骨缝是指肩胛骨内外缘。肩胛骨的运动是与肩关节连动的,因此击打背后骨缝处,使肩胛骨周围肌肉受损伤,从而使肩胛骨产生运动障碍,引起上肢活动受限制;严重损伤时,上肢即失去大部分活动能力,为我擒拿技术的实施创造有利时机。

(四) 掐拿背部肩胛天宗穴

天宗穴在肩胛骨的肩胛冈下凹陷处,配合其他擒拿技法掐拿、顶压此穴位,造成对方酸痛难忍,削弱其手臂的反抗能力,形成擒拿。

如在实施"紫燕落沙"技法时，对方手臂被我反关节锁拿上抬，此时若用肘尖顶压其肩胛骨部天宗穴，必使对方前俯、前倒。

在执行任务中，如对方不听行走指令时，除掐拿对方头颈部的穴位外，也可在其身后，以四指扶其肩背，拇指插掐其天宗穴，再配合四指合力，迫使对方按指令行走。

（五）击打肩峰

肩峰，即肩锁关节所在处。在擒拿技术的实施中，当擒拿不到位，对方尽力反抗时，我可抽出一手，以拳背或拳脊猛击对方肩峰处，可造成肩锁关节损伤或脱位，使其丧失反抗能力。在格斗过程中，也可视机猛击对方肩峰，效果相同。

（六）顶锁肩胛骨

顶锁肩胛骨可帮助其他擒拿技法，因锁住肩带关节，在初步控制手臂时，进而锁定肩关节，使对方身体不能转动，达到控制全身的目的，以完成全部擒拿技术。

第二节　肩关节擒拿的基本技法及机理

一、肩关节的结构特征和运动特点

（一）肩关节的结构特征

肩关节是人体上肢最大的关节，由肱骨头与肩胛骨的关节盂构成，属球窝关节。它的关节头比关节盂大得多，关节盂虽有关节盂唇附着，加深了关节窝，但仅能容纳关节头的 $\frac{1}{4} \sim \frac{1}{3}$。

肩关节的关节囊薄而松弛，上方附着于关节盂周缘，下方附着于肱骨的解剖

颈。在关节囊内有肱二头肌长头腱通过，关节囊纤维层被多个肌腱纤维加强，上下部分别有冈上肌肌腱和肱三头肌长头腱；前后部分别有肩胛下肌肌腱和冈下肌肌腱及小圆肌腱；前下部只有盂肱韧带的中部覆盖，同时约有 16% 的人在此部有缺如，使关节囊的前下壁形成薄弱点，所以肩关节多易于此部位脱位。

肩关节由多个韧带加固，喙肱韧带加固关节囊上部，而且有限制肱骨向外侧旋转和防止肱骨头向上方脱位的作用；盂肱韧带在关节囊前壁，有加强关节囊前壁的作用；肱骨横韧带为肱骨的固有韧带，起固定肱二头肌长头腱于结节沟的作用。

肩关节的神经主要为肩胛上神经分支、腋神经和胸前神经的外侧支。肩胛上神经分布于关节囊的上壁和后壁，胸前神经的外侧支分布于关节囊的前壁和上壁，腋神经分布于关节囊的前壁和下壁。因而插打肩前窝和腋窝，常常同时引起胸前神经、腋神经损伤，而导致手臂无法上抬的创伤性运动障碍。因臂丛神经干和血管束以喙突为轴折绕而行，在擒拿中若使对方上肢上臂极度外展和过伸，就会使神经干和血管束受压、摩擦和牵扯而致损伤，从而造成运动功能性障碍。

（二）肩关节的运动特点

肩关节是球窝关节，肩关节面的大小差别明显，关节窝平浅，骨与骨之间的吻合也差，关节囊松弛，韧带少而且弱，所以肩关节是人体最灵活而稳定性差，最容易受伤的一个关节。

肩关节的运动有三个运动轴，可做屈伸、内收外展、旋内旋外和环转运动，还可以进行水平屈伸运动。肩关节不仅可以单独运动，而且常与上肢带关节一起运动。

沿额状轴（横肱骨头与关节窝中心之间），上臂可做屈伸运动。前屈的运动范围约为 70°，后伸时，由于受到关节囊前壁及肱骨头与喙突结节的限制，运动范围较小，约为 60°。此时肩胛骨保持不动，如超过此运动范围时，则肩胛骨参与运动，做回旋和伸缩运动。

沿矢状轴（纵贯肱骨头），上臂可做内收与外展运动。此时肩胛骨固定，肱骨头在关节窝内上下滑动。外展时肱骨头向下方滑动，因受肩峰阻挡，其运动范围为 100°~120°，如继续上抬至 180°，则上肢必须转动；内收时，肱骨头则滑向上方，由于受躯干的阻碍，其运动范围为 20°~45°。

沿垂直轴（贯穿肱骨中心与肱骨小头之间），前臂可做旋内与旋外的运动。旋内时，肱骨头在关节盂内向后滑动，肱骨大结节和肱骨体向前方转动，旋内范围约120°；旋外时，肱骨头在关节盂内向前滑动，肱骨大结节和肱骨体向后方转动，旋外范围约45°。当上肢垂直上举时，运动范围最小。女性的旋转运动范围一般比男性大。

二、肩关节擒拿的基本形态、机理及典型技法

肩关节处于上肢运动链子系统的根部，整个上肢运动链系统的运动由肩、肘配合腕、手的运动所组成，并相互支持与制约，产生连锁效应。所以肩部的擒拿技术，多是利用相邻关节的效应性运动和锁定效应，对肩、肘、腕、指关节的组合擒拿，尤其是肩、肘部的组合擒拿更为多见。单纯的肩部擒拿较少，往往是以肘部擒拿来控制肩部，进而达到控制全身的目的。即使是腕、指部的擒拿，也是依据运动链系统的效应规律，造成肘、肩关节的效应性锁定，进而达到控制全身的目的。否则，不管你采用哪种技法，如果肩关节未能锁定，就不可能控制上肢运动链子系统，更谈不上控制全身了，这样必然使对方有活动反抗的余地和时机，形成不了擒拿。

肩部的擒拿技术指的是以破坏和控制肩关节为主的擒拿技法，而且必须同时在肩关节两个运动轴上擒拿。肩部擒拿的技法多种多样，由各种不同的手法组成。究其机理，不外乎三个基本擒拿状态。掌握了基本擒拿状态，明其机理，也就是掌握了规律性的根本原则，就不难举一反三，针对各种不同的搏击态势，采用不同手法，组合成各种各样的擒拿技法。

（一）臂后伸结合肩关节旋内

1. 锁定机理

控制对方手臂，使其直臂或屈臂后伸，同时旋拧压向其对侧肩部，可使对方肩关节旋内并极度后伸。因肩关节后伸受关节囊前壁及肱骨头与喙突节结的限制，后伸角度只有70°，旋内又使肱骨头在关节盂内向后滑动、肱骨大结节和肱骨体向前方转动，如果此时继续使对方手臂极度后伸上抬，同时下压其肩关节，

将肱骨头压向其关节前下方薄弱处，必使对方产生剧烈疼痛，肩关节被锁定，而形成擒拿。若再发抖脆劲，可损伤对方肩关节及其周围组织，并使对方肩关节在前下薄弱部位发生脱臼。

2. 典型技法

擒拿典型技法有"逆水行舟"和"仙翁判画"。

● 逆水行舟

传统武术擒拿口诀：

> 闪格切打疾如电，翻手扣肩颈相连。
>
> 一扳一旋膝撞胸，逆水行舟锁全身。

当对方伸右手或用右直拳击我时，我疾以左手由对方右前臂内侧拍格，并刁扣对方前臂或腕；同时进左步，右手沿对方右臂上反摆击其头部右侧。对方必以左手格架或向左闪躲，我右手顺势疾拍抓其右上臂外缘下软肉。此时，我左手刁扣对方右手，由上向下再向上划一圆弧，向其身后推举，右手四指掐抓对方右臂外缘下软肉，猛力边旋拧边拉向自己腰间，两手合力边旋拧边折扳其臂，使其臂成直臂后伸旋内状。与此同时，抬右膝利用对方前俯身之时，猛击其腰、腹、胸或裆部，必使对方前跌，完全丧失反抗能力，形成擒拿。（图7-4）

实施此技法时要注意，两手折扳，一推一拉，同时旋拧，此三动必须一气呵成，形若渔人操桨行舟一般，故民间称为"逆水行舟"，为肩部擒拿十二手之首。

① ② ③

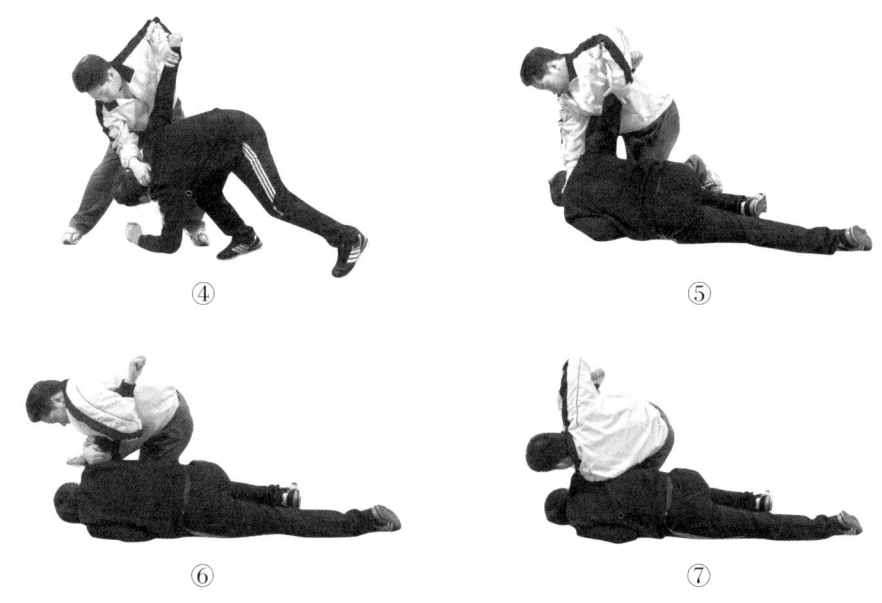

图 7-4　逆水行舟

此技法是"扳旋"，"扳"是指两手在对方右臂两端，一推一拉，扳折其臂，并使其成直臂后伸状（肘关节反关节状）；"旋"是指两手同时旋拧对方手臂，使其上臂旋内，并使其臂旋向其身侧后上方。

● 仙翁判画

传统武术擒拿口诀：

仙翁判画臂捆身，叶底偷桃取肾根。

挂打挑旋拍肩锁，膝顶折臂倒拧绳。

当对方伸右手或以右拳击我时，我以左手在对方右臂向外拍格其右前臂，并向下向其右侧压带；同时进左步，右手由下而上疾打对方裆部。对方必以左手格架、收腰、收腹躲闪，我顺势疾用右肘部猛击其右臂肘窝，迫使其右臂弯曲，并顺势转肩，右手沿其后背插向其右肩部，四指由其锁骨上窝，向对方前下方猛插压；同时左手推其右前臂，由下向上使对方右前臂后伸背折。此时我右臂借下插之力伸直，利用我右臂在其肩（支点）与前臂（力点）之间形成的杠杆的力学原理，使对方肩关节后伸超过其运动幅度，形成背后捆锁；也可连抬右膝，猛击对

方裆、腹部，效果更好。（图 7-5）

①　　　　　　　　　　　②

③　　　　　　　　　　　④

图 7-5　仙翁判画

这种技法在原公安擒敌技术中又叫"携背"，技法大同小异。

此技法是"折别"，"折"是指折屈对方手臂；"别"是指我右臂插在对方右臂肩与前臂之间，利用杠杆省力原理，别撬对方肩、肘关节。

（二）肩关节外展结合旋外

1. 锁定机理

控制手臂，使成直臂或屈臂外展，同时旋拧，使肩关节旋外。肩关节上抬外

展使肱骨头向下方滑动；肩关节旋外使肱骨头在关节盂内向前滑动、肱骨大结节
和肱骨体向后方转动，因为受到肩峰的限制，从而对肩关节产生锁定。此时如果
继续外展、旋外，必造成对方肩关节损伤而剧烈疼痛，使其后倒，形成擒拿。若
双手锁对方手臂，向其侧后方做圆弧抡旋，必使其肩关节组织全部损伤，造成其
终身残疾。

2. 典型技法

擒拿典型技法有"走马脱靴"和"攀桂折枝"。

● 走马脱靴

传统武术擒拿口诀：

> 格闪刁拿十字手，回手反扣肘腕行。
>
> 扳拉旋拧反回圈，亦可退步倒拧绳。

当对方伸右手或以右拳击我时，我疾进左步，左侧闪，左臂由下而上格击对
方右前臂，反手刁扣其右前臂前端或腕，边旋拧边向上划一弧，推向对方身后右
侧；同时右手疾反手（掌心向上）扣抓对方的肘窝（四指在肘窝，拇指在其鹰嘴
沟内，扣掐、旋拧），控制其肘部，使其右臂成直臂外展旋外；再进右脚，绷锁
对方右腿，对方必然侧后跌倒，形成擒拿。（图7-6）

① ② ③

④ ⑤ ⑥

图 7-6 走马脱靴

若我退左步，两手持对方手臂，猛力做圆弧抢旋运动，除使对方后倒外，还会使其肩关节组织多处受损，甚至造成其终身残疾。

又如，对方右手抓我手腕或胸领不放时，我可用双手或单手扣抓紧对方右腕，进左步成扣步（左脚尖向自己身后），上抬对方手腕，我头自对方右臂下钻过，自身做 360° 的转身，这样会直接旋拧对方肩关节，且旋拧幅度大、力度大而猛，往往使对方形成永久性残疾，俗名又称"法轮常转"。

此技法为"拧旋"，拧是指双手或单手反关节拧对方臂、腕，"旋"是指利用自身旋转的力量来加大对对方肩关节的旋拧力量。

● 攀桂折枝

传统武术擒拿口诀：

阳接阴伸臂外取，攀推插臂反我腕。

进步填胯身亦过，下挂反旋手摇轮。

当对方伸右手或以右拳击我时，我疾进左步，用左手掌向对方左上方（左耳方向）推格其右前臂；同时进右步，右手由下而上，沿对方右上臂外侧上插，扣抓其右腕。此时，我臂在对方右上臂、前臂间成杠杆状，利用杠杆省力原理，将对方手腕猛力向下压，同时别住对方上臂使其上抬。对方必成屈臂、肩关节外展旋外状，且肘关节也被反关节锁定，这样就会使对方后倒或直接形成擒拿。（图7-7）

图 7-7 攀桂折枝

此技法为"别压","别"是指我臂插在对方上臂、前臂之间，利用杠杆省力原理，别撬对方肩、肘关节，要注意力点和支点的相互关系；"压"是指将对方前臂腕关节压向其身侧下，即是撬杠中的力点用力方向。

（三）肩关节内收

1. 锁定机理

肩关节内收，受躯体的阻碍，其运动幅度最大只有 45°，因而在实用擒拿技术中，常常借此以控制对方，或借此以锁定肩关节，使力量集中于肘、腕、指关节，利用关节之间运动链的锁定效应关系，达到控制全身的目的。

2. 典型技法

擒拿典型技法有"单臂推车"和"封肘法"。

●单臂推车

传统武术擒拿口诀：

人体三节根为本，臂锁胸前力无根。

三节更是俱锁定，锁肩尤占先上先。

当对方伸右手或以右拳击我时，我可用右手（左手）扣拿对方手腕或衣袖，向其左下方猛推，使其右上臂内收贴胸成侧身状，又受到下拉前推之力，无法立即反击，形成我顺人背的有利局面，为我实施擒拿创造有利的时机。（图7-8）

图7-8　单臂推车

当对方不听我指令行走时，我也可采用此法，使对方右上臂内收贴胸成侧身状，同时猛力下拉前推，勿令解脱，即可控制对方，并使其按指令方向行走。

● 封肘法

当对方伸右手或以右拳击我时，我疾进左步，用左手在对方右臂肘部向其左耳方向推格，使其上臂内收，必能控制其整个身体右侧，并使其左手无法还击，造成我攻击或擒拿的有利时机。

另外，在实施腕、指部擒拿时，可利用运动链系统的效应性运动，使对方上臂内收，较易锁定肩关节，形成擒拿。

如在实施腕部外旋擒拿技法时，使对方肘部折屈、肩关节内收，必使其肩、肘关节产生运动链锁定效应；使力量集中于腕关节，既省力，时效又好。反之，若对方肩关节未被锁定，则其肩部仍有反抗余地，导致我方费力，对方也易反抗解脱。

第三节　肘关节擒拿的基本技法及机理

一、肘关节的结构特征和运动特点

（一）肘关节的结构特征

肘关节位于上臂与前臂之间，是整个上肢运动链子系统的中枢环节，由肱骨与桡骨、尺骨形成运动偶。肘关节是一个复合关节，由三个关节在共同的关节囊包绕下组成。（图7-9）

肱尺关节：肱尺关节由肱骨滑车与尺骨半月切迹构成，属屈成关节，是肘部运动的主要关节。

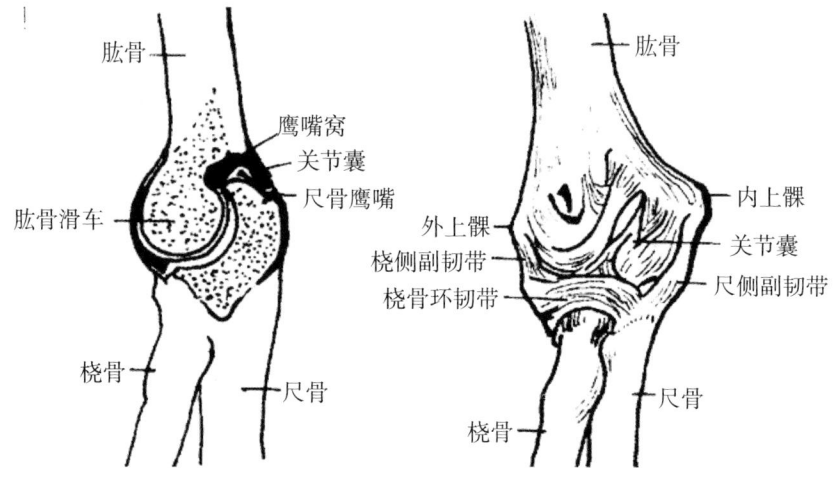

图 7-9　肘关节结构图

肱桡关节：肱桡关节由肱骨小头与桡骨小头凹组成，属球窝关节。它配合肱尺关节，完成肘关节的屈伸运动，配合桡尺近侧关节和桡尺远侧关节，共同完成前臂的内、外旋运动。

桡尺近侧关节：桡尺近侧关节由桡骨的环状关节面和尺骨的桡切迹构成，属圆柱关节。它配合桡尺远侧关节，使前臂产生内、外旋运动。

上述三个关节，包在一个关节囊内，有一个共同的关节腔，组成复合关节，关节囊的纤维层前后部较薄而松弛，两侧和中部则较厚。由于关节囊纤维层的前后壁薄弱，所以当肘关节受到暴力时，往往引起肱骨下端向前移位，尺骨鹰嘴则向后移，造成常见的肘关节后脱位。

肘关节的韧带主要有四条，在尺侧部有尺侧副韧带，起到防止肘关节在尺侧部侧屈的作用；在桡侧部有桡侧副韧带，起到防止桡骨小头向外侧脱位的作用；桡骨环韧带，起到防止桡骨小头脱出的作用；方形韧带，起到支撑滑膜的作用。

在肘关节部主要有三条神经通过，在肘后肱骨内上髁与鹰嘴间的尺神经沟中有尺神经通过下行，平时我们屈肘时，不慎肘尖磕碰后，手臂有触电麻疼感时，常说碰了麻筋了，就是此处；在肘外侧肱骨外上髁上，有桡神经通过；在肘窝中靠尺侧、肱二头肌肌腱下有正中神经，与肱动脉、肘正中静脉伴行。

（二）肘关节的运动特点

肘关节是复合关节，由三个关节共同组成，而三个关节又相互配合，完成不同的运动。

肱尺关节是屈戌关节，只有一个运动轴，可沿额状轴做屈伸运动，它是肘部运动的主要关节。

桡尺近侧关节是圆柱关节，只有一个运动轴，它与桡尺远侧关节和肱桡关节，共同完成前臂的内、外旋运动。

肱桡关节是球窝关节，但由于受尺骨的限制，只能沿两个轴运动，配合肱尺关节完成肘关节的屈伸运动，配合桡尺近、远侧关节共同完成前臂的内、外旋运动。

从总体上来看，肘关节是蜗状关节，是以肱尺关节为主体，与肱桡关节共同做屈伸运动，而桡尺近侧关节和肱桡关节一起，使桡骨绕垂直轴做旋内、旋外运动，从而使前臂骨产生内外旋运动。因而肘部只能做屈伸运动，其屈伸的运动范围约为 140°。肘关节后伸时，主要受关节前部的关节囊、肌肉和后部的鹰嘴限制，一般稍能后伸，女性后伸角度稍大。

当肘关节全伸和前臂外旋时，前臂与上臂不在一条直线上，前臂略偏向外侧，二者之间在肘关节处形成一个向外开放的钝角为 165°~170°，其补角为 10°~15°，称为提携角，女性较为显著。当前臂外旋时，此角不明显；当屈肘关节时，此角消失。在实用擒拿技法中，常利用此自然生理角，做肘部擒拿。

因肘部只能做屈、伸运动，其后伸角度极小，上肢主干的其他运动及肘部的内收、外展运动是依靠肩关节的运动来完成的，所以对肘部的擒拿、反挫关节，要考虑到肩关节运动幅度的支持和整个上肢运动链子系统的运动效应关系。肘部的内收、外展、旋拧动作，实质上是肩关节的内收、外展、内外旋运动及前臂骨的内外旋运动，所以从某种意义上来讲，对肘关节的锁定，实质上是肘、肩关节的共同锁定；对指、腕部的擒拿，也是通过效应性运动，使肘部产生相应运动，进而锁定肩关节，达到控制全身的目的。

肘关节处于整个上肢运动链子系统的中枢位置，控制了肘部就可以说基本上控制了上肢。在实际搏击中，肘部的运动范围较小，如直冲拳的发收，拳的运动

幅度大，而肘部的运动幅度极小。因而在武术八卦掌的擒拿口诀中有："封手不如封肘，手快肘慢全在肩，手动四尺肘动二，回手必拐左右旋。"这是无数武术先辈在实践中不断总结出来的最简明、最实用的上肢肘关节的运动特点及擒拿技法原则。

正因为如此，在实用擒拿技术中，对上肢运动链子系统的擒拿技法，有一半以上是通过对肘关节的擒拿来直接实现的。其他针对肩、腕、指的擒拿技法，也必须应用效应性运动和锁定效应，同时锁定肘关节，才能真正形成擒拿。

二、肘部擒拿的主要部位及机理

（一）掐拿肘窝（肱二头肌肌腱）

肘关节囊前后壁较薄而松弛，又无肌群覆盖保护，在肘窝内有肱二头肌肌腱通过，直臂时肱二头肌肌腱靠近关节囊，屈肘时肱二头肌肌腱则离开关节囊而隆起，肌腱下有肱动脉、肘正中静脉和正中神经通过（图7-10）。因而掐拿肘窝可造成剧烈疼痛及减弱手臂的运动能力，配合反挫关节技法，可实施擒拿技术。

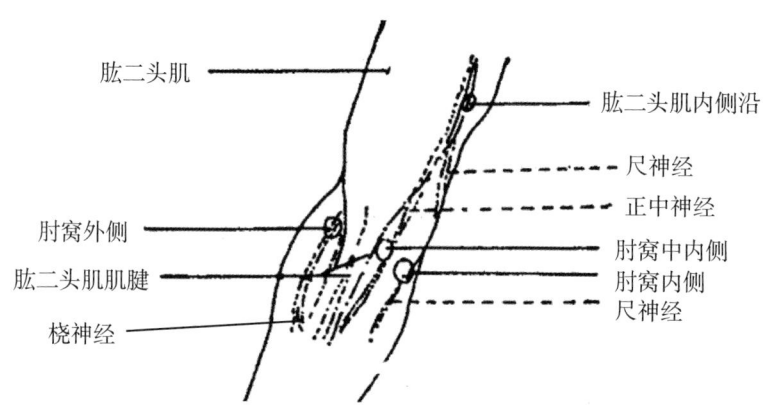

图 7-10　肘窝结构图

（1）拇指掐挑：用拇指在对方肘窝内外侧，用力下掐同时里插，插入肱二头肌肌腱下，上翘拇指，这样可挤压、刺激血管与正中神经，造成剧烈疼痛；拇指插挑在肱二头肌肌腱下所形成的窝内，再配合其他手法控制、旋拧对方肘关节，形成擒拿。

（2）四指掐、勾拉：用四指在对方肘窝内外侧用力下掐，并屈指里勾，由下而上勾拉其肱二头肌肌腱，配合其他手法，控制、旋拧对方肘关节，形成擒拿。

（3）手指掐压肘窝：在有些肘部擒拿技法中，如需使对方屈臂折肘，可用指猛力向对方肘尖方向掐压其肘窝，对方必屈臂。

（二）掐拿肘部鹰嘴沟或肱骨外上髁

在肘尖内侧，鹰嘴与肱骨内上髁有一沟，称鹰嘴沟或尺神经沟（图7-11），沟内有尺神经通过，当屈臂到65°左右时，此沟最明显（俗称肘尖磕着麻筋就是此处），此处一经掐拿便会产生触电状剧烈麻痛，而使手臂失去运动能力。在肘窝外侧肱骨外上髁上有桡神经通过，如沿肱骨外上髁用力向里掐拿桡神经，效果与上相同。

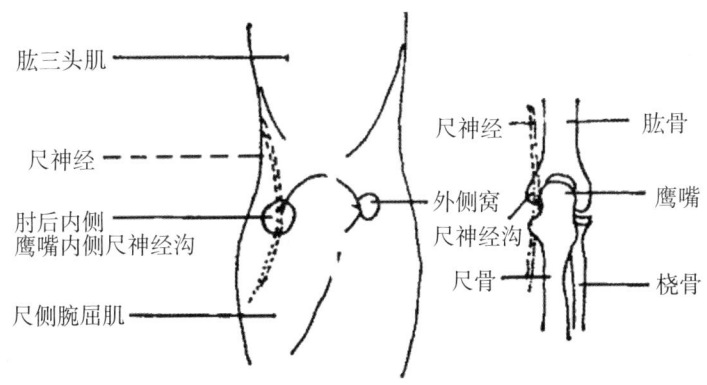

图 7-11 肘后结构图

掐拿肘部鹰嘴沟或肱骨外上髁，常和掐拿肘窝同时使用，如拇指掐挑肘窝、肱二头肌肌腱，则四指掐拿肱骨外上髁；拇指掐鹰嘴沟，则四指由肘窝外侧向里掐勾肘窝和肱二头肌肌腱；拇指掐肱骨外上髁，四指则掐鹰嘴沟。手法变化很多，就不一一举例了。总之，拇指与四指配合，在鹰嘴沟（尺神经沟）、肘窝外侧、肘窝内侧、肱骨外上髁（桡神经）、肘窝正中（正中神经）五个掐拿点（穴位）上，依据当时的手抓位置，同时掐拿两处，配合其他手法下压或旋拧肘部，就能形成擒拿。

（三）肘部的击打部位

肘部的击打部位，也是上面所述的五个揩拿部位，猛力击打这些部位可使对方肘部产生剧烈疼痛，从而削弱以至使对方丧失手臂劲力和运动能力，为击打和擒拿创造有利条件。

肘部暴露在外，对肘部的保护和防卫相对较弱，肘部距离身体较近，活动幅度、范围相对来说又较小，因而在格斗搏击中，对肘部的打击往往出敌意料之外，常常容易奏效。

直接击打肘部形成擒拿的典型技法有"金刚捣杵"。

● 金刚捣杵

传统武术擒拿口诀：

锁手击肘力要猛，退步回带蹲身行。

扳压旋挑两分张，肩翻肘翻身亦翻。

当对方伸右手抓我胸领时，我疾用左手将对方右手锁扣在我胸前，右手用腕部或前臂向下猛击对方肘窝；同时疾退步俯身，左手扣锁对方右手勿令脱逃；右手不停在对方肘窝处向自己裆下方向压带，对方必然前跪、前跌被我擒拿。（图7-12）

①   ②   ③

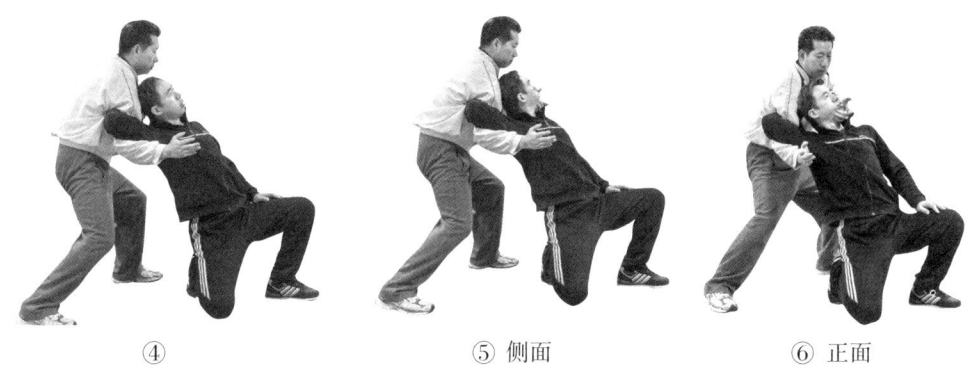

④　　　　　　　⑤ 侧面　　　　　　　⑥ 正面

图 7-12　金刚捣杆

　　此技法为"斫锁"，"斫"是指向下斫击对方肘窝，令对方屈臂；"锁"是指锁扣对方手勿令脱逃，并使其肘尖对地，利用下斫之势向前下压带，必然能锁定对方上肢运动链子系统，形成擒拿。

　　另外，在斫击肘窝使对方屈肘且肘尖对地并向前下压拉时，我扣锁之左手可借向左侧身之势，用力向其右侧扳压对方右手；我斫压对方肘窝之右手，同时向对方左侧压旋其肘关节，使对方上臂内收、肘部内旋，直接形成擒拿。

　　金刚捣杆又称"左右分水"，技法为"斫旋"，"斫"同上所述；"旋"是指左右两手在对方腕、肘部扳旋其肘关节，使对方肘部内旋、肩外展，锁定肘、肩关节以及整个身体。

三、肘关节擒拿的基本形态、机理及典型技法

　　肘部的擒拿，依据肘关节的结构特征、薄弱环节及其运动范围，在控制前臂的基础上，对肘部采用反挫关节、左右旋拧、顶扛、别锁、滚缠等技法，以达到锁定肘、肩关节，进而控制全身的目的。同时采用冷脆、抖发之劲，必然会损伤对方肘部关节、组织、神经，甚至造成对方的终身性残疾，配合各种步法也可形成各种擒摔技术。

　　肘关节处于整个上肢运动链系统的中枢位置，因而在肘部擒拿技术中，首先要控制上肢运动链的游离端（手、掌、腕），使其由开放式运动链变为闭锁式运

动链。在技法的实施中，注意运用效应性运动与锁定效应的规律，同时应考虑到相邻上端关节的运动范围与幅度对本关节运动的支持和制约；应重点考虑肩关节的运动范围和幅度对肘关节的支持，这点极为重要。当对肘关节实施反挫关节时，若肩关节未能锁定，对方还有反抗余地和时机，必然不能形成擒拿。所以，在擒拿口诀中要求"擒肘必锁手，看肩锁全身"。

肘关节处于整个上肢运动链子系统的中枢环节，是人体上肢运动用力必不可少的部位，因此肘关节有强大的肱二头肌、肱三头肌等肌群所牵拉。臂后伸和旋内、旋外的力量较大，因而在肘部擒拿技术中，常利用对方手臂屈成的一定角度，用我手臂穿至其间，以对方上臂、前臂互为力点和支点形成杠杆，利用杠杆的省力原理；也常利用自己的双臂叉别在对方的臂间，以自己臂作为力的支点，以对方前臂或上臂作为力点，形成杠杆，使对方无法反抗。要特别注意，依据肘、肩关节的结构特点与其运动用力最薄弱的方向，选择正确的力点和支点的位置。

在肘部的擒拿中，还常利用上臂与前臂组成的运动偶所存在的提携角，和肘关节处于内、外旋一定位置时所造成的臂部肌群被动性动力不足原理，实施擒拿技术。

在整个实用擒拿技术中，以肘部擒拿技术为最多，它由各种不同的手法组成，根据其机理，可分为三种基本擒拿状态。

（一）肘关节后伸直臂

1. 锁定机理

当控制整个上肢运动链系统游离端（手、腕或前臂）时，在肘尖部对肘关节实施反关节击打或旋压、别折、抱缠，可使肘关节过度后伸，并锁定肩关节。因肘关节只能做屈伸运动，且后伸角度极小，当肘关节受力过度后伸时，必牵拉损伤关节的韧带、肌腱及关节周围组织，使鹰嘴部骨损伤，也使尺神经在鹰嘴沟内受到挤磨损伤。如同时旋拧、牵拉前臂，可形成桡骨小头脱位。

依据上肢运动链系统相邻关节的运动效应的锁定法则，因肘部的旋内、旋外运动实质是肩关节的内外旋及内收、外展运动，因而对肘关节的反关节旋拧会对

肩关节形成不同的锁定，并使力量集中于肘关节，形成支点在两端（对方肩部和我所控制的游离端前臂部）而力点在中间（肘关节）的状态，使对方肘关节遭受破坏性损伤，并锁定其整个运动链系统。

2. 典型技法

擒拿典型技法有"周仓扛刀""鸿鹄反转""紫燕落沙""彪熊剪尾""助雨敲残""斗换星移""红杏出墙""再展两仪"。

● 周仓扛刀

传统武术擒拿口诀：

> 刁扣带旋锁腕骨，进步击肘肘扛肘。
>
> 锁腕扛肘挑肩身，倒步背身是过身。

当对方伸右手或右拳击我时，我疾进左步，左侧闪，以右手拍格对方右肘部，并顺势沿对方右前臂上刁扣其右前臂或腕部；同时左臂屈肘，用左前臂尺侧向上猛力扛顶对方右肘尖部，右手刁扣其腕下压回带，使其右臂成向后伸直、肘窝向上的反关节状；随疾退右步，身体右后转对方右侧，并顺势顺劲，将对方的右肘部滑至自己左肩上，做反关节扛顶，两手将对方手臂用力下压，弓身弹胯，形成反关节倒步过背摔。（图7-13）

① ② ③

④

⑤

图 7-13　周仓扛刀

此技法为"顶扛"，"顶"是指一手在对方手臂前端并向下用力，另一手在对方肘部用力上顶，使对方成肘关节后伸直臂状；"扛"是指我肩在对方手臂上端并用力上扛，两手在对方手臂前端，并使对方手臂肘窝向上、肘关节后伸成直臂状，用力下压。

● 鸿鹄反转

传统武术擒拿口诀：

潜身扣腕向上击，回身回抱步伴行。

一顶一压往上撬，肩靠侧身扳折成。

当对方伸右手或右拳击我时，我疾左闪，进左步，右手顺对方右臂外侧拍格，并顺对方前臂刁扣其腕部，同时以左下勾拳击对方胸腹部。对方必然躲闪格架，我左手顺势从对方右臂内下，沿其右臂内侧滑向自己刁扣之右手，猛力回抱对方前臂前端，此时用自己的上臂猛然上抬击对方肘部并用力上顶，前后两端一向下用力，一向上顶抬，前后一致用力，使对方肘关节后伸成直臂状（肘窝向上）。疾坐胯转腰，向右后倒转弹，因对方脚被我左腿绊锁，右臂受反关节击压，必前跌，造成擒拿。也可在抬击肘时，使对方右肘部沿我上臂滑至我左肩，两手合拿对方前臂或腕，用力前拉下压，向右后坐胯弹腰、弓身下俯，形成反关节正过背摔。对方倒地后，我双手速相合抱，扳折对方臂向其左肩方向压折，左肘顶压对方腰背胁间，形成擒拿。（图 7-14）

①　②　③

④　⑤　⑥

图 7-14　鸿鹄反转

此技法为"抱折"，"抱"是指两臂反关节抱紧对方手臂，相对用力抱折对方肘关节；"折"是指在锁定对方肘关节，使之成硬棍的同时，我肩压对方背，两手合抱折扳其臂，固锁对方全身。

● 紫燕落沙

传统武术擒拿口诀：

插进双翅带绊挽，进步转腰如盘旋。

搓滚扳压身安顶，肘找天宗落地丁。

当对方伸右手或以右拳击我时，我用右手由对方臂内侧向自己左后侧拍格，并屈肘保护自己的头部以防守对方左手对自己头部的攻击；同时疾向内侧进左步至对方右腿前，左臂屈肘以前臂内侧猛力向上滚搓击对方肘部；用拍格之右手借势在自己左颈部锁压住对方右前臂，必使对方肘关节后伸成直臂（肘窝向下）状。此时，我速向右侧转腰，绷左腿，肩部将对方前臂端用力上顶，左前臂继续向下猛压对方肘部，左肘顺势前滑下顶，用肘尖顶压对方肩胛骨天宗穴，对方必向前俯跌，成背折臂状，被我擒拿。（图7-15）

①　　　　　　　　②　　　　　　　　③

图 7-15　紫燕落沙

此技法为"旋顶"，"旋"是指滚搓、旋对方肘并用力下压，使对方成肘关节后伸直臂状；"顶"是指用肩上顶抬对方前臂，用肘顶压对方肩胛骨的天宗穴。

● 彪熊剪尾

传统武术擒拿口诀：

格打并行分其力，缠插绕臂成十字。

合抱腕肘膝攻心，撤步即是折肘臂。

当对方伸右手或以右拳击我时，我疾进左步，左手由对方右臂外侧向下压架其右前臂，同时以右摆拳击对方头部（此为虚招，注意要假而似真），迫其用左手格架或躲闪、转移、分散对方对右臂的注意力；我左右两手不停，左手缠绕对方右前臂插向其肘尖部，右手下插与左手在对方右臂下交叉，并沿对方手臂插向其右腕，两臂交叉向自己胸前合抱对方右臂，两手交叉点用力下压对方肘部，使

其成直臂。此时，我疾向右侧转体，左肘将对方前臂前端猛力上抬，合力向其肩关节前下方抱压，连抬右膝顶击其胸腹部，对方必前俯被我擒锁。（图 7-16）

①　②　③

④　⑤　⑥

图 7-16　彪熊剪尾

此技法为"抱压"，"抱"是指两手交叉在胸前合抱对方手臂，左手在其肘部，右手在其腕指部；"压"是指两相抱之手臂交叉处下压对方左肘部，将其右前臂前端用力上抬，合抱其臂用力下压其肩。

● **助雨敲残**

传统武术擒拿口诀：

扣腕进步亦转身，锁手暗渡倒打鞭。

肩锁崩胯腰使力，靠身折扳任吾行。

当对方伸右手或以右拳击我时，我速向对方身前进左步，以右手自对方右臂外侧拍格其右前臂，并速翻腕沿其前臂扣拿其腕，向自己腰间带掳；同时以左手手指插击对方腹股沟中段（或反手击打其裆）。对方必退步格架、收腹收腰，我疾扣左肩，用左肩及左胸向下扣压对方肘关节，右手刁扣其腕向身后别抬。此时，我右转身扣左肩俯身下压，弹绷左腿，对方必向前俯跌，成背折臂状，被我擒锁。（图7-17）

①

②

③

④

图7-17　助雨敲残

此技法为"插压"，"插"是指插击对方腹股沟中段或裆；"压"是指用肩胸部扣压对方肘，同时使其前臂前端上抬，并使力通过其臂下压其肩。

152

● 斗换星移

传统武术擒拿口诀：

> 潜身暗渡取肋心，回手双斫挫敌意。
>
> 锁步填胯腰转力，扳折旋拧力冷弹。

当对方伸右手或以右拳击我时，我疾进左步，左侧下闪，左手由对方右臂外侧拍格，同时出右拳，沿对方右臂下攻击其右胁。对方必退步，用左手格架我右拳，此时，我右臂疾屈肘，沿对方右臂内侧回挫至其右手腕部；左前臂沿对方右臂外侧向前挫击其肘部。在两臂相搓时，我右臂向左用力，左臂向右用力，合击对方右臂，使其成肘关节后伸直臂（肘窝向内）状，同时配合两手之力向右侧震弹腰，必使对方肘关节损伤，产生剧烈疼痛而丧失运动能力，此时可顺势采用各种擒拿技法，形成擒拿。（图7-18）

①　　　　　　②

③　　　　④　　　　⑤

⑥

⑦

图 7-18　斗换星移

　　此技法迅猛而且力大，所以也是先伤后擒之法（注：此技术可以进步别对方前腿，见图 7-18④⑤；也可以用力前冲，别对方的双腿，见图 7-18⑥⑦）。

　　此技法为"挫击"，"挫"是指我左、右两前臂在对方手臂两侧，一向前，一向后，前后回挫，两手用力要一致；"击"是指我前后两臂在回挫的同时，向两个相反方向（一向左，一向右）转体震腰合击对方手臂（一在腕部，一在肘部），使对方肘关节向反关节搓打。

　　这种技法在实际格斗中是较常用的，又如对方以右直拳击我，我左闪进左步，右手在对方前臂内侧向其右格打，同时左手沿对方前臂向其左搓击其肘部；两手同时动作，可直接损伤对方的肘关节，削弱对方的攻击能力，并审势顺势实施擒拿技法。

● 红杏出墙

传统武术擒拿口诀：

　　　　　红杏出墙十字捆，金丝搋眉肘为先。

　　　　　取左锁右右锁左，折肘双挣胯取腰。

　　当对方伸右手或以右拳击我时，我进左步，左侧闪，右手在对方右前臂外侧向内格架，在接触瞬间疾翻腕，沿其前臂上缘刁扣其腕；同时左拳在对方右臂上交叉，沿其右臂上，横击其头部左侧。对方右手被我刁扣，必以左手格架，此时我左拳疾变掌，翻腕刁扣对方格架之左前臂，疾向自己左腰间带搋；右手不停，

刁扣对方腕使其前臂上折，沿其左臂肘部外侧，向上折压其左肘（向其右侧）。此时，对方两臂相互交叉，自成反关节锁扣，我再疾进右步至对方脚后右侧，向左侧转体，左手将对方左腕向左后侧扳拉，右手将对方右前臂推压在其左肘尖部，并用力向下压，形成擒拿。（图 7-19）

①

②

③

④

⑤

⑥ 反面

⑦ 正面

图 7-19　红杏出墙

此技法为"锁别"，"锁"是指使对方两臂相互交叉，自己锁自己；"别"是指利用对方右前臂别压自己的左肘尖部，同时我进右步别锁其腿，使对方无法顺劲变势。此技法也是传统武术中散手和擒拿技法的锁捆技术基础。

● **再展两仪**

传统武术擒拿口诀：

> 缠腕锁臂力螺旋，吃肘搓滚是惊弹。
>
> 进步撞打腿相绊，扭身十字肘击山。

当对方伸右手或以右拳击我时，我疾进右步，左侧闪，右手沿对方右臂外向内格击；同时利用对方屈肘收拳之势，右手不停，沿对方右臂由上向下，外缠绕其肘部，将其右前臂夹在我右臂的上臂与前臂之间；疾进左步至对方腿前，向右转身，利用我上臂与前臂所组成的力矩，将对方右臂反关节（肘关节）向我身体右后侧别顶；同时疾出左掌向右下侧猛击其肘。此时，对方右前臂被我别顶，肘关节受到反关节击打，并被我左手下压，肩关节被我锁定；腿又被我绊锁，对方必前俯、前跌而被我擒拿。（图7-20）

① ② ③

④　　　　　　　　⑤　　　　　　　　⑥

图 7-20　再展两仪

此技法为"缠抖"，"缠"是指我臂如蛇般缠住对方臂，并利用我上臂与前臂间所形成的力矩，反关节别顶对方手臂；"抖"是指我左手发腕抖之力，猛击对方右肘尖，并用力向下猛压其肘尖部。

（二）肘关节旋内

1. 锁定机理

当控制上肢运动链子系统游离端（手、腕或前臂）时，使对方屈肘，扳拉或利用插入对方上臂与前臂之间的手臂作为杠杆，使其肘关节旋内。因肘关节只能做屈伸运动，肘部的旋内是依靠肩关节的内收运动来完成的，而肩关节的内收运动就是肱骨头向上方滑动，受躯干的阻碍，其运动幅度最大只有 45°，所以对肘关节施加一定的力量并使其旋内时，造成肩关节的效应性内收运动，必将肩关节锁定，达到控制整个人体的目的。同时，由于肩关节的锁定，使游离端（被锁扣）和肘关节两部分所受相反的力主要集中于肘关节，肘关节受到反关节外侧向扳折，造成肘关节及尺侧副韧带等损伤，形成剧烈疼痛，同样也形成擒拿。

2. 典型技法

擒拿典型技法有"苍松斜挂""宝杵转捷""子路负米"。

● 苍松斜挂

传统武术擒拿口诀：

> 格击顺势走单边，挂肘顶臂左找右。
>
> 进步横绊肘扫头，丁字别肘趁腰行。

当对方伸右手或以右拳击我时，我以右前臂由下向上格击对方右前臂，并顺劲随其臂向前顶送；同时上左步，右侧闪，屈左臂，左手顺对方右臂上向里插压，扣抓自己前顶之右前臂，左臂在其右臂上向下压击其右肘窝，使对方屈肘。此时，我疾进右步至对方腿右后侧绊住其腿，急向左转身，用肘横击其头面部，对方必格架躲闪，分散其对右臂的注意力，我左右两臂相扣，已成"丁字"杠杆状，在对方上臂和前臂两侧（右臂压在对方前臂前端，左手扣抓自己右臂处变成撬杠的支点，我左臂与对方上臂前端肘部的接触点为力点），一向下，一向上，向对方身体右侧下撬别其肘关节，使其肘部旋内，锁定其肩关节，造成肘关节极度反关节侧屈，必使对方肘、肩关节剧烈疼痛，且被锁定而形成擒拿。（图7-21）

① ② ③

④ ⑤ ⑥

图 7-21　苍松斜挂

此技法为"丁别"，"丁"是指左手扣拿自己右前臂，在对方屈肘的右臂间，形成丁字状撬杠；"别"是指在撬杠的支点和力点，充分利用杠杆省力的力学原理撬别对方肘关节，使其肘外展（肘关节无此运动能力）。

● **宝杵转捷（又名"背插掌"）**

传统武术擒拿口诀：

> 闪展挂打肘相连，锁腕吃肘亦旋肩。
>
> 一盘即拐忙伸手，别插盘臂带颈旋。

当对方伸右手或以右拳击我时，我疾进右步，用左臂由下而上或由内向外格击对方右前臂，用右拳顺对方右臂上切击其头部右侧。对方必左闪格架，我右手不停，疾屈肘，用右肘部向下击压对方右肘窝，使其屈肘，同时将其肘向自己腰间拐带。此时，对方右臂前端被我左手和身体阻锁，右肘部旋内，我顺势进左步，向右侧转身，转右肩伸右臂，右手沿对方右臂下插向其胸腹部。我手臂在对方前臂、上臂和胸腹之间，对方前臂被我上臂和身体固锁，形成上臂内收、肘关节旋内状。我利用对方前臂和胸腹部为两端支点，肘关节外侧缘为力点，别顶或别撬对方肘关节，这样便锁定对方上肢运动链系统，并控制其全身从而形成擒拿。（图7-22）

此技法为"盘插"，"盘"是指用我肘部盘压对方肘窝并向自己腰间拐带；"插"是指我臂插在对方前臂、上臂和胸腹之间，形成杠杆，利用两端的支点（对方前臂和胸腹）别锁对方肘关节，以锁定整个上肢运动链系统。

①   ②   ③

④   ⑤   ⑥

图 7-22　宝杆转捷

● **子路负米**

传统武术擒拿口诀：

> 进步阴阳手研臂，挂肘带挫亦转身。
>
> 锁腕弹腰肩下走，子路负米走自如。

当对方伸右手或以右拳击我时，我进左步成扣步（脚尖向里侧扣），左侧闪，左右两手同时在对方右臂两端格架，右手在其腕部，左手在其肘部。在格架接触的瞬间，左前臂向下搓压对方肘窝，使其臂自然屈曲，疾屈左臂抬肘，向其内上方旋顶其肘，右手向自己胸前挂压其前臂前端或腕。我两臂一上一下同时用力，使对方肩关节内收、肘关节旋内，锁扣住其右臂前端，疾倒右步，向右后转身，此时，对方肘部旋内被我向上顶扛，腕部被我锁扣下压，肩关节亦被锁定，成倒背扛肘拖擒；也可在倒步转体的同时，蹲身、顶胯、弹腰，成反关节过背摔，形成擒拿。（图7-23）

①   ②   ③

④

⑤

图 7-23　子路负米

此技法为"顶扛"，"顶"是指旋顶对方肘部，使对方肩关节内收、肘关节旋内；"扛"是指右手扣锁对方前臂前端或腕下压，右臂屈肘上抬，扛顶对方肘部，倒步如背扛重物一般。

（三）肘关节旋外

1. 锁定机理

当控制对方上肢运动链系统游离端时，使对方的上肢运动链由开放式变为闭锁式，并使其肘关节屈曲，可利用肩关节与腕关节之间的连线为轴，以肘关节到连线轴的垂线为力臂，使肘关节绕轴做旋外运动。因肘关节只能做屈伸运动，所以肘部的旋外运动是依靠肩关节的外展运动来完成的，而肩关节的外展因受肩峰的阻挡，其运动范围为100°~120°。当肘部的绕轴旋外使肩关节至极限时，必将肩关节锁定，并使力量主要集中于肘关节，使肘关节受到侧向反关节击压，再加上旋拧之力，必使肘关节及桡侧副韧带损伤、桡骨小头脱位，同时使肩关节受到损伤，造成剧烈疼痛，从而锁定上肢运动链系统乃至全身，形成擒拿。

2. 典型技法

擒拿典型技法有"金斗滚翻""左右播花""玉蕊飞尘"。

●金斗滚翻

传统武术擒拿口诀:

刁腕屈臂肘对肘,旋挫缠肘滚相连。

进步绊锁带转身,吃肘摇臂金斗翻。

当对方伸右手或以右拳击我时,我进右步,以右前臂沿对方右臂外侧向其胸前推格,并黏随其臂而行,勿令脱离;同时折屈左臂,用左前臂由下而上滚搓对方右肘尖部,使其屈肘、肘关节做旋外运动;我疾进左步于对方身前,绊锁其双腿,右手向自己腰部方向挂带其前臂做圆弧滚压,配合左臂使对方肘关节极度旋外、前臂背伸上举。此时,我左臂在其肘部,右臂在其前臂部,左臂下压其肘,右臂向前下方旋压其前臂或腕。由于对方肩关节极度内旋、外展被锁定,肘关节受到我两臂的侧向锁滚(反关节滚压),其腿又被我绊锁,其肘、肩关节产生剧烈疼痛且整个运动链系统被锁定,从而形成擒拿。(图7-24)

① ② ③

④ ⑤ ⑥

图 7-24　金斗滚翻

此技法为"缠滚","缠"是指我两臂缠黏对方右臂的肘和前臂,使其屈肘、肘关节旋外、前臂后伸上举;"滚"一是指左臂搓滚对方肘,二是指以对方肘为圆心,两臂一在其肘,一在其前臂或腕,顺时针滚压其肘。

● 左右播花

传统武术擒拿口诀:

> 侧闪格切疾扣手,反手吃肘带旋忙。
>
> 锁腿转腰封全身,落地跪肩折腕肘。

当对方伸右手或以右拳击我时,我进左步,左侧闪,右手沿对方右前臂外侧格架,在接触瞬间疾翻掌刁扣其前臂或腕,左手疾沿其右前臂上缘,横击其左太阳穴。对方必躲闪以左臂格架,我左手利用与对方左臂接触的瞬间,疾刁拿其腕、臂并用力向自己腰间带掳;右臂微屈,用右前臂猛力向上搓滚其肘,使其肩关节充分内旋和外展,并被锁定。我两手一上一下,左手执对方右腕边向腰间带掳边向上折屈,右臂在其肘尖部边搓滚边下压;也可同时进右步至对方腿右侧,向左侧转腰、转体。对方腿被我绊锁,必随我带压之势前俯、前跌,成反关节绊腿摔,形成擒拿。(图7-25)

此技法为"带折","带"是指向腰间带掳对方左臂;"折"是指两手阴阳合力,折压对方左肘关节。此技法亦可左右循环使用。

①   ②   ③

图 7-25　左右撺花

● 玉蕊飞尘

传统武术擒拿口诀:

> 玉蕊飞尘双伴行, 拧旋抱挟侧进身。
>
> 扳压折扛锁肘肩, 绷别翻转肘吃心。

　　当对方用右拳击我时, 我疾进左步, 左侧闪, 左手由上而下阻格刁拿对方右腕, 用右贯拳击对方头部, 进步、防格、还击要同时进行。此时, 我疾进右步至对方右腿后, 右手速由下而上刁拿其右前臂, 左手翻拧其右腕, 右手用力回拉回抱其臂, 使其前臂外旋、屈肘且肘部极度内收。这样, 对方肩、肘、腕全部被我锁定, 我右臂抱扛对方肘部, 用力上撬, 左手用力下压, 同时向后弹绷右腿, 身体后转下压, 使对方手臂、肘关节产生剧痛且被我锁别, 形成擒摔。(图 7-26)

①　　　　　　　　②　　　　　　　　③

④　　　　　　　　⑤　　　　　　　　⑥

图 7-26　玉蕊飞尘

第四节　前臂与腕部擒拿的基本技法及机理

一、前臂骨的连结和运动特点

（一）前臂骨的连结

前臂骨的连结，是前臂骨（尺骨、桡骨）借桡尺近侧关节、前臂骨间膜、桡尺远侧关节相连结。

前臂骨间膜为坚韧的纤维膜，连结桡、尺二骨之间。前臂内旋（旋前）或外旋（旋后）时，前臂骨间膜松弛；前臂半内旋或半外旋时，前臂骨间膜则紧

张。前臂骨间膜有传递力的作用，从手部来的力量，沿桡骨下端经前臂骨间膜传递到尺骨的上端，牵拉力也自桡骨通过前臂骨间膜传递至尺骨。

桡尺远侧关节，由桡骨的尺切迹与尺骨小头环状关节面及关节盘构成。关节盘呈三角形，尖部附着于尺骨茎突外侧，底部与桡骨的尺切迹下缘相连结。关节囊松弛，附着于桡、尺二者关节面的上方。

(二) 前臂骨的运动特点

桡尺远侧和桡尺近侧关节是联合关节，属车轴关节，只有一个运动轴，使前臂产生内旋和外旋运动。

前臂的旋转轴是通过桡骨头中心至三角关节盘尖的连线，桡骨头围绕此轴在原位旋转，而桡骨下端则连同手绕尺骨头旋转，尺骨不动。当桡骨向尺骨的前方旋转，桡骨在尺骨前方并与尺骨交叉时，手臂产生内旋，其运动范围为140°~150°。相反，桡尺两骨并列时称为外旋，其外旋的运动范围为15°~25°。若肱骨与肩胛骨也参与运动并同时旋转时，前臂内外旋运动范围可增至360°。（图7-27）

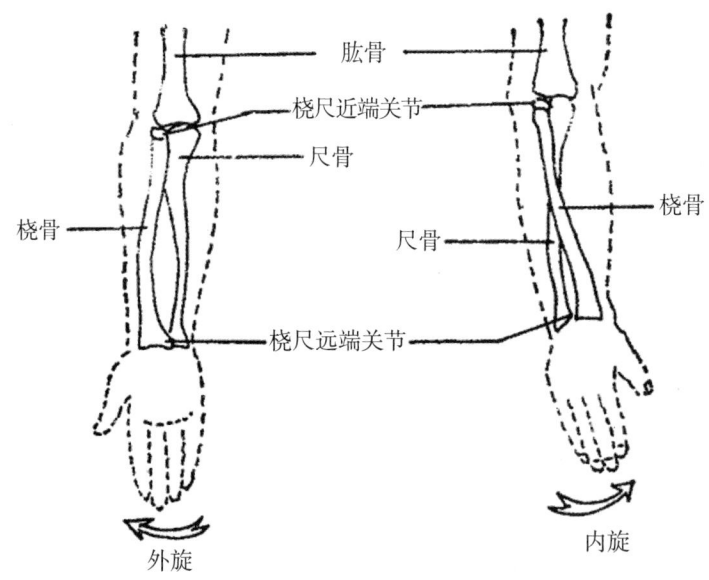

图 7-27　前臂骨结构和运动状况

除上述运动外，桡骨小头还可以在尺骨的桡切迹上做前后运动，尺骨小头也可在桡骨的尺骨切迹上做前后运动。

在擒拿技术中要注意腕部的内、外旋运动，即前臂骨的内、外旋运动，同时受到肩关节与上肢带关节运动的支持；腕部的内收、外展运动，受到桡骨小头与尺骨小头前后运动的支持。

二、腕关节的结构特征和运动特点

（一）腕关节的结构特征

腕关节部有八块小骨，称腕骨，排成近侧与远侧两列，每列有四块。近侧列自外向内为舟骨、月骨、三角骨及豌豆骨，除豌豆骨外均与桡骨相连结构成关节；远侧列自外向内为大多角骨、小多角骨、头状骨与钩骨，它们与掌骨相连结构成关节。（图7-28）

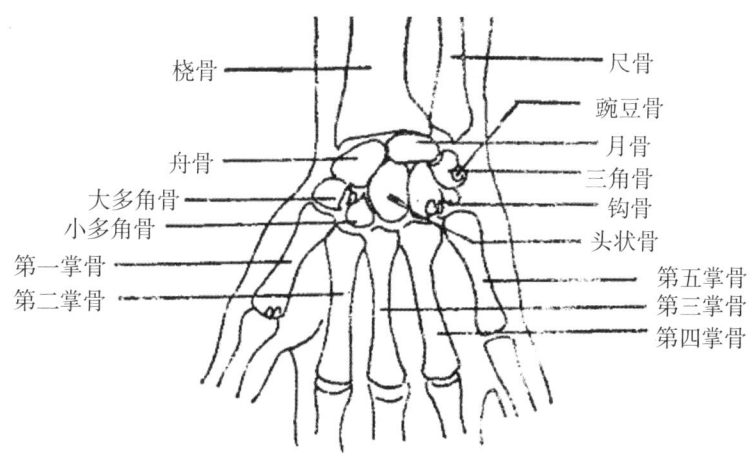

图 7-28　腕关节骨结构（掌侧面）

腕关节由桡腕关节与腕骨间关节组成，共同完成腕部的屈、伸、内收外展和环转运动。

桡腕关节是前臂与手骨的连结关节，它由桡骨下端的桡腕关节面和近侧列腕骨（豌豆骨除外）组成的关节头构成，尺骨不参与此关节的组成。桡腕关节周围

有韧带加固，关节囊薄而松弛，是典型的椭圆关节，具有两个运动轴，绕额状轴做屈伸运动，绕矢状轴做内收外展运动，还可以做环转运动。

腕骨间关节在近侧列三块腕骨与远侧列四块腕骨之间，关节面形状不规则，可看成是三个椭圆连结而成，周围有韧带加固。腕骨间关节在结构上是独立的，但在机能上与桡腕关节一起组成联合关节，其运动轴与桡腕关节相同。腕骨间关节的运动，增大了桡腕关节运动的幅度。

在腕中掌侧面，有一腕骨沟，上方由于腕横韧带跨过而形成一管状，称为腕管。腕管内有正中神经通过入手；在桡侧有桡动脉和桡神经伴行通过；在尺侧有尺动脉和尺神经伴行通过。

（二）腕部的运动特点

手腕部的运动是桡腕关节和腕骨间关节共同运动的结果，两个关节可沿两个运动轴共同进行运动。

在额状轴上，可做屈伸运动，屈的运动范围为60°~70°，伸的运动范围为45°；在矢状轴上，可做内收与外展运动，内收的运动范围为35°~40°，外展运动范围为20°。

由于腕部掌侧韧带比背侧的强，因此伸腕比屈腕的运动范围小。由于桡骨茎突比尺骨茎突小，因此外展比内收的运动范围小。桡腕关节的屈腕运动能力较强，腕骨间关节则以伸腕的运动范围较大。内收运动主要为桡腕关节的运动，外展运动则全部发生在腕骨间关节。

在擒拿技法中，对腕部实施的内旋、外旋，实质上是前臂的内、外旋运动。前臂内旋运动范围为140°~150°。依据上肢运动链系统相邻关节的效应性运动和锁定效应，当手腕、臂部内旋时，肱骨与肩胛骨也同时参加运动，此时若上、前臂平屈（屈肘），则手腕内旋至270°时，肩、肘关节被锁定；若上、前臂伸直，则肩关节无法被锁定，腕关节内旋运动范围可增至360°。

前臂外旋运动范围为15°~25°。因整个上肢运动链子系统参与运动，直臂时前臂外旋运动范围可增至90°；屈臂时随着屈臂角度的加大，前臂外旋运动范围可增加到180°。

三、前臂与腕部擒拿的要害部位及机理

前臂和腕部处于上肢运动链的前端，是实用擒拿技术中最常用的刁、扣、拿部位，也是在格斗中双方接触概率最高的部位，因此应重点掌握对这些部位掐拿、击打的主要手法。

（一）掐拿、击打内关穴

内关穴属手厥阴心包经，在手腕掌面横纹上二寸、手臂正中两个肌腱之间凹陷处，穴内有正中神经通过。在刁扣前臂前端时，可用四指或拇指向内陷拿此穴，必使对方感到剧烈疼痛，从而削弱其五指的握力。此手法是腕部擒拿技术的组成部分，在格斗中也可用拳脊猛击对方内关穴，造成对方剧烈疼痛，削弱对方的战斗力，并乘隙采用技法施以擒拿。这种手法也可作为实施擒拿技术的辅助手法。

（二）掐拿阳溪穴

阳溪穴属手阳明大肠经，在手腕背桡侧舟状骨与桡骨之间的凹陷中，解剖学上称此凹陷为"鼻烟壶"（图 7-29）。此处窝底有桡动脉和桡神经通过。在刁扣拿腕部时，可用四指或拇指用力掐拿此处，必造成剧烈酸痛，并使对方手指握力减弱以至开掌。这一手法是旋拧前臂的重要手法之一。

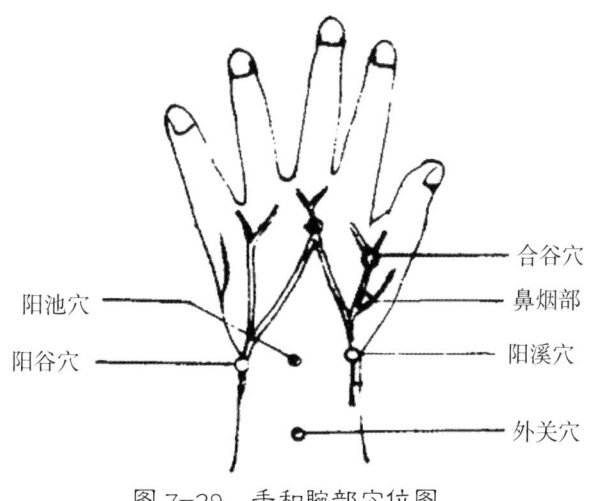

图 7-29　手和腕部穴位图

（三）击打腕关节

腕关节周缘无肌群保护，有肌腱、血管和神经穿行其间。当对方伸手或出拳时，腕部距我最近，可突然猛击对方腕关节部，往往出敌意料而直接奏效，使对方产生难忍的剧烈疼痛，削弱对方的战斗力，为擒拿制敌创造有利条件。对付手握凶器之人时，常采用拳打、脚踢腕关节的技法，使对方把握不住凶器，所以，这也是擒拿技术的辅助手法。

（四）扣拿腕关节

在擒拿技术中，不能无目的地大把抓拿对方腕部，除上述掐拿穴位外，所谓的扣拿技术应是，以拇指和四指中的中指，作环状扣拿在对方的桡、尺骨茎突与腕骨之间的环状沟带中，这样能更有利地控制、锁拿对方的腕关节，同时往往能刺激桡、尺神经及环状沟带中的阳谷、阳池、阳溪、太渊、大陵、神门六穴位（参见图7-29），使对方腕部产生酸麻痛感。这是擒拿技术中重要的手法之一。

在传统技法中，过去老拳师常利用四指所戴的"指环"（尤其是中指指环）在掌面的凸尖，扣拿时可直接扎顶对方腕关节和腕部穴位，造成对方剧烈疼痛而直接被擒拿。

指环状如戒指，使用时将戒面向下（掌心）即可，也有使用"指节"的，需临时套上，不如指环方便。

四、腕部擒拿的基本形态、机理及典型技法

腕关节的擒拿技术是依据腕关节的结构与运动特点和运动范围，对腕关节施行扣锁、旋拧、缠折、剔挫等反挫关节技法，直接实施擒拿。因腕关节处于整个上肢运动链的游离端，依据运动链相邻关节的效应性运动和锁定效应，可以通过腕关节来控制整个上肢运动链系统，进而控制全身。但也因其处于整个上肢运动链的游离端，腕关节的运动幅度和范围得到上肢运动链其他关

节运动的支持（如腕关节的外旋亦可通过屈肘、上臂内收、肩关节旋内来增大腕关节的外旋运动范围和幅度，并增强其反抗力量等），因而其运动范围最大。在实际搏击中腕关节运动范围大、速度快、变化大，因此在搏击中的实用擒拿技术不如肘部的多。然而手、拳、掌的运动是通过腕部来实现的，所以尤其当双方纠缠在一起相互抓握时，多以腕部擒拿为主，此时腕部技法变换较多；实施反擒拿技术时，也是首先通过对对方抓扣自己手的腕部实施技法，再配合其他技术来完成的。

在实施腕部擒拿时，一定要注意通过对腕部的分筋错骨、抓经拿脉，依据肘、肩部的效应性运动规律，首先要控制肘关节并锁定肩关节，只有这样才能造成擒拿。如腕关节的内旋锁拿，若对方直臂耸肩、背身转体则腕关节全部解放，非但形不成擒拿还会反被人制。因而在流传的腕部擒拿技法口诀中有"锁腕必锁肘，看肩趁腰行"之述。这也是实施腕部擒拿技法的关键所在。

腕部擒拿技术很多，社会上流传的也较多，可分为："死手"擒拿，指的是有把位的，即对方抓握自己时所使用的技法，社会上流传的大多都是这种技法；"活手"擒拿，指的是在散手搏击中无把位情况下所实施的技法，又叫腕部实用擒拿技术；同时还有与其他关节擒拿技法相配合的腕部擒拿技法，称为组合擒拿技术。

腕部擒拿技术虽然很多，并由各种不同的手法组成，但究其机理，只有背伸、折屈、旋内、旋外四种基本擒拿形态，余者均大同小异，只不过手法有所不同。

（一）腕关节背伸（背折）

1. 锁定机理

当控制对方腕部，并对其手掌或指实施压力，使其腕关节极度背伸（背折）时，因腕部的屈伸运动是由桡腕关节来完成的，其背伸最大运动幅度只有45°，所以可将桡腕关节锁定，并使腕骨间关节、掌腕关节受到反关节侧向搓压。当手在背伸位再加上前臂旋转时，桡尺远侧关节趋向分离，处在桡尺远侧关节之间的三角软骨盘可被暴力撕裂，损伤严重时，可合并桡尺远侧关节的韧带损伤，进而导致该关节横向分离。也可通过腕关节的背伸锁定，控制对方肘部，利用力在方向上的变化，使肘部产生直伸、内收（旋内）、外展（旋外）、直屈（肘尖对地）

四种运动形态，进而控制肘、肩关节，配合、转换各种技法，控制整个运动链系统，从而形成擒拿。

腕关节背伸的基本形态可分为：（1）腕关节背伸直臂。（2）腕关节背伸，屈肘（肘尖对地）。（3）腕关节背伸，肘部旋内。

2. 典型技法

擒拿典型技法有"托枪打虎""催云卷雾""番天印"。

● 托枪打虎

传统武术擒拿口诀：

> 旋拧阴阳亦反转，旋搓腕肘劲力合。
>
> 扣腕锁手加进步，顶压扳折劲送行。

当对方右手抓握我右腕时，我右手用力突然上抬旋拧，对方必然对抗而向下用力；此时我疾进左步，右手随其劲力，由下而上、从左至右划一圆弧，左手由下而上扣抓其前臂内关穴；右手顺势由对方右手虎口处旋脱，并向其手背方向压顶其掌、指，使对方右腕背伸；同时，我左手猛力上抬，击顶对方肘尖部，使其成直臂腕关节背伸状。我右手向下压的同时向对方肩关节方向顶压其手掌，左手顶折其右肘，左右同时用力一致，便能完全控制对方右上肢运动链，形成擒拿。（图 7–30）

①

②

③

④

图 7-30　托枪打虎

此技法为"顶折"，"顶"是指我右手顶压对方手掌，使其腕关节极度背伸，左手顶其右肘，使其成直臂状；"折"是指右手压顶对方腕关节，同时左手上顶其肘，两端用力一致，反关节扳折其腕、肘关节。

● **催云卷雾**

传统武术擒拿口诀：

> 侧身双手合阻臂，一扣一横肘扫头。
>
> 旋扳搓压加退步，坐腰扳折力相合。

当对方伸掌抓扶或拍格我臂时，我另一手疾抓扣对方手腕且虎口向自己臂部扣压其腕背腕关节处，被对方抓扶或拍格的前臂疾向对方身前下方滚压其指或掌，折屈其腕关节，使对方成屈肘、腕关节背伸状。我左手锁扣对方手腕虎口部，用力上顶其腕关节处，右臂向下滚压其手掌或指；疾退步后拉，两手合力向自己裆下方向滚压对方腕关节。对方因腕、肘、肩关节被锁定，且力量集中于腕关节而造成剧烈疼痛，必随我后拉下压之势前跪或前倒，形成擒拿。（图 7-31）

此技法为"锁折"，"锁"是指锁扣对方手腕；"折"是指背折对方手腕，使其腕反关节极度背伸、肘关节折屈。

图 7-31　催云卷雾

● 番天印

传统武术擒拿口诀：

一格横击找其手，扣手反臂拳击头。

扳压卷切步亦退，折腕翻肘锁肩行。

　　当对方伸右手或以右拳击我时，我进右步，左手自内向外格架对方右前臂，同时出右拳沿对方右臂上击其头面右侧。对方必躲闪并以左手格架我右拳，在接触的瞬间，我左手疾扣抓对方左腕并压锁在我右臂，右臂旋拧将其指掌部反折压向腕背，左手抓扣其腕边旋拧（使其前臂外旋）边顶压，右臂配合左手向其右下方旋击其掌指，使对方成屈肘、肘部旋内、腕关节背伸状，锁定其腕、肘、肩关节，造成剧烈疼痛，对方必侧身前跪被我擒拿。（图7-32）

①　　　　　　　　　　②　　　　　　　　　　③

④　　　　　　　　　　　　⑤

⑥　　　　　　　　　　　⑦

图 7-32　翻天印

此技法为"锁旋"，"锁"是指扣锁对方手腕在自己的前臂上，勿令脱离；"旋"是指左手旋拧对方手腕，使其前臂外旋，右臂同时反折其腕使其背伸，同时向其右侧旋击。

（二）腕关节折屈

1. 锁定机理

当控制并切拿对方腕部时，对其掌背施加压力击打，可使其腕关节极度折屈。因腕部的屈伸运动是由桡腕关节来完成的，其折屈运动幅度只有60°~70°，所以可将腕关节锁定，挤压腕骨间关节，使腕部关节组织、神经、肌腱受到挤压与牵拉，形成难忍的剧痛，使对方完全丧失抵抗能力。可通过腕关节的极度折屈，进一步控制对方的肘、肩关节，利用效应性锁定规律，进而控制其全身，形成擒拿。

在肘部各擒拿技法中，在固锁对方肘部时，可利用其游离端之手，使其腕关节折屈，对肘、腕关节分筋错骨。

腕关节折屈的基本形态可分为：（1）直臂腕折屈。（2）屈臂腕折屈。

2. 典型技法

擒拿典型技法有"霸王送客"和"阳合阴会"。

● 霸王送客

传统武术擒拿口诀：

> 闪展刁拿扣环沟，吃腕搓肘两相合。
>
> 压扣顶送找肩骨，托折扳顶加反锁。

当对方伸右手抓推或以右拳击我时，我进左步，左侧闪，以右手沿对方右臂外侧刁拿其右腕，以拇指与食、中指扣拿在其腕关节环状沟内用力扣掐，使对方开掌伸指；同时用自己掌、腕在对方手背处，用力向下、向前顶压其掌背，使其腕关节折屈，并连续用力前顶；以左手掌掌根顺其前臂外缘向前猛力搓击其肘关节，使其肘关节过度后伸。我两手动作协调一致，必使对方腕、肘关节同时受到反关节挫打、顶送，造成剧烈疼痛与损伤，同时也锁定了肩关节，可配合其他手

法形成擒拿。（图 7-33）

此技法为"搓顶"，"搓"是指搓击对方肘关节；"顶"是指顶压对方掌背。

图 7-33　霸王送客

● 阳合阴会

传统武术擒拿口诀：

行步插臂手找腕，推举双臂挟抱成。

一顶一压双合力，吃腕锁肩步亦行。

当对方在我前方行走，我欲对其实施擒拿时，可行至对方身后侧，步伐与其一致，如在其左侧则左手推抓对方左腕，并上抬使其屈臂，右臂顺势插入其左臂与身体之间，沿对方前臂向上抓握其右手背，猛向自己上臂方向折压。对方前臂在我肘、手之间，腕关节成折屈状，我上臂与手合力相对挤，稍一用力

必使对方产生异常疼痛而丧失抵抗能力。此时，我在对方体侧，折锁其臂从而形成擒拿。（图7-34）

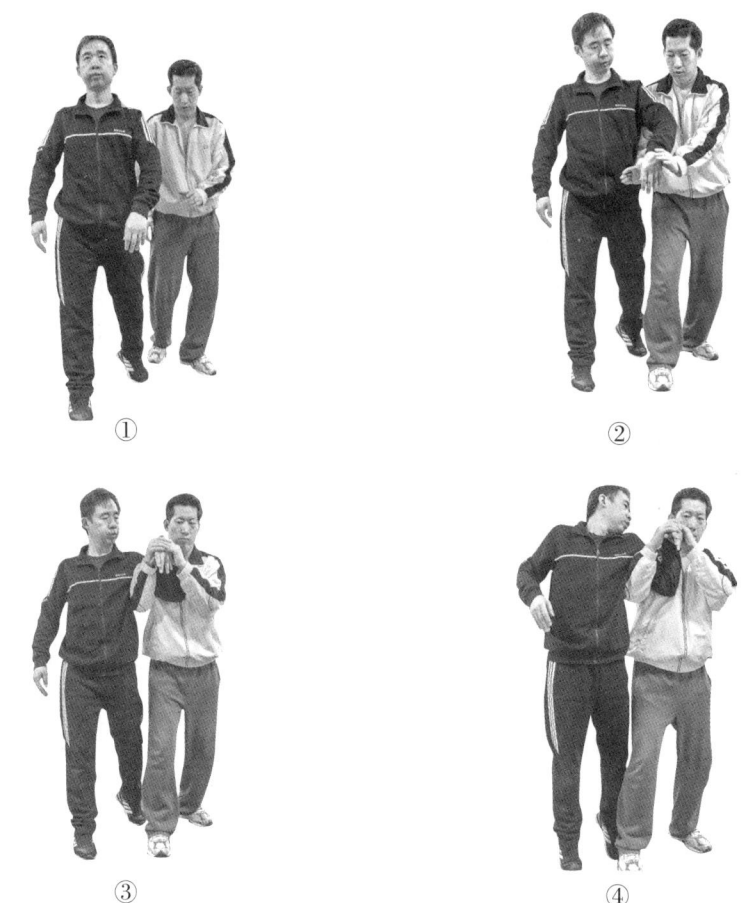

图 7-34　阳合阴会

　　此技法为"抱压"，"抱"是指我双手合力抱缠对方手臂；"压"是指折压对方的腕关节。

（三）腕关节旋内

1. 锁定机理

当控制并向内旋拧对方腕部时，因腕关节没有内外旋运动的能力，实际上是

前臂骨的内旋运动，其内旋运动范围为 140°~150°。当对腕部实施内旋时，必使前臂骨产生效应性内旋运动，并使肱骨与肩胛骨也产生效应性运动。此时若手臂平屈，则手腕内旋至 240°（加上臂外展 90°），肩关节锁定，造成整个上肢运动链系统的锁定。若手臂伸直，则肩关节无法锁定，运动范围可增至 360°，对方翻肩转身就可解脱。

在腕部内旋擒拿时，可使桡尺近、远侧关节受到极度旋拧而产生损伤，并往往连带有腕关节的背伸旋拧。如过度旋拧时，桡尺远侧关节趋向分离，处在桡尺远侧关节之间的三角纤维软骨盘可被撕裂，使桡尺远侧关节韧带损伤，导致桡尺远侧关节横向分离，腕尺侧产生剧烈疼痛，完全丧失抵抗能力。当对方上臂外展、平屈肘时，则上肢运动链系统完全被锁定，形成擒拿。

腕关节旋内是腕部擒拿技法中最多、最常用的，其外观最佳形态是：腕关节背伸，手掌翻向前，鱼际向上，上臂外展 90°，屈肘，上臂与前臂间夹角在 120°~140°之间。传统武术中的腕部擒拿口诀中："擒手梢节扣旋腕，鱼际望天守中线，两臂平屈六七分，扣砑卷插鬼神哀"，就是对此形态最生动的描述与总结。

2. 典型技法

擒拿典型技法有"金丝缠腕""虎抱头""湘子挎篮""凤凰束翅""白袍铡草""退步牵羊"。

● 金丝缠腕

传统武术擒拿口诀：

> 一把金丝是缠腕，锁手侧闪肘对肘。
>
> 翻腕旋臂切腕骨，坐胯拧腰意守中。

当对方右手刁拿或抓扣我右腕时，我急用左手将对方右手扣锁在我右腕部，（拇指在对方虎口处，四指在其鱼际外缘，配合右腕将其右手顶压在我右腕处，勿令脱逃）；进左步侧闪，同时右手自对方右腕外侧上插，两手合力向右后侧带拉，左肘横顶其右肘部。对方必屈肘意欲反抗，我疾顺其劲势，右手反扣其腕，坐腰胯，向左侧转身，使对方成腕部内旋、鱼际向上、上臂外展、平屈肘状。我左手在腕部扣紧对方右手勿令松动，右手鱼际沿对方右腕骨环状沟向自己左脚方

向卷插，对方必丧失抵抗力，上肢运动链系统被我锁定而形成擒拿。（图 7-35）

此技法为"扣缠"，"扣"是指将对方右手紧紧扣锁在我右腕部；"缠"是指用我右手缠卷并切压对方前臂和腕关节。

①

②

③

④

⑤

⑥

⑦

图 7-35　金丝缠腕

• 虎抱头

传统武术擒拿口诀:

穿领翻切扣抱齐,两手相合锁扣紧。

一切一旋带扳拉,坐胯转腰屈臂行。

当对方以右手抓握我右腕时,我疾进左步,向右转身,同时右手沿对方右腕外侧向上穿领,左手沿对方右臂下向上回抱,将对方的右手紧紧扣压在我右腕上。我两手合力抱紧、夹紧、扣紧,使对方成直臂、掌心向外、小鱼际向上状;同时右手疾翻掌,鱼际沿对方右腕环状沟内下切,四指向下扣卷其前臂桡骨,使其前臂内旋;左手在扣紧对方手的同时,向其肩、肘关节方向扳压其手掌;坐胯转腰,使对方成平屈肘状。此时,对方的腕关节极度内旋、内收,产生剧烈疼痛而被我锁拿。(图7-36)

①

②

③

④整体

⑤局部

图 7-36 虎抱头

●湘子挎篮

传统武术擒拿口诀：

> 二把湘子去挎篮，锁手侧闪又盘肘。
>
> 一扣一搓切腕骨，坐胯拧腰闻骨声。

当对方左手刁扣或抓握我右腕或前臂时，我疾用左手将对方左手扣锁在我右臂腕部，拇指在其虎口侧，四指扣抓其四指外缘，手掌紧压扣其掌背，勿令松脱；进右步侧闪，同时右臂屈肘，肘尖沿对方左前臂上划一弧，向自己右脚方向盘卷其左前臂。此时，我右手与左肘用力方向正好相反，使对方成腕部内旋（鱼际向上）、上臂外展、平屈肘状，对方上肢运动链被锁定，必然丧失抵抗能力，形成擒拿。（图7-37）

①   ②

③   ④

图7-37　湘子挎篮

此技法为"盘肘"，就是肘做盘卷运动，用前臂向身后左下压并滚搓对方右前臂。

● 凤凰束翅

传统武术擒拿口诀：

> 三把凤凰是束翅，锁手扣肩侧转身。
>
> 盘肘收臂回腰胯，臂斫腕折任我行。

当对方用左手抓拍我右肩或胸部时，我疾用左手将对方左手扣压在肩胸部（手法同前），勿令松脱；同时身体右转合扣右肩，右手配合肩部动作向内旋拧对方的手，使其腕部内旋、鱼际向上；屈右臂向上抬肘，右肘自对方右臂上划一弧，向自己腰间盘斫，上臂紧贴自己体侧向身后压斫其前臂。此时，我右手将对方左手扣紧在肩胸部勿令松脱，对方上肢运动链被我锁定，腕部剧烈疼痛而丧失抵抗能力，被我擒拿。（图7-38）

①　②　③　④

图 7-38　凤凰束翅

此技法为"盘斫",就是用上臂配合右手的锁扣,盘斫对方的腕关节。

● 白袍铡草

传统武术擒拿口诀:

一格一击索要手,翻掌习扣旋拧掳。

锁肘斫腕加退步,白袍铡草上下错。

当对方伸右手或以右拳击我时,我进右步,用右手自对方右臂外侧向内推格或刁扣,屈左臂抬肘,左手沿对方右臂上缘猛力抛击其头部左侧。对方必用左手格架,我左臂在与对方格架之左臂接触的瞬间,疾翻掌沿其臂刁扣其腕,边旋拧边向自己左腰际带掳;同时左手扣拿对方腕尺侧,两手虎口相对,退左步侧身下拉,两手用虎口部一上一下如铡草般上下挫铡对方腕部。因我在带掳时已使对方左臂内旋、左手鱼际向上,两手在对方手臂尺侧的上下挫铡,使其腕关节向手臂尺侧极度外展,再结合内旋,必使对方腕关节(桡腕关节、腕骨间关节、桡尺远侧关节)以及周围组织、韧带、神经等受到暴力性损伤,造成对方剧烈疼痛,被我擒拿。(图7-39)

① ② ③

④ ⑤

图 7-39 白袍铡草

　　此法为"挫斫"，就是利用手带搌对方左臂并使其内旋，同时两手在对方腕关节尺侧处上下挫斫其腕关节，使其腕关节内旋并极度外展。

●退步牵羊

传统武术擒拿口诀：

十字锁臂对掌扣，锁腕旋拧退步牵。

两手阴阳合力搋，一扳一踩锁全身。

　　当对方伸右拳击我时，我疾用两手臂交叉成"十"字状，左臂在前，右臂在后，由下而上格架对方右前臂。在与对方接触的瞬间，我疾翻掌，右掌心向右、左掌心向左，两掌心相对，两手沿对方手臂两侧合力扣拿其腕，右手用力左手辅之，向自己右侧旋拧其腕和前臂，使其前臂腕关节内旋、手掌鱼际向上。我退步向对方的前下方用力拉带，同时两手拇指相扣用力下压对方尺骨腕侧内上髁，四指和掌配合拇指用力向上折顶对方的手，使其腕关节内旋、极度外展，造成对方腕部剧烈疼痛，肩、肘关节被锁定。此时，我若上左脚下踩对方的肩关节，并向上扳折其臂，对方必被我擒拿。（图7-40）

①　　　　②　　　　③

④　　　　⑤　　　　⑥局部

图7-40　退步牵羊

此法为"折撅"，就是两手合力扣拿对方手腕，使其腕内旋至手掌鱼际向上状，同时向对方尺侧折撅其腕关节，使其腕关节内旋并极度外展，锁定对方的肩、肘关节。

（四）腕关节旋外

1. 锁定机理

当控制对方的腕部并向外旋拧时，由于腕关节没有外旋的运动能力，腕部的外旋是前臂骨的外旋运动，实质上是桡、尺两骨的交叉旋拧运动，所以其外旋的运动幅度只有 $15°\sim25°$。

由于整个人体运动链参与运动，直臂时腕部外旋运动幅度可增加到 $90°$，但此时肩关节未被全部锁定，仍有前顶后伸的活动能力，对方可向旋拧方向转肩，以求解脱，或全力前顶旋臂，增大了擒拿的难度。因而做腕部外旋且直臂情况下的擒拿，必须以对方的肩关节为圆心，使其手腕做圆弧运动，同时在此过程中，向外旋拧其腕部，或边拉带（向对方前下方）边外旋。

当腕关节外旋引起屈臂、上臂内收时，虽然其运动幅度可随屈臂角度的增大而增大至 $180°$，但此时肩关节会被完全锁定。还要注意，如对方屈肘，上臂与前臂之间角度越小，则其臂部的反抗力量越大，尤其不能小于 $90°$，因此时对方的肩关节未被锁定，对方可向两侧转身，从而解脱并反击。

腕部外旋的擒拿最佳状态应是：在对方腕部外旋时，使其屈肘、上臂内收、肘部旋内、锁定肩关节；使其上臂与前臂夹角在 $45°\sim90°$ 之间，锁定肘关节。此时的外旋力量全部集中在腕关节和前臂骨的桡尺近、远侧关节上，这样才能顺利地锁定整个上肢运动链系统，形成擒拿。

在实施腕部外旋擒拿时，往往伴随着腕部的折屈、旋拉同时进行。

当对腕部实施外旋并折屈腕关节时，必然使桡尺远侧关节趋向分离、三角纤维软骨盘撕裂、桡尺关节韧带损伤，导致桡尺远侧关节横向分离、尺骨小头向背侧隆起；桡骨小头正处于由手和前臂传至上臂的力线上，而且当腕部外旋引起前臂骨极度外旋时，桡骨小头与桡骨颈也受到冲击，易引起桡骨颈断裂；同时因腕关节的旋拧折屈，使桡腕关节和腕骨间关节受到损伤，造成对方剧烈疼痛、丧失运动能力并锁定肩、肘关节，形成擒拿。

2. 典型技法

擒拿典型技法有"金鸡点头""龙卷云从""走马回头"。

● 金鸡点头

传统武术擒拿口诀：

> 侧闪双格扣锁腕，扳拉旋压横击肘。
>
> 一扳一压旋肘腕，退步一拉鬼神哀。

当对方出右拳击我时，我疾进左步，左侧闪，我左右两手同时在对方右前臂外侧格架；左手在前，右手在后，于接触的瞬间，左手沿对方前臂外缘四指扣抓其内关，向自己腰间扳带；右手握拳，用鱼际部在对方的拳背处，配合左手的扳带，向其右侧下方旋压其拳背；屈右肘，用右肘向对方右侧横扫击其头面部，迫其忙于躲闪格架我右肘的攻击，转移其注意力，不给对方右手留有反应防范时机。此时，我疾退左步，两手合力一致，一前一后，一拉一压旋，使对方腕部折屈并外旋至掌心向下；同时利用相邻关节的效应性运动和锁定规律，使对方屈肘（45°~90°）、肘部旋内、上臂内收。我两手用力边压旋使对方腕部极度外旋，边向对方的前下方带压，因对方腕、肘、肩关节均被锁定，必随我势而前俯下跪，形成擒拿。（图7-41）

此技法为"扳压"，"扳"是指我一手在格架的瞬间扳拧对方腕部，并向我腰间回扳带拉；"压"是指我另一手压旋对方的拳背，使其腕部折屈并外旋。

①   ②   ③

④

⑤

图 7-41　金鸡点头

● 龙卷云从

传统武术擒拿口诀：

> 十字锁臂对掌扣，送肘顶旋合力拧。
>
> 退步拧腰摇轮急，龙卷云从拆臂骨。

当对方出右拳击我时，我进左步，左侧闪。两手交叉成"十"字，右手在前，掌心向后，左手在后，掌心向前，沿对方右前臂外侧向内前顶格。在与对方手臂接触的瞬间，借其屈肘收拳之势，我左手疾翻腕与右手掌心相对，合力拿紧对方的右腕和手；同时屈右肘前顶，使自己右肘部处于对方的右肘外缘、前臂相互贴靠。此时，我两手合力，自对方的左侧向右旋拧其腕；再用我肘部抬顶对方的肘，使其肘部旋内、上臂内收；疾退左步，两手紧执其手，边向外旋其腕，边以其肩关节为圆心，自其右侧向下、向左抢旋一大圆弧，状若摇轮把一般，使其肩、腕关节外旋幅度猛力加至360°左右。此技法因旋拧范围大大超过了肩、肘、腕外旋的运动范围，而且双手合力，合理地应用了轮轴的省力原理，所以力量大而且猛，速度较快，对方必随势旋跌。此时，如对方直臂，则其肩关节全部损伤；如对方屈臂、肘，则其肩、肘、腕关节同时损伤。此技法一旦得手，不论对方直臂或屈臂，均会造成严重损伤，形成终身上肢运动障碍或残疾，较为凶猛。（图 7-42）

此技法为"拧旋"，"拧"是指两手合力，将对方的腕、前臂向外拧转，并以我肘部顶旋对方的肘部，使其肘部内旋，以减弱其反抗力量，加大我拧旋的力量；"旋"是指以对方肩关节为圆心（边拧转其手、腕部使其外旋）抢旋其手臂肩关节，做形如摇轮一般的螺旋运动，迫使对方手臂同时在两个轴上做同方向的旋拧动作。

①　　　　　　　②　　　　　　　③

④　　　　　　　　　⑤

图 7-42　龙卷云从

● **走马回头**

传统武术擒拿口诀：

> 一扶横击随其走，扣拿剔顶三四筋。
>
> 合力拧搓切腕骨，绊腿锁臂回头行。

当对方用右拳击我时，我左手由上而下沿对方的右前臂外缘拍格其右拳，四指在其拳心，拇指在其拳背，虚扶扣之，随其劲而动，勿令脱离；同时进右步，右拳沿对方右臂上横击其头面左侧，迫使对方躲闪或格架，转移其注意力，不令对方右手有反应防范时机。此时，我左手随对方回收之右拳疾抓扣其拳，四指抓扣对方掌内拇收肌斜头内缘或掌心，用力向外侧向下扳拧，拇指在其手背第三、四指腱缝中用指甲侧缘用力向前剔顶；旋左臂翻腕，掌心向上，使对

方手腕外旋；再疾回收右拳变掌，用掌根猛力向对方右外侧下挫击其掌背小指侧，两手合力，左手翻拧，右手挫压，使对方腕部极度外旋，并使其屈肘、上臂内收。此时，我可退步，双手回拉对方手臂，使其摔倒（图7-43①~⑤）；也可以进右步绊锁对方的双腿，坐腰胯，身体左转，两手合力向后下方带压对方右手，对方必侧身前倒（图7-43⑥、⑦）。

①

②

③

④

⑤

⑥

⑦

图7-43　走马回头

此技法为"剔搓","剔"是指我拇指在对方拳背，顺其第三、四指腱缝向前剔顶，使其升掌，并配合四指一致合力翻腕旋拧其手，使其腕部外旋；"搓"是指用我右手掌根，配合左手搓压对方掌背小指侧，使其腕部极度外旋。

第五节　手部擒拿的基本技法及机理

一、掌指关节的结构特征和运动特点

手位于整个上肢运动链系统的梢节，它是以腕、掌、指骨及其连结（关节）为杠杆和枢纽，以手内、外肌为动力，在神经系统的支配下，完成各种精细复杂运动功能的器官。

（一）掌骨与指骨

掌骨有五块，属小型长骨，自拇指向小指侧排列为第一至第五掌骨，其中第一掌骨底的关节面呈鞍状，其余都是平面关节面。

指骨有十四节，除拇指为两节外，其余各指都是三节，指骨也属小型长骨。除近节指骨底为球窝关节面外，其余都是滑车状关节面。（图7-44）

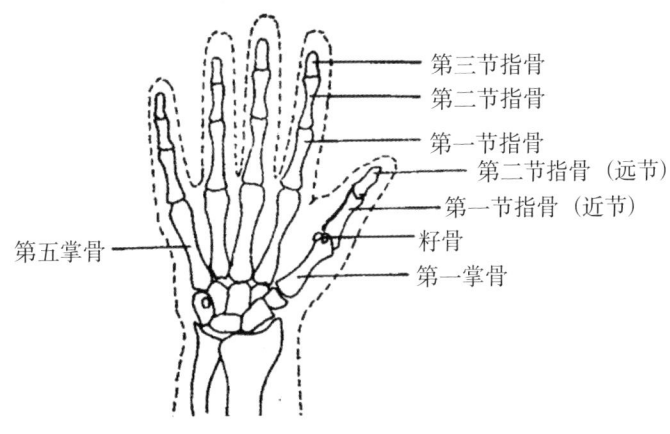

图 7-44　掌骨和指骨结构图

（二）掌指间关节及其运动特点

掌指间关节是由腕掌关节、掌指关节和指关节连结而成。

（1）腕掌关节：腕掌关节由远侧列腕骨和五个掌骨底构成。除拇指腕掌关节，其余四个腕掌关节包在同一个关节囊内，属平面关节，所以运动范围很小。拇指腕掌关节为鞍状，具有两个运动轴，绕额状轴可做屈伸运动，绕矢状轴可做内收、外展运动，此外还可以做环转运动和对掌运动。

（2）掌指关节：掌指关节由掌骨头和近节指骨底构成，在形态上近似球窝关节，但在机能上因受到两侧韧带的限制，而且缺少回旋肌，所以手指在掌指关节处，只能做屈伸、内收、外展及环转运动（内收、外展是以中指为基准，向外侧伸开为外展，靠拢中指为内收）。

（3）指关节：每侧手都有九个指关节，拇指一个，其余四指均各有两个，都是滑车关节，只能做屈伸运动。由于关节囊的背侧松弛，其余三侧又有韧带加固，所以指关节屈的运动幅度大于伸的运动幅度。

（三）神经

手背桡侧有桡神经浅支，尺侧有尺神经手背支，这两支神经在第三、四指肌腱沟处相接为交通支；手掌有尺神经浅支和深支，与正中神经及其分支形成指掌侧神经，它们共同指挥手部诸肌，完成各种精细动作。

二、手部擒拿的要害部位及机理

手部的掐拿是腕部擒拿的辅助手法，往往也是腕部擒拿的前奏及其他部位擒拿的补充。掐拿的部位都是手部主要神经支、伸指肌腱及腱间结合、穴位（图7-45）。掐拿这些部位使手部剧烈疼痛而削弱抵抗能力，或使对方手部剧烈酸痛，丧失握掌能力而开掌（伸开五指），为实施擒拿技术创造有利的条件和时机，便于对腕部实施各种反关节旋拧和搓压，因此也是较常用的拿法之一。

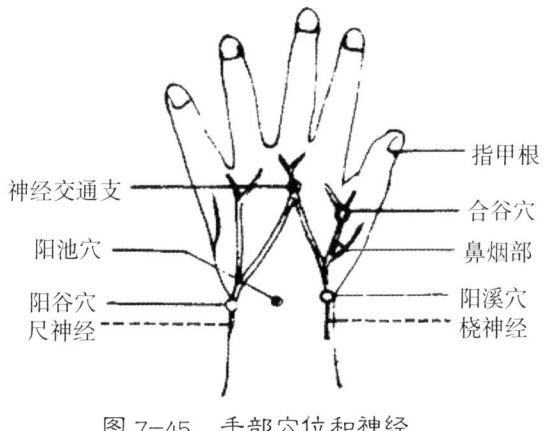

神经交通支

指甲根

阳池穴

合谷穴

阳谷穴
尺神经

鼻烟部

阳溪穴
桡神经

图 7-45　手部穴位和神经

(一) 掐拿三、四指掌背骨间沟和掌心劳宫穴

此掐拿把位，往往是在对方伸掌或握拳时，抓握其手，拇指在其掌心劳宫穴处，四指在其手背三、四指肌腱沟内；或四指在其掌心劳宫穴处，拇指在其手背三、四指肌腱沟内合力掐拿或搓剔。因此处内外侧有正中神经和桡、尺神经交通支，必会造成剧烈酸痛，迫使对方无法握紧手指，即可配合肩、腕、肘部的擒拿技术，实施擒拿。

(二) 掐拿拇指大鱼际和手背三、四指肌腱沟

此掐拿手法，多是配合腕部外旋擒拿技法使用，或是使对方无法握紧器具。其具体把位是，四指在对方拇指大鱼际内侧，拇指在其手背三、四指肌腱沟内，四指用力掐拇收肌斜头和拇收肌横头，使其拇指收扣能力减弱，同时以其腕为轴，向其手背侧扳拧，拇指顺其三、四指肌腱沟，向三指掌指关节处剔搓其伸指肌腱，两处同时掐剔，对方必伸开手指，无法抓握。

(三) 掐拿掌缘小鱼际和合谷穴

此掐拿把位，是握对方的掌背，四指和拇指分别在其掌缘小鱼际与合谷穴处（参见图 7-45），用力向掌心方向掐拿，使其合谷穴产生剧烈酸痛。此技法常常

用在锁扣对方手时，如在腕部擒拿技法"凤凰束翅"的实施过程中，首要的条件是将对方右手扣锁在我肩部，如未能扣锁压紧，此技法则失效。若我锁扣之手采用此把位的话，当对方手脱离我肩部时，我可紧掐拿其手部这两处，同时疾翻腕旋拧其手，必造成对方腕部内旋，而形成擒拿态势，因而此把位是锁扣对方手部擒拿技术的重要把位。

（四）掐撕拳脊四指掌指关节沟

当对方大力抓握我，力量悬殊时，我疾用二、二、四指指尖指甲，手指成钩状，在对方手背处掐勾其拳脊四指掌指关节沟，并沿其手背猛力向其腕部方向勾撕，造成手部剧烈疼痛，迫使对方无力抓握而松手；同时我拇指伸入对方手掌侧，配合四指，乘对方松手伸指的瞬间，抓握对方的一指或几指，实施指部擒拿技法。

（五）掐撕四指或拇指指甲根部

如对方从后面抱住或大力抓握我方，力量悬殊无法解脱时，可疾用我手指尖指甲，沿对方手指指甲根，顺其指猛力掐撕其指甲根部，因该处神经丰富，感觉敏锐，故可引起难忍的剧烈疼痛，再牵拉其指，必使对方伸指松手，我可趁势实施各种擒拿技术。

三、手指擒拿的锁定机理及典型技法

1. 锁定机理

因掌指、指间关节囊的背侧松弛，关节两侧有韧带加固，侧向运动受到限制，且单指耐力性又差，因而在擒拿技术中，常常抓扣对方的一、二指，向其关节后侧方旋拧、撅折，这样必造成剧烈疼痛，轻者使指间侧副韧带扭伤或断裂，重者使掌指关节和指间关节脱位，并常伴有指骨基底骨折。

手部擒拿，在实施中常和腕、肘、肩部的擒拿技术配合连续使用，以控制对方整个上肢运动链。

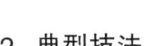

2. 典型技法

擒拿典型技法有"一指千斤""仙童指路""重帘挂柱"。

● 一指千斤

传统武术擒拿口诀：

> 抓扣撅指左右旋，阴手拉肘反锁肩。
>
> 阳手旋臂紧锁喉，前俯扑跌十字捆。

(注：当撅旋对方的手指时，使其手掌向下为阴手，使其手掌向上为阳手)

"一指千斤"是撅拿对方一指或几指实施擒拿的技法，现以撅拿拇指的技法为例加以说明。

如我与对方握手，在双手接触的瞬间，我疾用食指掌指关节处，上顶对方拇指第二指间关节，我拇指速向下旋扣对方拇指掌指关节，使其拇指背伸，并向对方侧下方旋压，造成其拇指关节处剧烈疼痛，对方必然屈肘下跪（图7-46①②）。

此时，我可用力向对方臂外侧旋拧，使其上臂外展、掌心向后；我另一手疾向前扳拉对方肘部，并借势抓握对方前臂向其身后推顶，进左步，撅旋其指之手顺势自其腋下向其同侧背部插制，形成携背捆锁（图 7-46③~⑤）。

①　　　　　　　　②　　　　　　　　③

④　　　　　　　　　　　　　　　　　⑤

图 7-46　一指千斤一式

　　此时，我也可向对方臂内侧旋拧，使其上臂内收、肘部旋内、掌心向上；我则进左步至对方身侧后，疾用另一手拇指、食指掐拿其头后部颈上端风池穴，并向其前下方猛力插压，对方必向前俯倒。趁对方前俯倾时，我将撅旋之手速环绕其颈至另一侧肩上扣紧，在对方倒地后实施背捆。（图 7-47）

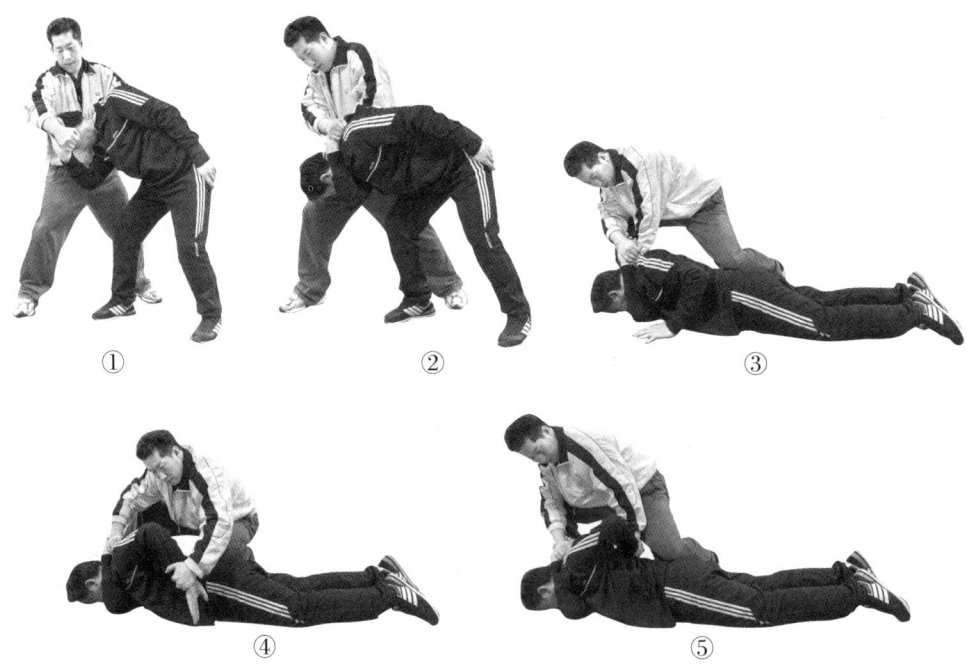

①　　　　　　　　　　　②　　　　　　　　　　　③

④　　　　　　　　　　　　　　　　　⑤

图 7-47　一指千斤二式

当对方抓握我，或对方被我锁扣之手脱逃，或对方双手纠缠、缠抱我时，均可审势抓扣其一或二指，实施上述技法形成擒拿，此种技法统称为"一指千斤"。

● 仙童指路

传统武术擒拿口诀：

锁扣四指拧旋折，两手双指合力撅。

一拧一撅边后带，锁肩折肘背捆身。

当对方用右手拍扶我身体左侧或左臂时，我疾用右手抓握对方的四指，我四指在其掌缘小鱼际，拇指在其虎口处，向内上翻拧其四指，使其成掌心向前、鱼际向上、平屈肘状。我握住对方四指向其腕尺侧端折压，拇指同时扣压对方的食、中指，使其反关节背折；我左手同时在对方手掌另一侧抓握其四指，拇指扣压其中、小指，使其腕部反关节背折；两手合力，再加上对其腕部的内旋、外展折压或背伸折压，必使对方手指关节和腕关节造成剧烈疼痛，锁定对方的上肢运动链，形成擒拿。（图7-48）

①

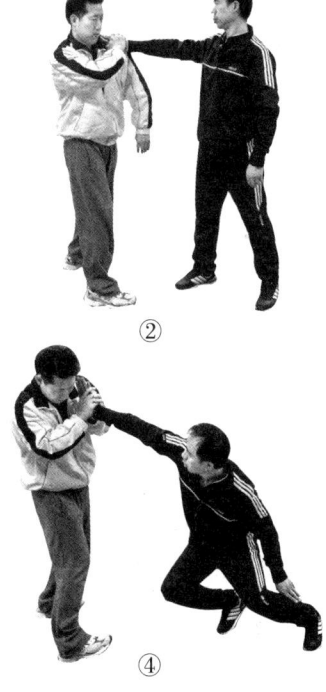

②

③

④

图 7-48　仙童指路一式

在主动擒敌时，我行至对方体侧，疾伸右手自对方右掌背侧抓握其四指，突向右转身，实施上述技法，可形成擒拿。

口诀的第四句"锁肩折肘背捆身"，指的是在实施此技法时，由于我向下用力带捯，对方前俯前跌，我可疾用脚踏住对方肩部，两手执对方右手向其身后背折，并使其屈肘，将对方前臂放置我踏其肩的小腿前侧，对方上臂后伸、屈肘，前臂被我踏肩之腿别顶，形成锁肩折肘背捆身的擒锁状态。（图7-49）

①

②

③

④

⑤

⑥

⑦

图7-49　仙童指路二式

此技法为"拧折"，"拧"是指抓扣对方的四指拧旋其腕；"折"是反关节撅折对方的指关节。

● **重帘挂柱**

传统武术擒拿口诀：

扣腕锁手力要合，撤步收腰胸前顶。

一拉一顶左右旋，看肘吃肩锁全身。

当对方用右手掌推击我胸部时，我疾用双手将对方右掌紧扣在自己胸前，上体前屈，利用自己胸部猛力向下压折对方手指，对方必屈肘下跪跌，形成擒拿。（图 7-50①②③）

我也可在俯腰向下压折对方手指的同时，向两侧转体，使其腕部的内或外旋，使其肘部旋内、上臂内收或肘部旋外、上臂外展，这时均可采用"一指千斤"的两种捆锁技法，实施擒拿捆锁。（图 7-50④⑤）

①

②

③

④ 正面

⑤ 反面

图 7-50　重窄挂柱

　　此技法为"压旋"，"压"是指扣压对方掌、指、腕，使其腕、指关节极度背折；"旋"是指在压折对方腕、指时，同时左右旋拧，使其肘部成内收或外展状，尤其是肘部极度内收，可直接形成擒拿。

第八章　下肢运动链系统

　　人体下肢运动链系统，由下肢借下肢带与躯干下部连结而成，具有支持体重、使人行走运动的功能。在擒拿格斗中，下肢运动链系统是人体转移变化、保持人体稳定平衡的基础，也是人体借以支撑发力的基础。因而在实际搏击和擒拿中，对下肢运动链系统的绊锁、破坏性踢打及擒拿，往往主要是破坏对方的重心位置使之离开支撑点，使其身体失去平衡；绊锁对方的重心支撑点，使其身体无法转移变化，为其他部位的擒拿创造有利条件；直接对下肢运动链系统实施擒拿。

　　人体下肢运动链系统的结构特征是：骨骼粗大，关节面宽，辅助结构多而坚韧，稳定性大于灵活性，肌肉较为发达，力量大。因而对下肢运动链系统直接施用的擒拿技法相对来讲不多，主要是对下肢运动链某环节实施破坏性击打、掐拿、绊锁，以阻止对方身体的转移变化，配合其他擒拿技法实施擒拿，它是实用擒拿技术中的一个重要组成部分。

　　人体下肢运动链系统由下肢带和自由下肢骨组成。下肢带是由髂骨、耻骨和坐骨骨化成的一对髋骨（属不规则骨）围成盆腔所组成。自由下肢骨是由股骨、髌骨、胫骨、腓骨、足骨（跗骨 7 块、跖骨 5 块、趾骨 14 块）所组成。

　　下肢带和自由下肢骨以关节相连结，形成以骨骼为中轴、关节为枢纽、肌肉按关节运动轴分群、分层排列，有血管和支配下肢运动及感觉的神经穿行其间，并有足阳明胃经、足太阴脾经、足太阳膀胱经、足少阴肾经、足少阳胆经、足厥阴肝经运行其中的运动链系统（图 8-1）。

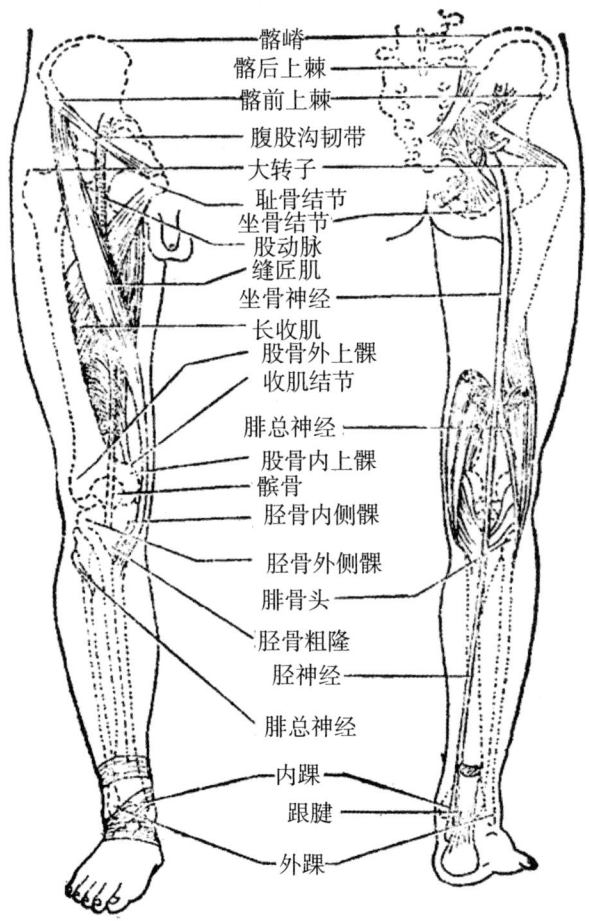

图 8-1　下肢结构图

下肢力线： 通过股骨头中点、髌骨中点和第一趾骨外缘三点的连线，即为下肢力线。股骨颈与股骨体之间形成颈干角，成人约为 127°。股骨轴线与胫骨轴线于膝关节处有一交角，称膝外翻角。

下肢主要动脉： 髂外动脉自髂总动脉分出后，经腹股沟韧带中点至股前部移行为股动脉，下行至膝关节窝移行为腘动脉，下行再分两支，胫前动脉向下到足背，形成足背动脉；胫后动脉向下除分出腓动脉外，一直移行到足底，形成足底动脉。

下肢主要神经及其走向： 下肢运动链子系统的主要神经，一是从腰丛发出的神经，经腹股沟中点下行，有股神经和闭孔神经，分布于大腿前面和内侧面的肌

肉和皮肤，股神经关节支分布于髋关节和膝关节。二是从骶丛发出的坐骨神经，经坐骨结节与大转子之间，沿股后中线下行，在腘窝上角处，分为胫神经和腓总神经。胫神经至膝关节后腘窝中线下行，通入小腿后部，到足后跟腱内缘处，通入足底；腓总神经自腘窝处绕经腓骨颈（膝关节外侧腓骨小头处），腓浅支经小腿外侧行至足背，腓深支沿前骨筋膜鞘下行，直达足背。

第一节　髋关节擒拿的基本技法及机理

一、髋关节的结构特征和运动特点

髋关节由髋骨的髋臼与股骨的股骨头构成，在髋臼的周缘有盂唇附着，使关节窝的深度加深，从而加固关节，关节囊厚而坚韧。股骨颈的前面完全在关节囊内，后面有一部分则在关节囊外（图 8-2）。由于关节囊的后下方和内下方较薄，又无坚韧的韧带与肌肉加强，因此形成薄弱点，当大腿外展并伴有外旋时或内收伴有内旋时，在暴力作用下形成髋关节脱位，即股骨头经此处脱出，造成常见的髋关节后脱位。

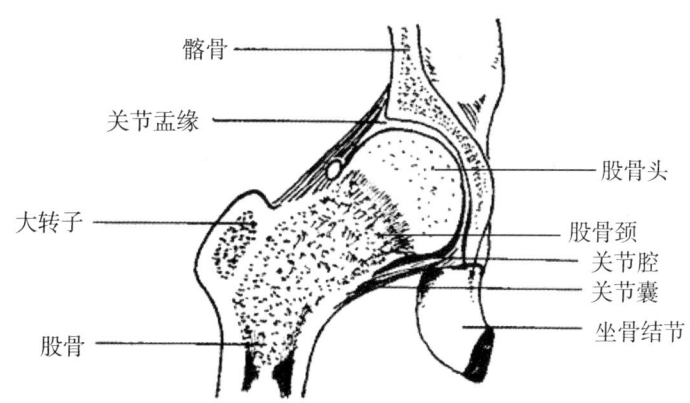

图 8-2　髋关节结构图

（一）髋关节的主要韧带

（1）髂股韧带：长而坚韧，呈倒置的"V"形，位于关节囊前面，起限制大腿过度后伸的作用；其内侧部限制大腿的外展，外侧部则限制大腿的外展和旋外。

（2）耻股韧带：呈三角形，位于关节囊及髂股韧带的内侧部。此韧带限制大腿外展和旋外运动。

（3）坐股韧带：较薄，位于关节的后面，限制大腿的内收及旋内运动。

（二）髋关节的运动特点

髋关节是典型的球窝关节，运动本应相当灵活，但为了适应生理的需要，支持人体上身重量，因而其关节窝深、关节囊厚而坚韧，使髋关节的运动幅度（内收、外展、旋内、旋外）受到一定的限制，并使这个关节不很灵活。作为球窝关节（多轴关节），髋关节可沿三个运动轴做屈、伸、内收、外展、旋转与环转运动。

（1）髋关节沿额状轴，大腿可做屈伸运动。前屈的运动范围为114°，屈膝时，大腿前屈的范围最大，股前部可达腹前壁；伸膝时，由于股后部肌肉紧张而受到限制，大腿只能前屈80°。因受髂股韧带等的限制，大腿后伸运动范围只有32°。

（2）髋关节沿矢状轴，大腿可做内收与外展运动。因内收时受髂骨韧带和关节囊上部等的限制，外展时受耻股韧带及髂骨韧带内侧部的限制，所以大腿运动范围较小，只有45°，其内收运动的范围与大腿的伸屈有关。大腿前屈时运动范围增加，大腿后伸时运动范围减小。

（3）髋关节沿垂直轴，大腿可做旋内与旋外运动。因受韧带与关节囊的限制，旋内运动范围很小，只有10°~15°；旋外运动的范围比旋内稍大，也只有35°。

二、髋关节擒拿的锁定机理及典型技法

1. 锁定机理

髋关节是人体较坚固的关节之一，关节囊厚而坚韧，外部有强大肌群所保护，因而直接施行于髋关节的擒拿技法较少，大都是利用踝、膝关节的旋拧、扛压技法，利用力臂原理及运动链相邻关节的效应性运动和锁定规律，使髋关节产生旋外加外展、旋外加内收等，锁定髋关节，使人体失去平衡支撑，形成擒拿，其典型技法在踝、膝关节擒拿技术中也会讲述。

大腿的前屈运动范围较大，有114°，伸膝时，由于股后部肌肉紧张而受到限制，大腿只能前屈80°；当大腿极度前屈时，必会引起身躯后仰，身体重心作用线离开支撑投影面而失去平衡，后倒或侧倒。

2. 典型技法

擒拿典型技法有"坐地分金""回身扳枝"。

● 坐地分金

传统武术擒拿口诀：

> 挑架蹲身龙入海，抱锁肘斫两下分。
> 坐胯屈腰鸡点头，锁喉旋颈翻身捆。

当对方用右拳击我时（对方右脚在前），我疾进左步，左手沿对方右前臂内侧格挡，同时疾屈腿，坐胯前俯下闪，右臂屈肘至胸前，抱挟其右小腿，用力上抬，此时用左肘向下猛击对方的右大腿根部。对方的大腿被我锁定，髋关节处受到猛力击打，造成剧烈疼痛，立即后倒，我可借对方后倒瞬间，扑坐其身上，采用扼喉加扳颈技术实施擒拿。（图8-3）

①　②

③　④

图 8-3　坐地分金

　　此技法是"锁斫"，"锁"是指我突然下潜抱锁对方小腿；"斫"是指用我另一臂的肘尖，向下猛斫对方的大腿根部。

　　坐地分金的口诀最后一句"锁喉旋颈翻身捆"是指，我借对方后倒的瞬间，扑骑在对方身上，右手扼喉（手法见第六章第二节中的扼喉技术），左手四指成钩状插掐其眼窝；也可以掌心压实其额头，配合右手向对方左侧扳旋其头，迫使对方转体翻身，便于我捆锁。

● 回身扳枝

　　传统武术擒拿口诀：

　　　　　　回身扳枝抱腿摔，双手挟抱合阴阳。

　　　　　　拧身压转腿锁绊，顺手掌击阴门亡。

当对方用右脚踢我腹以上部位时，我疾沉肘、俯身，用双手由上而下抱挟对方小腿，左手在下，右手在上；同时进右步至对方左腿里侧，绊锁其腿，左手上抱，右手下压，坐腰胯，疾向左后转体，对方必然侧倒。这也是目前散打技术中最常用的抱腿摔法之一。（图 8-4）

①　②　③

④　⑤

图 8-4　回身扳枝

此技法为"抱锁"，"抱"是指两手抱挟对方的小腿；"锁"是指锁绊其另一腿。

回身扳枝的口诀最后一句"顺手掌击阴门亡"，指的是在对方侧倒的瞬间，我靠对方大腿里面的一手疾变掌，顺对方大腿猛力砍击其裆部阴门，使对方剧烈疼痛并立即昏厥。此技法应慎重使用，不得轻使。

第二节　膝关节擒拿的基本技法及机理

一、膝关节的结构特征和运动特点

膝关节处于下肢运动链系统的中枢位置，关节面浅而宽，是人体中较大而复杂的一个关节。对整个下肢运动链系统的绊锁，首先要考虑到膝部（膝关节）的运动特点及范围，若仅对其脚施行绊锁，对方仍然有活动和变化的能力及时机。膝关节在半屈（蹲）位约 130°~150°之间进行发力或转移，伸膝力量最大、最灵活，因而在搏击中，对方的膝关节都处于半屈（蹲）状，尤其是其重心支撑腿的膝关节常处于重心力线的中间折部，对此处的击打、擒拿往往直接破坏对方平衡或直接锁定其下肢的运动。所以，本节是下肢运动链擒拿的重点。

（一）膝关节的结构特征

膝关节是人体中较大且最复杂的关节，由三部分组成：股骨的内、外侧髁与半月板上面；胫骨的内、外侧髁与半月板下面；股骨的髌面与髌骨的关节面(图 8-5)。各关节面均覆盖一层关节软骨，关节囊宽阔而松弛，但很坚韧。

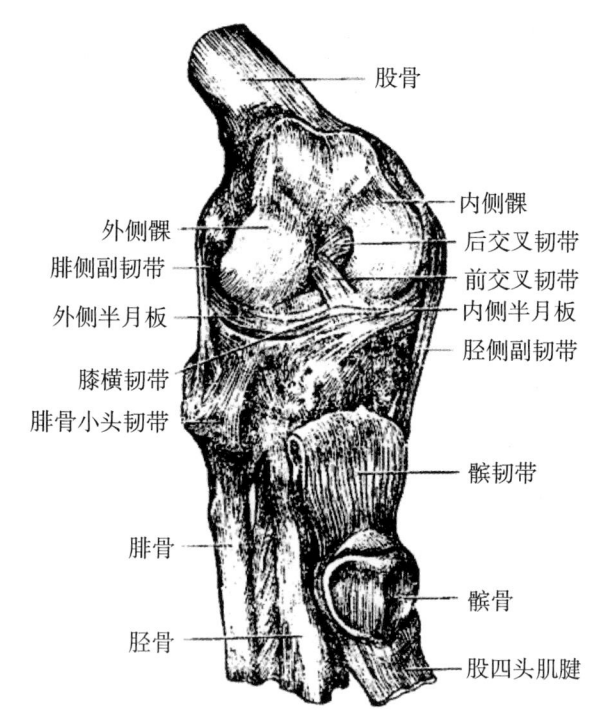

图 8-5　膝关节结构图

1. 膝关节的韧带

（1）交叉韧带：位于关节腔内，共有前后两条，彼此相互交叉，起防止胫骨前后移动的作用。

（2）胫侧副韧带：位于膝关节内侧，有防止膝关节向内侧方移位及旋内的作用。

（3）腓侧副韧带：位于膝关节外侧，有防止膝关节过伸及旋外的作用。

（4）髌韧带：位于膝关节正前面，从前方加固膝关节。

2. 膝关节的主要神经

膝关节前面主要有股神经分支分布；膝关节后腘窝正中有胫神经通过；膝关节外侧下缘腓骨小头处有腓总神经通过。

（二）膝关节的运动特点

膝关节属椭圆滑车关节，可沿两个运动轴进行运动。

沿额状轴膝关节可做屈伸运动，运动范围约130°，伸膝时受膝交叉韧带和副韧带的限制，因而不能背伸。

沿垂直轴小腿可做旋内与旋外运动，屈膝时其运动范围最大，可达50°，其中旋内约10°，旋外为40°。膝关节的屈伸运动伴随着有小腿的旋转运动，屈膝时小腿旋内，伸膝时小腿旋外。

膝关节运动时，髌骨也随着运动。深屈膝时髌骨下移，伸膝时髌骨上移，旋转运动时髌骨位置不动。

膝关节的半月板也随关节的运动而移动，屈膝时两个半月板均后移；伸膝时则前移；当膝关节半屈、小腿外展旋外或内收旋内时，两侧半月板做一前一后地移动。

二、膝关节擒拿的要害部位及机理

（一）踢击膝关节正面髌骨下沿

在格斗中借势猛力踢击对方膝关节髌骨下沿，会给对方造成剧烈疼痛，使膝关节酸软，为我擒敌造成有利时机。尤其是利用对方移动时，猛力踢击对方重心支撑腿的髌骨下沿，因移动瞬间对方支撑腿膝关节必处于半蹲位，关节的稳定作用完全靠股四头肌和髌骨来维持，此时突然击打髌骨，使膝关节产生撞击、错动，并使处于髌骨下沿的脂肪垫受损、肿胀出血，造成剧烈疼痛，导致对方膝关节酸软、腿使不上劲而坐倒。

（二）挫踢膝关节外侧

挫踢膝关节外侧，一方面会使处于屈状的膝关节突然产生内收旋内，使内侧副韧带拉伤撕裂，膝关节产生错动，半月板在股骨髁和胫骨平台之间，产生剧烈的研磨，导致半月板和滑膜损伤，造成膝关节剧烈疼痛和酸软；另一方面在膝关节外侧沿腓骨小头处有腓总神经通过，猛力踢击此处时，除造成剧烈疼痛外，还可损伤腓总神经，使小腿前外侧肌群麻痹，严重损伤时可造成足跖屈、内翻成马蹄内翻足，导致终身残疾。

（三）挫踢膝关节内侧

挫踢膝关节内侧，使膝关节突然产生外展旋外运动，导致外侧副韧带、半月板损伤或撕裂及髌骨软骨的损伤，造成剧烈疼痛，对方腿用不上力，形成膝关节运动障碍。尤其是向对方膝关节斜后下方猛力挫踢时，对方膝关节产生外展旋外，而脚又因受到向下分力的压力，无法离开地面移动时，引起大腿的外展旋外和效应性运动。这样就使开放式运动链变为闭锁式运动链，同时引起踝关节和髋关节的效应性锁定，使对方的下肢运动链全部被锁定。此时，对方膝关节受到来自斜上方的旋冲压力，身体必然后倒，同时踝、膝、髋关节都受到

不同程度的损伤。

三、膝关节擒拿的基本形态、机理及典型技法

(一) 膝关节后屈

1. 锁定机理

当对方膝关节后部腘窝处突然受到向斜下方的压力时，对方的脚无法离开地面移动，必向前跪倒，再配合其他手法实施擒拿。

2. 典型技法

擒拿典型技法有"两虎相争"。

● 两虎相争

传统武术擒拿口诀：

> 两虎相争走自如，丁手滑臂取颈首。
>
> 撕手蹬踩膝后窝，两劲一分跪天哭。

当对方伸右手或以右拳击我时，我进左步，左侧闪，用左手推格其右臂；同时，我右手顺自己左手上，沿对方右臂上缘疾前伸，抓握其肩、衣领或头发并向后撕拉，用右脚向对方斜前下方猛力蹬踩其膝关节后面腘窝处。我两劲合力相挣，对方必后仰、下跪，被我擒拿。 (图 8-6)

①

②

③

④

图 8-6　两虎相争

此技法为"挣踩"，"挣"就是手与脚同时向前下、后下两个方向用力相挣；"踩"就是蹬踩对方膝关节后面腘窝处，使对方屈膝下跪。

（二）膝关节外展外旋

1. 锁定机理

因膝关节只能做屈伸运动，且又处于下肢运动链的中枢环节，当膝部外展旋外时，依据运动链的效应性运动，必然会引起小腿骨与髋关节的外展旋外；而髋关节的运动幅度只有 25°~35°，小腿骨只有 40°，当脚被锁定时，下肢运动链即由开放式运动链变为闭锁式运动链，通过膝关节的外展使髋关节外展旋外而被锁定，对方必然侧倒，并造成膝关节半月板、外侧副韧带及髋关节的损伤，严重时可导致股骨颈骨折。

2. 典型技法

擒拿典型技法有"古树盘根""小鬼推磨""盘腿舔膝"。

● 古树盘根

传统武术擒拿口诀：

古树盘根盘腿坐，锁腿坐胯盘膝行。

一转一旋又一坐，任你拳快必倒身。

　　当对方用右拳击我时，我用左手格架，身体下闪；疾进右步至对方右脚外侧，坐腰胯，使对方右腿在我右大、小腿之间，疾向左转体。我小腿在对方小腿外侧绊锁，右胯在对方腿膝内侧部，两劲相挟，向对方右侧旋、挤、压其膝关节，使其膝部外展旋外。对方必侧后倒，被我擒拿。（图8-7）

图 8-7　古树盘根

　　此技法为"坐盘"，"坐"是指坐腰胯，使对方小腿在我大、小腿之间被锁住；"盘"是指盘旋顶压对方膝关节，使其膝关节外展旋外。

● 小鬼推磨

传统武术擒拿口诀：

　　　　　　　蛟龙入海抱锁腿，弓身折肘挫膝行。

　　　　　　　旋压拧转欲开裆，滑肘又吃肾根行。

当对方用拳击我时，我疾下闪，进右步，左手自对方右小腿外侧抱紧其腿，右臂屈肘，用右前臂猛击对方膝关节内侧，同时用力向对方膝外下侧挫压，使其膝关节外展旋外。对方必后侧倒，从而形成擒拿。（图 8-8）

①　　　　②　　　　③

④　　　　⑤

图 8-8　小鬼推磨

当对方用右脚蹬踢我时，我疾右侧闪，进右步向下潜入，用左手抄抱对方右小腿，右臂屈肘用前臂向对方外下侧挫压其膝关节，亦使其膝关节外展旋外，同样形成擒拿。

此技法为"抱旋"，"抱"是指我抱挟对方的腿；"旋"是指我用前臂或肘部挫压对方的膝关节，使其膝关节外展外旋。

● 盘腿舔膝

传统武术擒拿口诀：

盘腿如蛇绕枝行，勾锁跟梢又旋膝。

坐腰跪腿疾沉身，暗送无常加肘击。

在搏击或双方纠缠时，我可暗将左脚置于对方右脚外侧，屈膝，使我膝在对方右膝关节内侧，左脚略勾，锁住其外踝关节；同时疾用我左膝顶住对方右膝关节内侧，用力向其膝外侧旋顶，使其膝关节外展旋外。对方必后倒，形成擒拿。此法也可用我右腿锁缠对方左膝。（图8-9）

①　　　　　　　　　　②　　　　　　　　　　③

图8-9　盘腿舔膝

此技法为"锁缠"，"锁"是指用我之脚锁住对方踝关节外侧和脚跟跟腱处；"缠"是指缠顶对方小腿胫骨内侧和膝关节内侧，使膝关节外展旋外。

盘腿舔膝口诀最后一句"暗送无常加肘击"指的是，当我锁缠对方腿，使其膝关节外展旋外时，如觉力量不够，可配合跪腿沉身之势，疾屈右肘，用右肘猛力向下击顶对方大腿内侧或裆部耻骨联合处。

（三）膝关节内收旋内

1. 锁定机理

因膝关节只能做屈伸运动，当膝关节内收旋内时，实质上是小腿骨与髋关节的内收旋内运动，而髋关节的旋内运动只有10°~15°，当对方小腿被锁定时，下肢运动链由开放式变为闭锁式，依据效应性运动及效应性锁定原理，其髋关节必被锁定，力量集中于膝关节外侧窝部，必使对方屈膝前侧跪倒地。当膝关节处于半蹲位时突然进行内收旋内的扭转，使位于两侧一前一后的半月板来不及滑移，造成半月板撕裂性损伤及侧副韧带损伤。在对方前跪倒地时，被我击压之膝前部

猛力撞击地面，可造成髌骨损伤。

2. 典型技法

擒拿典型技法有"高祖斫蛇"。

● 高祖斫蛇

传统武术擒拿口诀：

> 高祖斫蛇潜身行，肘斫七寸手锁根。
>
> 拉抱挫臂旋膝窝，跪腿前扑又锁身。

当对方用右拳击我时，我疾进左步，左侧下闪潜入；左手自对方小腿外侧抱扣其小腿下端，身微左转，屈右肘，再向右转体，用肘尖或前臂猛击对方右膝关节腘窝外侧缘，使其膝关节内收旋内。此时，我疾顺势屈右腿，左手向上抱拉对方小腿，右前臂随猛击之势，向对方左下挫压其右膝关节窝处。对方必屈膝前跪，形成擒拿。（图8-10）

①   ②   ③

④ 反面   ⑤ 正面

图 8-10 高祖斫蛇

此技法为"抱斫"，"抱"是指我锁抱对方小腿下端；"斫"是指用肘斫击对方膝关节外侧腘窝缘，使对方膝关节内收旋内，并屈膝前跪倒地。

（四）膝关节前伸

1. 锁定机理

当对方脚部被锁定时，处于屈状的膝关节，突然受到来自正前方的猛力顶击而被迫前伸，当膝关节伸至大小腿平直状时无继续背伸的能力，必然使髋关节处受到前冲向后的压力，而腿又无法移动，造成对方身体重心后移，超出身体支撑投影面，失去平衡而后倒。

2. 典型技法

擒拿典型技法有"黑狗钻裆"。

● 黑狗钻裆

传统武术擒拿口诀：

> 黑狗钻裆势要猛，潜身抱挟锁其根。
>
> 双肩一冲上下折，骑马又看锁喉行。

当对方出拳击我时，我疾下闪，进一大步，两手下插抢抱对方双腿小腿处，抱紧用力上抬，同时身体前扑，用双肩冲顶对方膝关节或大腿处。对方双腿被我抱锁上抬，膝关节和大腿部受到我双肩的冲顶之力，必然后倒；我疾顺势扑骑在对方身上，采用扼喉、旋颈等技术，实施擒拿。（图8-11）

①

②

③

④

图 8-11　黑狗钻裆

此技法为"抱顶"，"抱"是指我下潜双手抱锁对方双腿；"顶"是指用我双肩借前扑之势，冲顶对方膝或大腿部，使对方后倒。

第三节　小腿、踝、足趾关节擒拿的基本技法及机理

一、胫骨与腓骨的连结及运动特点

小腿骨（胫骨、腓骨）的连结，可分为胫腓关节、小腿骨间膜及胫腓韧带联合。

胫腓关节由腓骨小头关节面与胫骨的腓侧关节面构成，两关节面不一致，表面均覆盖一层软骨，关节囊前厚后薄，有腓骨小头韧带加强。

胫腓韧带联合由胫骨的腓骨切迹与腓骨下端的内侧面构成，借助韧带紧密相连。

小腿骨间膜为一坚韧的纤维膜，连结在胫腓两骨的骨间嵴之间。它除了连结两骨之外，还有传递重力的作用。当重力到达胫骨时，一部分可借骨间膜传至腓骨。小腿胫腓骨连结只能做轻微的运动，当足背屈时，腓骨可出现轻微的旋外运动。（图 8-12）

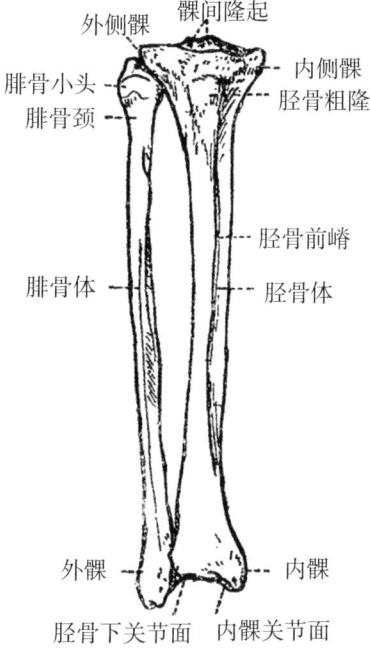

图 8-12　胫腓骨结构图

二、足部的连结及运动特点

足骨很多（有跗骨 7 块、距骨 5 块、趾骨 14 块），各骨之间连成关节，包括距骨小腿关节、跗骨间关节、距跗关节、跗跖间关节、跗跖关节、跖趾关节和趾关节七种（图 8-13）。我们只重点掌握主要的与擒拿技术相关的距骨小腿关节(踝关节)，其他从略。

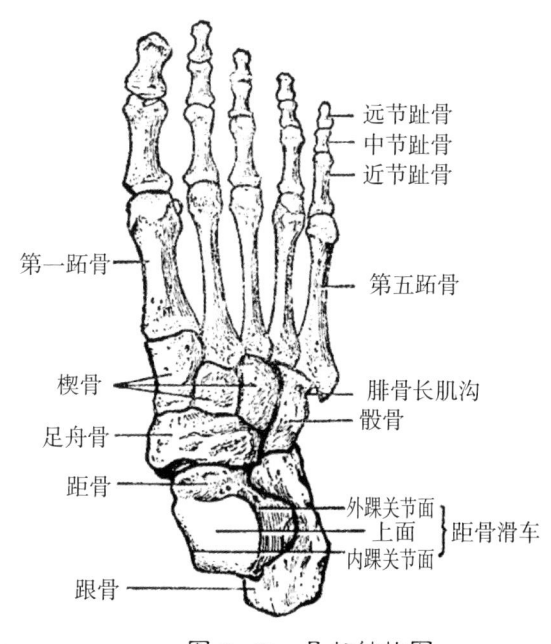

图 8-13　足部结构图

（一）踝关节的结构

踝关节（距骨小腿关节）是由胫骨下关节面、内髁关节面、腓骨的外踝关节面与距骨上方的滑车关节面连结构成的。关节面均覆盖一层透明软骨，关节囊前后较薄而且松弛，借助许多韧带加固。（图 8-14）

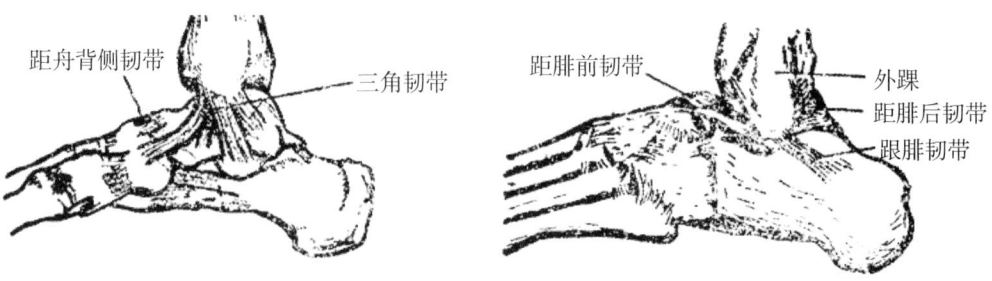

图 8-14　踝关节的韧带

1. 主要的韧带

三角韧带：位于关节内侧，有限制足过分背屈和外翻的作用。

距腓前韧带：位于关节外侧，有限制足屈和内翻的作用。

距腓后韧带：起自外踝后缘，水平向后内方，止于距骨后突，有防止小腿骨向前滑脱的作用。

跟腓韧带：起自外踝尖的前方，向后下方，止于跟骨外侧中的小结节，有防止足内翻的作用。

2. 主要神经和血管

在足背正中，沿第二趾骨有腓深神经与足背动脉伴行，分为内、外两侧终支。

在内踝关节后端，有胫神经与胫后动脉伴行，进入足底分支为内、外侧神经。

在内踝关节前方，有隐神经下行至足内侧。

在外踝关节前方，有腓浅神经前行至足背。

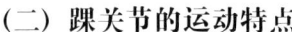

（二）踝关节的运动特点

踝关节是屈戍关节，只有一个运动轴，足在踝关节处只可做屈伸运动。足向下为屈，或称跖屈；足向上为伸，或称背屈。

足背屈（伸）的运动范围为 26°；足跖屈（屈）的运动范围为 41°~43°；当足跖屈时，踝关节还可做轻度的旋转、内收、外展及侧方运动。

三、小腿、足部擒拿的要害部位及机理

（一）踢击小腿胫骨

由于小腿胫骨前脊外露，无肌肉遮盖，踢击此处时力量直接作用于胫骨，因而能直接刺激、损伤胫骨骨膜，引起异常剧烈疼痛，减弱对方的运动能力，严重时可使胫骨隐裂或骨折，致使对方的小腿失去活动和支撑能力。

（二）踢击踝关节内踝

猛力踢击内踝，一方面因内踝前后处有胫神经和隐神经通过，踢击此处可造成剧烈疼痛；另一方面往往会引起足内翻，使外侧副韧带损伤，轻者距腓前韧带也损伤，重者跟腓韧带相继损伤，使对方踝关节活动受限、行走困难或跛行。

（三）踢击踝关节外踝

猛力踢击外踝，因外踝处有腓浅神经通过，踢击此处可引起剧烈疼痛，同时亦可引起足外翻，使内踝三角韧带损伤，致使踝关节活动受限。

以上对内、外踝的踢击，尤其是当对方脚向内侧移动刚落地的瞬间踢击其内踝，或当对方脚向外侧移动落地的瞬间踢击其外踝，往往可引起踝关节严重扭伤，发生韧带断裂，或伴有胫腓下联合韧带损伤和撕脱性骨折，以致胫腓下关节分离、距骨向外侧移位，从而使对方完全丧失支撑和运动能力。

在对方运动转移瞬间，猛力踢击其重心支撑脚的内、外踝，除造成不同程度的损伤外，往往直接破坏对方身体平衡使其跌倒。

（四）挫切踝关节后部跟腱处

跟腱由腓肠肌和比目鱼肌的腱膜组成，止于跟骨结节，是屈小腿并使足屈与内翻的主要肌肉和动力来源。用我脚背内缘或大腿趾趾根部，猛力挫切对方踝关节后部跟腱，可引起剧烈疼痛，同时可使对方屈小腿的功能减弱，造成跟腱纤维与腱周组织的牵拉损伤或部分撕裂，致使对方无力移动、无法发力踏跳或跛行。

（五）踏踩脚趾

在搏击中我可用前进之腿的脚跟，向下猛力踩踏对方前伸腿之脚趾，必使对方剧烈疼痛，并影响其移动能力，如踩踏住了则使对方无法后退变化，为我方创造擒拿的有利时机。俗称"落地千斤"武术套路中的震脚，就是练习此法。

四、踝关节擒拿的锁定机理及典型技法

1. 锁定机理

踝关节处于整个下肢运动链子系统的末端，也是整个人体运动链系统的着地重心支撑点，因而踝关节的擒拿是伴随着其他部位的擒拿技法，对踝关节实施踢、绊、锁、绷、弹、挑等技法，以阻止对方移动变化，破坏其身体重心支撑点，使对方身体失去平衡而跌倒，或因失去支撑力而丧失抵抗力量。

2. 典型技法

直接施用于踝关节的技术只有一种叫"五龙绞绳"，俗称为"拧脚旋身"，其技法为"拧旋"。

● 五龙绞绳

当对方用脚踢我时，我疾收腰屈肘，用肘或前臂格挡其腿，并借势抢搂对方

的小腿。此时，我疾退步，两手顺对方小腿，向后抓拿其足，一手在其足根部，一手在其足趾部，两手合力一正一反，向内或向外拧旋对方的脚。因踝关节和膝关节均无内外旋转的运动功能，所以依据运动链系统的效应性运动，拧旋动作必引起髋关节的旋内或旋外，而髋关节的内、外旋运动范围都很小，旋内只有 10°~15°，旋外也只有 25°~35°，因此，拧旋对方脚必然锁定其髋关节，使对方左、右翻跌。若对方不能随势而左、右翻倒，则力量将全部集中于踝关节和髋关节，必然引起踝、髋关节严重损伤。（图 8-15）

①

②

③

④

图 8-15　五龙绞绳

第九章　实用擒拿技术应用法则

技为体，法为用。也就是说，法是用法，指的是：其一，将各个基本技术相互组合变化、相互转换的方法；其二，各种手法、劲力相互组合转换的方法；其三，擒拿部位（关节）的转换方法；其四，各种攻防格斗技术有机组合的方法。更重要的是在实际攻防格斗中，依据对方的情况与变化，使用擒拿技术的方法。如若技、法脱节，只讲单个技术，不讲究在实战中如何运用的方法，这样的技术是一厢情愿的技术，在实战中是无法应用的，可见法的重要。

实战中对抗的双方都在不断地运动着，在不断地对抗变化着，在这样激烈的对抗中如何实际运用擒拿技术，不是无规律可循，而是有它一定的规律和法则的。无数武林前辈在近千年的实践中，总结出了一套行之有效的技法，它是实施擒拿技术的核心，是根本大法。

本书译解了擒拿秘籍《九重天》中有关技法的"三才——行功诀""阴阳诀——乾坤八字法""四象——用手诀""五行诀"和"八卦诀"。"三才——行功诀"讲述了实用擒拿技术应用的总法则；"阴阳诀——乾隆八字法"从阴和阳（格斗中在被动防守时的擒拿和主动进攻中的擒拿）两方面系统地论述了实施擒拿技术的要素（要点）和基本法则；"四象——用手诀"全面讲述了擒拿技法在实战中转换变化的根本法则，是擒拿应用的根本大法；"五行诀"讲的是劲力运用总的原则，它以五行（金、火、水、木、土）的特性来寓示五种劲力运用（整、透、圆、活、灵）的原则，是实施擒拿技术劲力的本源；"八卦诀"是擒拿术中非常重要的一个口诀，它全面讲述了擒拿术中的基本功法、基本手法、练功方法与步骤，是基础的基础。研习者必须细心揣摩，在实践中不断体会理解，才能真正掌握中国武术擒拿技术。

俗语讲"传技，不传法"，就是说可以教你一些具体技术，但不教"法"。中国传统武术视"法"为秘宝，内家擒拿秘籍《九重天》向不外传，本门中也只传一二人，可见它的重要。现将法部有关口诀详解出来，望读者珍视，研有所得，习有所用，使中华武术后有传人、发扬光大，也望有志者共同探研。

第一节　擒拿秘籍《九重天·三才——行功诀》译注

一、《三才——行功诀》原文

化意电如惊擒拿环行克
机分诱出闪连八相环擒
意应其引敌卦生无巧先
辨审势力转相瑞字术法
齐吾势顺随欲灸巧更二
填到法而吾当劲巧留刁
别肩身手行巧一三拿梢
别绊补相脚打要锁行脉
缠紧上胯随手扣抓消筋
行旋相锁锁固经其错衰
吾你拧连下拿力骨刚随
吾叫不趁裹分鬼柔势在
死机来来腰神相取惊走
知不关入时济力弹螺旋

此诀的破译法为老师口传心诀中的"五六斜走亦成角"一句，它指的是从第五行（按古文书写格式自左起）第一个字开始向左斜读成角，将前五竖行读完后，再从第六行第一个字读起，向右亦斜读成角，直至读完。

二、《三才——行功诀》译文

擒拿连环八卦行，相生相克环无瑞。

欲擒巧字必当先，术巧劲巧法更巧。

一打二留三要手，刁拿锁扣固梢行。

抓经拿脉消其力，分筋错骨鬼神衰。

刚柔相济随势取，力在惊弹走螺旋。

惊如闪电出敌意，诱引转化分其力。

随机应势顺吾意，审势而行辨吾法。

手脚齐到身相随，填肩补胯锁别绊。

上锁下别紧相连，裹缠旋拧趁腰行。

你不来时吾叫来，入吾机关死不知。

三、《三才——行功诀》注解

《三才——行功诀》是擒拿技术中很重要的一个口诀，它讲述了擒拿技术中技法应用的基本原则，是无数先辈在不断实践中总结提炼出来的根本大法之一。它和《阴阳诀——乾坤八字诀》《四象——用手诀》结合起来，就是擒拿技术应用的根本大法，是学习训练及实际应用必须遵循的法则。习练者必须认真研习，深刻领会其要旨，才能真正领会、掌握与应用擒拿技术。

1. 擒拿连环八卦行，相生相克环无瑞

这句讲的是擒拿技术如易经八卦一样，每一个技术都不是独立的，是成龙配套的，每一个技法的组成均考虑到对方反抗的最多可能性，在每个可能反抗的方向上（四正四隅）、环节上（根、中、梢）和整体性上（左右、上下肢）均有相辅相成的相应技法，如卦象一样，可以相互组合、相互演变、相互克制。并非只一手一法，而是要依据对方"势"和"力"的变化组合变化，也就是应势而变、应劲而变、相生相克以至无穷。无论劲、技、法都遵循一个圆字，犹如一个圆环（太极——多维空间，全方位的阴阳转化相变）而无头无尾、无穷无尽。所谓

"圆"，一是指在擒拿中周身无处不圆，"背圆则力达两肱，臂圆则力催肘前，虎口圆则力达指尖"；二是指劲力要混元，也就是每一动作劲力不能只有单一方向性，而是要撑七留三，要有四面八方的混元劲，这样才能蓄意变化、周流圆活；三是指每一动作都是做圆弧的运动，两手相应互为阴阳，其运转在气、变化在骨、提领在神。先是自己的气机与肢体的自转，产生了一种螺旋旋转的劲力，也就是我们讲的混元劲，出手似直出直入，然手臂、掌腕随势旋拧产生的劲力，向任何方向一触即产生螺旋滚动的劲力来。力走螺旋，劲力以圆活为主，使圆不使单，两手互为阴阳，虚实相变，周流圆活，绝不微滞，也就是两手形如环，在擒拿中缠裹拧旋，圆整灵活。在两手的配合上，在支点和力点之间的力量要有横竖螺旋的混元劲相配合，此力如环而无端，只有这样缠裹住了再以脆劲抖发之，方能收到分筋错骨最大的效益。只有圆活混元之力和圆活混元之身臂，方能趋避得机，审时度势，捷于变化，运用自如。

综上所述，在技法的使用上，绝不能死拿硬要（单一技法）。在练习中除要熟练地掌握每一个具体技术外，更要掌握相关技术的相互联系与转换。它既包含技法的转换（例如，我擒拿对方腕时，遇到对方应势的反抗，我可疾变更手法擒拿其肘、指或肩等；或当遇到对方实施反擒拿时，我可采用相应的解脱技法，同时针对其势实施反擒拿），又包含着力的转换（力的方向、刚柔等）。例如，我向右用力擒拿对方手腕时，对方必用相反对抗的力（向左）进行反抗，这时我绝不可与对方相顶抗，而应顺势顺力，顺对方的用力方向采用向左的腕部擒拿技法，借其力而制其身，这才是实施擒拿技术的要旨，也就是擒拿技法的一阴一阳、四正四隅的连环技法。因而在研习擒拿技术时，在每个擒拿部位必须掌握在各个运动方向上的擒拿基本状态，掌握它的相应擒拿技术，从而形成连环擒拿技术。而且，还要进一步掌握擒拿点（相邻关节）的转换技法，这既包括手法（阴阳）的变化转换，又包括用力方向（四正四偶）的转换技法。从运动力学的观点来看，也就是力点、支点和用力方向的变化与转换，从而形成擒拿的连环技法。

2. 擒拿巧字必当先，术巧劲巧法更巧

擒拿技术亦非蛮打胡要，而是集踢、打、摔、拿之大成，是中国武术最上乘的技法。巧是擒拿技术的灵魂，其巧在三巧：技术巧、劲力巧、技法巧。

技术巧，是建立在对人体解剖结构和人体运动特点规律的深刻认识上，巧妙地利用人体的薄弱环节、人体骨结构（尤其是关节）的弱点和人体肢体运动的特点。

劲力巧，是建立在正确合理、经济地使用力量，充分利用各种力学省力原理和借用对方之力的原则。

技法巧就是讲究擒拿技法与手法劲力的组合变化，一方面利用人体运动链的结构和运动特征、相邻关节的效应性运动和锁定效应规律，达到擒拿一点而控制对方全身或造成对方自锁自、自捆自的目的；另一方面，要求不死拿硬要，每一技法的组成均考虑到对方反抗的最多可能性，在各个可能反抗的方向上、形势上、环节上均有相辅相成的相应技法，组合成对擒拿的每一环节、每一关节的一整套完整系统的连环擒拿技术。可随其力、随其势的变化而变化，随意组合，以适应复杂多变的格斗对抗态势，达到克敌制胜、擒拿捆锁的目的。

总的来讲，巧是灵魂，巧是力巧、技巧、法巧，这三巧俱在于阴阳变化，"技之大要，重在阴阳，尤在于圆"讲的就是这个道理。它们都离不开阴阳的互易变化和阴阳的相互分合，故阴阳乃术中之妙、术中之诀，而阴阳的变化之妙，犹如太极俱在于一个"圆"字。圆为术中之母，变为圆中出，没有圆就没有阴阳的变化，所以说："巧从圆中生，妙从阴阳得。"

3. 一打二留三要手，刁拿锁扣固梢行

"一打二留三要手，刁拿锁扣固梢行"讲的是实施擒拿技术的基础，也就是实施擒拿技术的先手条件和方法。

一打是指"以打为先，迫其应手，阴阳相变，劲力绵沉，螺旋粘黏"。也就是说在施用擒拿技术时，不可能上手就擒拿，对方在不断移动反击，因而必须打为先手，引动对方按我的意图防架移动。其动则隙，隙则顺机而擒。在肢体的接触过程中劲力要绵沉，螺旋粘黏，不要一触即离，这样才能给施用擒拿技术创造一定的先决条件。

二留是指"接打，打接同时，两手相挣，刁勾缠锁，必留其一，以迫其应"。也就是说在对方进攻时，要防打同时进行，并利用刁、勾、缠、锁等手法滞留其一臂，使对方想进不得手、想退又不能。同时两手相挣，即用双手来对付其一臂，为擒拿创造先决条件。

　　三要是指"留一要一，要者打也，谓：你不来时我叫来，入吾机关死不知"。也就是说在主动进攻或防守反击中要有目的地采用技法，使对方于不知不觉中按照我的意图进行动作运动，即是主动要手，为实施擒拿技术创造最有利的态势。

　　"打、留、要互为，迫其应手，得势即进，未留变打，如法轮之常转，疾不停手"。这句口诀讲的是打、留和要必须相互穿插进行，这样才能迫使对方按照我的意图进行运动。得机得势就使用擒拿技法，不得机、不得势就打，身手不能有任何停滞，更不能死拿硬要。

　　"刁拿锁扣固梢行"指的是在搏击格斗中要想施用擒拿技术的先行环节。"打留要"的实质就是在进攻、防守反击中，采用刁、拿、锁、扣等技法，首先要控制、固锁其梢节（上肢——手梢、肘中、肩根，下肢——足梢、膝中、臀根，身躯——头梢、腰中、腿根）。也就是首先要使对方开放式运动链变为闭锁式运动链，才能实施抓经拿脉、反挫关节的擒拿技术，这是实施擒拿技术的先决条件。在对方无防备情况下的主动擒拿也是如此。

4. 抓经拿脉消其力，分筋错骨鬼神哀

　　抓经拿脉、分筋错骨是擒拿技术的根本技法，一切擒拿技术的手法都是以此为根本原则的。它是技术的核心。

　　"抓经拿脉（经——十二经络，脉——奇经八脉）消其力"。擒拿的对象是人，而人在生理结构上有不少薄弱环节（如咽喉、阴部、心口等）。关节是骨骼连结及运动的枢纽，关节周围又有很多经脉、穴位和神经（即运动神经、感觉神经、人体重要脏腑的薄弱环节点等），这些都是难以承受打击和掐拿的部位及环节，一经击打、掐拿，必使对方酸痛难忍，削弱或使对方丧失抵抗力量，此为擒拿术中的拿法。也就是说在实施擒拿技术中，不要乱抓乱拿，而要依据擒拿部位的生理结构特点，有目的地采用有效手法抓拿对方要害部位。

　　"分筋错骨鬼神哀"。关节是人体骨骼连结和运动的枢纽，而依据其生理结构特点，其运动形式、角度和范围又有一定的限度，因而对关节反其道而行之，或使关节超过运动极限，轻者造成剧烈难忍的疼痛，使对方失去反抗能力，重者伤筋断骨，造成对方伤残或死亡。擒拿技术中的卸骨之法及断颈之术，就是在分筋错骨基础上的杀伤人之法。

那么什么是反挫关节呢？擒拿口诀中讲得好，"何为反，偏转三四分，旋拧扳折亦同行"。就是说反关节并非是向关节运动的正反方向用力，而是向其反关节方向侧方三四分（30°~40°）方向用力。因人体在长期的进化过程中，在关节的反方向上，都有各种特殊生理结构和强大肌力保护，而在其侧方向30°左右上却很薄弱。正如我们在折卸其他动物的骨关节时，向其反关节侧方向上下进行旋拧扳折非常省力一样。这样的反挫关节才能达到事半功倍的效果。

"旋拧扳折亦同行"讲的是在反挫关节时，必须旋拧和扳折同时进行，缺一不可。要边旋边扳，边拧边折，也就是分筋错骨，必须最少在两个运动轴上同时进行。这样就同时考虑到了相邻关节的效应性运动和锁定效应规律，通过对某一关节的擒拿，锁定其整个运动链系统，方能正确地实施擒拿。

"抓经拿脉，分筋错骨"，是擒拿中的两大技法（拿与擒），它们是相辅相成、不可缺一的两种根本技法，所以合之称其为擒拿。

5. 刚柔相济随势取，力在惊弹走螺旋

擒拿技术中的劲力首先要刚柔相济、阴阳互变，要随其势而取，决不能主观臆断。要巧妙地使用力量，用巧劲不用拙力，这是建立在运动力学和对抗心理学的基础之上的。

（1）所谓用巧劲不用拙力，就是首先要顺其势、顺其劲，要顺势变化，阴翻阳转，不顶不抗。充分利用力学原理（合力与分力等）的作用，横能破竖，竖能破横，顺则力合，更重要的是阴阳圆转的动作（阴：自身肢体的拧旋动作；阳：自身肢体的圆弧运动动作），分化转变对方的劲力方向，达到"四两拨千斤"之功效。

（2）力走螺旋，就是旋拧的混元劲。擒拿中的分筋错骨，离不开使对方肢体、关节旋拧受力，因而在实施擒拿技术的出手动作中，必须随时保持螺旋力量。这种螺旋的潜在力量和下意识动作，要成为动作中的习惯力量和习惯动作，所以出手虽似直出直入，但是只要接触对方的某一部分，便显出其是由螺旋力在上下左右旋拧进退，使对方肢体、关节发生旋拧，这是擒拿中的基本力量。

（3）力在惊弹，首先是要明虚实，刚柔相济，欲左先右，循环相生，也就是不要死拿一点，劲力变化上要充分利用对抗心理学原则，诱使对方为我所

用，并在擒拿中注意针对相邻关节擒拿技术的相互转换。"刁拿锁扣，掐插挑顶，拧压缠旋，别扛折扳，剔盘挫撅，挣研抱挟"二十四法相互组合，相互转换。刚柔相济，在擒拿技术中劲力的使用上，就是缠裹黏沉劲和冷脆劲相结合的刚柔相济的连环劲。拿而不缠裹必遭拙打，只有拿住又缠裹住了，还必须用十分坚刚的冷疾脆劲抖发之，这种连拿带打、沉黏冷脆的方法方能奏效。

（4）在擒拿中必对对方肢体、关节施加一定方向的力，而对方也必然要加以反抗，这就要求我们十分注意力的三个要素，即力的方向、力的作用点和力的大小。我们要想顺利地消除对方的反抗之力并能将其力反施于其身，除了抓经拿脉、击打要害部位外，要特别注意利用力学中的省力原理，把握住支点、力点、力臂、力偶等的相应关系，并充分利用杠杆、转动、剪切等原理，以达到克敌制胜的目的。

6. 惊如闪电出敌意，诱引转化分其力

拿要突然，出敌意外，疾快敏捷，就是擒拿口诀总则中所述："惊如闪电出敌意，诱引转化分其力。"也就是在施用擒拿技术时，先要采用各种技法手法，设法引开对方对所要擒拿肢体部位的注意力，决不在对方精神集中有准备的情况下死拿硬要。一旦得机得势，动作要疾快迅猛，决不拖泥带水，这样才能出敌意外，顺利地实施擒拿技术。同时在实施中得机得势就拿，不得机就变，踢打拿摔相间，技法阴阳互变、循循相生，才能真正做到出敌意，才能稳操胜券。

例 1：当对方以右拳攻我时，我欲对其右臂实施擒拿，我以左手刁格其右腕，速用右拳猛击其头面部，迫使对方防架移动，转移其对右臂的注意力，此是有目的的假动作。在对方闪躲架格的瞬间，我右手疾配合左手对其臂实施擒拿，这样必出敌意，拿得突然。

例 2：当我对对方右腕实施擒拿时，对方屈臂抬肘欲解脱反击时，我疾速转变为对其肘部的擒拿技法，必出敌意，拿得突然。

例 3：当我对对方的一臂实施擒拿时，对方已有准备或反应迅速，我就疾变翻手为打，迫其另一臂应势封架，此时再疾对其另一臂突施擒拿。如此往复而行，必使对方防不胜防，入我机关。

7. 随机应势顺吾意，审势而行辨吾法

这句口诀重点讲的是，在擒拿中绝不能一厢情愿，凭主观想法，逞一时之能，这样必然失算反被对方所乘。而是要依据对方的动作、变化和对方的情况（身体高矮、力量大小、习惯动作、劲力的虚实等）审势而行，并要随机应势、不顶不抗、屈己从人、随其而行，或欲左先右，诱使对方照我意图运动，即顺吾意。一旦得势，要稳、准、狠且轻巧敏捷地施用相应的擒拿技术。如遇对方反抗、解脱时，在变化中要善于抓机得势，要随机变化，机智灵活，切忌死拿硬要，要根据实际情况（双手的态势、对方的动作变化、力的方向和大小等）使用不同的手法，抓拿不同的部位，并随时变换技法。围绕着擒拿技法，踢、打、摔、拿相辅而变，即是辨吾法，这在擒拿技术中非常重要，是变的机源。

8. 手脚齐到身相随，填肩补胯锁别绊。上锁下别紧相连，裹缠旋拧趁腰行。你不来时吾叫来，入吾机关死不知

在实施擒拿技术中，必须手拿脚绊，上下相随，身手一致，才能充分发挥擒拿技术的效用，在擒拿瞬间使对方完全丧失反抗的能力。当对对方上肢运动链系统实施擒拿时，必须配合对其下肢的绊锁控制，或通过力的传递使其为我所滞，而无法应势变化。腿是人体运动和用力的支撑点（基础），因而对方欲应势变化，往往先从脚步变化开始。在实施擒拿中首先是阻止对方移动变化，以利己变。更重要的是破坏对方两足的力点和支点，迫使其身体失去平衡，便于我充分发挥擒拿技术的效能，上下一齐动作就使对方失去任何反抗的余地，顺利地被我擒拿。

在实施擒拿技术中，上锁下别，下锁上拿，上下相随，更重要的是：在擒拿中使巧劲、使巧法。抓锁住对手一个环节或关节时，就必须连续迅速将其前后相邻关节裹抱、缠压、缠锁住，并使用沉长的黏沉劲将其裹紧、缠死。使对方欲化化不了、欲解解不脱、拙力用不上，此时疾以刚猛之劲施之，方可造成擒拿。从运动生物力学的角度上来讲，就是在擒拿对方某一关节时，必须通过技法将其相邻的关节锁定住，也就是要控制其整个运动链子系统，乃至人体整个运动链系统，才能造成擒拿。

"手脚齐到身相随，填肩补胯锁绊别。上下锁别紧相连，裹缠旋拧趁腰行。"是指我方只有"手脚齐到身相随"时才能发出整劲而捷于变化，在裹缠旋拧中劲要从腰间（丹田）出。擒拿口诀又说："蓄劲如压簧，发劲如拔销，消息只在足后跟。"就是说力从脚下起，劲从丹田生，周身一整劲，全在趁腰行。

最后一句又反复强调了应有意识地要手，要手应活，切忌死拿硬要。要者打也，其意在以打引手，重在要手，打要互为阴阳、审势而取，所谓："你不来时吾叫来，入吾机关死不知。"

第二节　擒拿秘籍《九重天·阴阳诀——乾坤八字法》译注

一、《阴阳诀——乾坤八字法》原文

顺刚摔先要柔填乾

卸绕妄进势月字八

中吃后锁相锁刚一

滚先退常股法迫七

旋阴三粘捆法二刚

者腾送弹认勤八坤

坤二意翻先三抱四

避八走使化顺套八

一抱六手手紧五天

七挫戒为使勾八势

柔五柔拿连六阳打

缠占捌无弦要手摔

四地化中身在留中

德闪死惊真变变环

此诀的破译法为老师口传心诀中的"乾坤见四两分张，奇偶差八七为数"一句。它指的是乾为天为首，坤为地为尾。"见四两分张"是先将本文前四行和后四行分开，为乾八字法和坤八字法两诀；同时读每四字为一句，书写时则乾坤倒转，即竖写横读。每诀各八句，每句各七字。乾八字诀（前四行）是由各句首一和八竖行写，依次向右排写；而坤八字诀（后四排）则由各句尾七和十四竖行写起，依次向左排写。亦可看出，两字之间相差八字，乾八字法是由首（乾天为首）开始，坤八字法是由尾（坤地为尾）开始。七字一句，八句为一诀，亦应"奇偶差八七为数"之语。

二、《阴阳诀——乾坤八字法》译文

乾八字法

乾天刚阳法在先，刚中抱柔紧相连。
八势迫手勤变化，三环套月勾股弦。
一打二留三要手，四填五锁六捆身。
七摔八变顺势使，八字八法要认真。

坤八字法

坤地阴柔后手先，柔中抱刚意中黏。
避闪腾挪退为进，缠滚挫绕走惊弹。
一顺二化三拿锁，四旋五吃六摔翻。
七卸八死送无常，德者占先戒妄使。

三、《阴阳诀——乾坤八字法》注解

（一）乾八字法

1. 乾天刚阳法在先，刚中抱柔紧相连

这句口诀讲述了乾八字的性质，它的出手是为刚阳，也就是出手明快，劲力

刚猛。实质是要手，即有目的地要对方出手来格架反击。我外形虽明而刚，但要刚中抱柔，一遇对方手臂接触劲力则柔沉黏粘。在擒拿技术中为"迫手"，按现代语言来讲就是主动擒拿，即攻在前而擒拿紧随其后。

2. 八势迫手勤变化，三环套月勾股弦

八势就是擒拿秘籍《九重天·八卦诀》中的擒拿的八个基本起手式，即："乾三连天乾坤手，巽上断风分龙手，离中虚火刁扣手，坎中满水剪子手，艮覆碗山斩别手，坤六断地带旋手，震仰盂雷缠龙手，兑上缺泽挫切手"。此八手要主动出击，出手是打，迫其应手，一触即拿要疾于变化。

"三环套月"指的是我的三环（臂、肘、手，指、掌、腕）在与对方肢体的接触中，要运用二十四法（刁拿锁扣宜投前，掐插挑顶指力全，拧压缠旋走螺旋，别杠折扳是惊弹，剔盘挫撅两分张，挣斩抱挟力混元）套锁其三环（指、掌、腕，腕、肘、肩，头、腰、足，足、膝、胯），也就是要"锁梢吃中亦固根"。

"勾股弦"指的是三角形。在"三环套月"时要有意识地利用对方运动链系统中关节轴两端一对对偶骨形成的夹角，并利用自己双臂与对方相应关节所处相对位置，造成稳定的三角形力学结构，使对方无法变化，亦锁定其运动链系统相邻关节，使其成为硬棒。这是所有擒拿技术形成的最基本的力学结构和形态，脱离这个基本结构就无法形成擒拿。

3. 乾八字（八法）

一打——以打为主，迫其应手，劲力绵沉，螺旋粘黏。

二留——接既打，打既接，打接同时，两手相争，劲要合，身要顺，刁扣缠锁，必留其一，以迫其应。

三要——留一要一，要者打也，其意在要，要必留之。留要互为阴阳，审势而取，谓："你不来时吾叫来，入吾机关死不知。"

打、留、要互为三才轮回，为擒拿入手之机。以打为主，未留疾要，迫其应手，得势疾使，逢虚则变，如法轮之常转，疾不停手。

四填——填者补空也，进步抢位，迎风摇身，填肩塞胯，盘下吃上，暗取中枢。

五锁——锁者别锁也，三环套月勾股弦（注：三环是我之手臂三节，即上臂、前臂和手；套月是环扣其肢体；勾股弦是指三角形，意指在环扣、别缠对方肢体时要形成稳定的三角形力学结构）引其失中，我则得衡，锁扣七星（腕、肘、肩、髋、膝、踝、腰七处关节），使其不得抽身变势也。

填锁为阴阳互补，填锁如一。以走为母，摆扣钻翻，旋拧扳折，全在腰间。顺劲疾使，得实疾走，遇虚则变，暗送无常。

六捆——捆者捆身也，利用各肢节，使其自缠自、自别自、自锁自也（如：吃腕锁肘捆肩，别肘锁肩捆身）。其劲在腰背，力要走螺旋，旋拧挣裹。力要拧，劲要裹，两手要挣，周身要旋。

七摔——摔者，上锁捆，下填别，气在丹田，拿穴锁干，绷腰弹胯，力走惊弹崩炸。

摔捆为阴阳同行，力在腰胯，快在智勇，因势导利，内藏卸死两门，得实疾翻，逢虚则反，俱在掌步之中。

八变——变者，全在顺势顺劲，因势导力，三八互为（三是肢体的三节和三节劲，八是指的八字法），阴阳相变，重在肩肘，先在腕手，力在腰功，离则变打，疾不停手，往复循环而无始无终。

（二）坤八字法

1. 坤地阴柔后手先，柔中抱刚意中黏

这句口诀指出：坤八字法为阴柔，其柔在前以柔克刚，刚在其后柔中抱刚。此为"趋法"，按现代语言来讲就是被动擒拿法，是对方主动进攻在先我则因势取式在后的擒拿要诀。

2. 避闪腾挪退为进，缠滚挫绕走惊弹

这句口诀指的是对方主动进攻时，我的避闪腾挪必须以退为进，不要和对方脱离接触，否则无法实施擒拿技术。后半句指出双方肢体一接触，就要采用缠、滚、挫、绕等手法，使其欲进不行、欲退不能；刁拿、锁扣动作要迅猛快捷，惊弹崩炸的刚劲要紧随其后。

3. 坤八字（八法）

一顺——顺其来势、来劲，顺其变化，屈己从人，不顶不抗。顺者进也，全在腰腿。

二化——化者圈也。周身无处不圆，如球之自转而飘忽不定，动则无处不是圈，缠滚挫绕，黏随旋迫。分化转变其力，为我所用。劲在腰功。

顺化互为，边顺边化，边化边顺，拧旋走转，避其锋锐，引其失中，遇虚变实，逢空即进，粘连黏随。以柔化刚，而刚紧随其后，以刚运柔，而柔不失其坚。

三拿——顺化之间，圈中有圈，螺旋逼进，粘黏相随而刁拿锁扣，全在掌腕之间。运梢绕柔而成刚，阴阳互为，扣拿并行。拿筋拿脉，取穴锁骨，形如鹰爪捕物，迅疾如环。

四旋——旋者，混元之劲，转环之力也。惊弹螺旋，扳折抗顶，发自丹田，乃一气之起落，如龙卷云，似蛇缠物，重在肩肘。

拿旋互进，避中进隅，锁扣互为，乱其中衡。我宜在腰，收胸吸胯，力在得横。

五吃——吃者手法也（见前二十四法）。暗渡陈仓，锁扣七星，缠滚挫绕，插别挑顶，步在摆扣，手在相合，盘下吃上，引字当先，快在智勇，得实即行，见隙则变。

六翻——翻者，翻转各节，翻旋也。填实塞满，锁固扳折。绷腰弹胯，气在丹田。上下桥横，左拧右转，放收其间。

吃翻同行，上引下填，上锁下别，螺旋崩炸，缠裹抱挟，疾如闪电。得在圈中，看在肩肘，翻在尾闾，丹田气旋，立马旋腰，实翻虚变，俱在一念之中。

七卸——卸者，折骨分筋之法。偏转三四分，旋拧扳折同行。翻不落地，螺旋冷弹为卸。

八死——死者，死手也。拿脉夺穴，三曲为折，扣喉旋颈，落地千斤，不可妄使。

卸死各为恶毒两门，为不得不为之之术。卸者，恶残之手，死者，毒手以干天和也。不轻传，戒妄使，反之人神共愤，不列门墙。此武德之尚也，后世切切。

第三节　擒拿秘籍《九重天·四象——用手诀》译注

一、《四象——用手诀》原文

地周实终化四涵本四道

一定凡遁技则唯相流之

机圆间刚变而三技为而

二根必才化焉柔四活终

为乃法互遁迁而阴阴寓

四阳阳迁不以抱并浔道

一天行虚无变遵相为象

此诀的破译法为心诀中的"阴阳互易头尾连"一句，说的是：上（第一行）为阳，下（第二行）为阴，上下相互倒置，句头和句尾相连。因而阴行应倒置而书，阳不变。如此连续下去，即是横写竖读（按古中文行文习俗）。

二、《四象——用手诀》译文

地周实终化四涵本四道

之流相唯则技循凡定一

机圆间刚变而三技为而

终活四柔焉化才必根二

为乃法互循迁而阴阴寓

道得并抱以不迁阳阳四

一天行虚无变遵相为象

按古中文行文习俗，由右向左竖读并加以标点，应为：道，一而二，寓四象。四定为根，阴阳为本。凡技，必阴阳相涵，循三才而迁，遵四技而化。迁不

变，化则变焉，循以无终。唯，刚柔互抱，虚实相间，四法并行。周流圆活，乃得天地之机，终为道一。

三、《四象——用手诀》注解

《四象——用手诀》是擒拿技法应用的根本大法，它全面讲述了擒拿技法在实战中应激变化和应用转换的根本法则。实用擒拿技术在实施过程中，必然会遭遇到对方各种形式的猛力反抗，若不懂《四象——用手诀》，不知应劲顺势的变化，那必会形成死拿硬要、反被人制的局面。故而本诀是擒拿技术"法"的核心，必须对它悉心参研、融会贯通。我老师曾讲："不管你学会了多少擒拿技术，如果不懂此诀，不会它的通变原则，一切都是空的。必然技无所用，盲用则必害己。"并再三叮嘱"传技不传法，此诀决不可轻易外传"，可见它的重要。

1. 道，一而二，寓四象

（1）道：指的是万物生成、发展、运化的客观规律。在这里指的是擒拿技术实施、变换、迁化的根本大法、规律和法则。

（2）一而二：中国古代哲理从来就讲究万物皆阴阳相变而循循相生，乃至无穷。老子曰："一生二，二生三，以生万物。"就是说任何一个事物都是由阴和阳两个方面所组成，而阴阳的相互迁化消长是事物发生变化的本质。

中国武术擒拿技术也不例外。首先，在攻防格斗中，攻防双方是在不断地疾变、相生相克、阴阳转化、迁化相变，乃至无穷。故而变则通、则活，不变则死，这是一个颠破不灭的定律。其次，中国武术实用擒拿技术在其长期的形成实践中，针对人体的各种运动形势，在其可能的各个对抗方向、对抗方式上，都有一套完整的相应变换技术。实施每一个擒拿技术时，都有其依据对方变化的相应技法。它是一个阴阳转化、相生相克、迁化相变、有机相应的完整的系统。

在学习擒拿技术时，绝不可把它们割裂成一个个互不相关的单个技术，而要把它们作为一个有机相连的整体来认识。要明确地认识到，它们是"一生二，二生三"相生相克、循循相生的，技术、技法的阴阳变化、迁化通变是它的灵魂，不变则死。

（3）寓四象：指的是中国武术擒拿技术中产生、寓藏着四种基本技术。

死手擒拿技术——有把位的擒拿技术，即对方或我抓握身体任何部位时所实施的擒拿技术。它是本手，是学习擒拿技术的入门基本功夫。目前社会上流传、传习的大多是此技术。

活手擒拿技术——没有把位的擒拿技术，即格斗双方都没有抓握对方身体的任何部位，是攻防搏击时肢体接触的擒拿技术。它不需要预先抓握对方的任何部位，就可实施粘黏、滚挫、缠夹，是和踢、打、摔融合在一起的循环综合运用的技术。它也是中国武术擒拿技术的主体，包括徒手格斗、徒手对器械（空手夺白刃）、器械对器械中的擒拿技术。

变手擒拿技术——在实施死手、活手擒拿技术中，遭遇到对方猛烈反抗时，应激相应变化的实用擒拿技术。

反擒拿技术——当对方对我实施擒拿技术时，我方的解脱技术和反擒拿技术。

2. 四定为根，阴阳为本

这句讲述的是学习、实施擒拿技术的"根"和"本"。

（1）四定为根："四定"指的是神、心、意、力四定。

神（精神）定，则无惧无畏，安宁无乱，体态祥和，目光沉稳而含威。

心（心情）定，则心静无恐，气血畅和，形正体松。

意（意念）定，则安宁静寂无欲，专注锐敏，能察微变，以应八方。

力（蓄力）定，则气归丹田，内机勃发，而外松内紧，引以待发。

这句讲的是：无论在练习时还是对敌时，都要首先做到四定，这是"根"。做不到四定，则神不安宁、心慌意乱、周身僵软、手足无措、力僵而疲。如果有一个"定"做不到，则技无以展，被人所制。所以在平时学习、练习中，都必须十分重视"四定"的锻炼和养成。

（2）阴阳为本：这里指的是阴阳的变化应用是一切技术的本。

第一是指阴阳（奇正、正反）的转换，动静的互寓，刚柔的相应，虚实的迁化。这些阴阳的相应变化，是所有技术应用实施的"本"。

第二是指《阴阳诀——乾坤八字法》是本手，是格斗中的起手式。我攻敌在先为阳手；我应敌、攻敌在后为阴手。《阴阳诀——乾坤八字法》所讲述的原则和方法，是整个擒拿技术运用、应势起式本手的原则。

阳——乾八字法，为刚阳，也就是出手明快，劲力刚猛。我攻敌在先，看似是实，本则为虚，实质是要手，即有目的地要对方出手来格架反击。我外形虽明而刚，但要刚中抱柔，一遇对方肢体接触，劲力则柔沉黏粘，使其进不得法、退又不能，则进退主动在我，在擒拿技术中称为"迫法"。"迫手诱敌吾得隙，入吾机关死不知"，这是主动擒拿的要诀。

阴——坤八字法，为阴柔，敌攻在前，我则在封格趋避中，柔在前以柔克刚，刚在其后柔中抱刚。引进落空，后发先至，粘连黏随，缠滚挫盘，为"趋法"。"封格趋避后中先，随劲顺势锁其身"，这是对方主动进攻在先而我随劲、因势取式在后的被动擒拿要诀。

3. 凡技，必阴阳相涵，循三才而迁，遵四技而化

这句讲的是实用擒拿技术实施应用变化的基础，是整个擒拿技法应激变化的核心。

学习擒拿技术时，在掌握基本技术单元（阴阳对应的一对技术）后，演练的双方要由不对抗到对抗，由简单劲力对抗到各种形式的对抗攻击，由对抗攻击到解脱反擒拿。动作应由慢到快，由力小到全力抗争。手法应由简单到复合多变。只有在这样的依次递进的对抗练习中，才能悉心体会擒拿技法的精髓，才能真正掌握擒拿技法，使其成为实用技能。

（1）凡技，必阴阳相涵：中国哲理认为，一切事物都是由阴和阳两个方面所组成，它们相互包融而相生相克。事物的迁化，只不过是阴和阳的消长变化所引起和形成的。

"易有太极，是生两仪。故天地之间，物必有对，感则必应，出则必反，不易之理也"。（宋代胡宏《五峰集》）所以每个实用擒拿技术，必然是在相互（攻防）阴阳对抗中产生的，是由阴和阳两个方面的技术所组成，它们相生相克、消长迁化。实施（攻击）—对抗（防御）—变化（反击）……是一个客观的行为过程，因而单个技术是无法实际应用的。当你实施擒拿技术时，首先必然会遭遇到对方劲力的反方向抗阻，如果在反方向上没有相应的擒拿技法的变化实施，必然会形成直接对抗，形成力大胜力小、死拿硬要、反遭拙打的局面。

在学习实用擒拿基本技术时，必须首先学习和掌握每个擒拿部位阴阳相对应的两个技术，这是组成实用擒拿技术的基本单元。只有掌握了这个基本单元，才

能进而"三才而迁、四技而化"，形成千变万化的实用擒拿技术。

例如，在学习死手擒拿对对方右臂腕实施"金丝缠腕"时（向对方右上方用力旋缠扣切其腕部），必然首先会遭到其相反（向其左侧下方）的力的阻抗，因而必须顺其劲、顺其势向其左上方旋扣，实施相对应的"托枪打虎"等技术。这两个互为阴阳的基本技术，相互转化组合，形成腕部擒拿技术的基本单元。在这个基本单元的基础上，才能进一步化演出千变万化的技术和技法来。

（2）循三才而迁：这句话实质说的是在实施擒拿技术时，如遭遇对方强烈反抗，要"循"——遵循当时的对抗态势，及时沿"三才"——肢体的三个主要运动环节（关节），"而迁"——来变换（迁移）擒拿部位。也就是，学习擒拿技术必须掌握擒拿部位（关节）应激变换的方法和原则。

人体的运动是以相互承递的链运动形式进行的，故称为人体运动链系统，而链运动又是以三才（三节）的承接相应运动为基础的。如上肢——肩、肘、腕，手——腕、掌、指，下肢——髋、膝、踝，身——头、颈、腰（头、躯干、腿），体——躯干、上肢、下肢，它们在运动中相互承应，又相互制约。

在对某一关节实施擒拿技术时，如遇对方强力反抗，可转变为对同一肢体的相应其他关节的擒拿。如对腕部的擒拿遭遇到对方强烈反抗时，即可变换成对其肘关节或肩关节的擒拿。

如遇对方欲脱手解脱时，利用扣锁对方手腕之手，疾扣抓其一指或几指，可转换成对其指关节的擒拿。因对方力量、注意力全部集中在被擒拿（腕关节）部，所以擒拿部位的突然迁移，成功的概率是非常高的。

（3）遵四技而化：这句讲的是，在实施擒拿过程中，要遵循当时双方攻防态势的变化，四技——踢、打、摔、拿综合运用。得拿即拿，不得拿疾变踢、打，得摔则摔捆。千万不能死拿硬要，必须四技（踢、打、摔、拿）循势而相互转化。

还是以"金丝缠腕"为例，当对其右臂腕实施金丝缠腕时，遭到对方的反抗或反击，而又无法循三才（三节）而迁变时，我则疾变扣拿之左手切击其左太阳穴，迫诱其用左臂进行防架，我可疾对其左肘实施擒拿。若都不得机，则疾速脱离，在攻防中再寻机实施擒拿。总之，决不能死拿硬要。

4. 迁不变，化则变焉，循以无终

这句讲的是：循三才而迁时，双方总的态势没有大的变化，只是同一肢体的擒拿部位的迁移。遵四技而化时，双方对峙的态势发生了根本性的变化，不但是擒拿部位，而且是擒拿肢体和技法的根本变化。

阴阳相涵、循三才而迁、遵四技而化，这三个技法在实施应用中，必须视双方对抗态势，有针对性地不间断地循环运用而不可停顿，直至将对方擒拿住。

5. 唯，刚柔互抱，虚实相间，四法并行

这里的"唯"，是必须的意思。

在劲力的运用上，必须刚柔互抱，即刚中抱柔，刚在外而柔在其髓，不会过刚易折而迟于变化。柔中抱刚，则柔在前而刚在其骨，不会柔而无骨反受其制。

在技法的运用上，必须虚实相间。要虚虚实实善于互变，虚中有实，实中有虚，使对方无法察知你的意图，也就是口诀中讲的"迫手诱敌吾得隙，入吾机关死不知"。

四法并行是指阴阳转换法、动静互寓法、刚柔相应法、虚实迁变法，这四个技法要同时有机整合运用，不可偏一废一。

6. 周流圆活，乃得天地之机，终为道一

在整个擒拿技法的运用过程中都必须做到周、流、圆、活。

"周"指的是：要周全，阴阳相涵、循三才而迁、遵四技而化及四法并行，要合理地整合运用。

"流"指的是：技法的虚实变换、擒拿部位的迁移、劲力的化变都要如流水一样没有间断，而流畅无隙。

"圆"指的是：所有的动作、劲力的转化和技法的迁变都必须遵循圆的运动原则。

"活"指的是：在实施擒拿中，第一要活学活用，不可生搬硬套；第二必须不停地变化，不能有任何停顿，直至将对方擒拿住。

"乃得天地之机"是说：习练掌握了《四象——用手诀》的原则和方法，就掌握了天地（阴阳）变化的枢机，也就是掌握了运用擒拿技法的"真缔"。

"终为道一"是说：所有这一切，归根到底都是在遵循"道"——天地万物生化的这一根本规律和法则，而不是任何人脱离实际主观想象出来的。

第四节　擒拿秘籍《九重天·八卦诀 1》译注

一、《八卦诀1》原文

实习扣疾隼连相掸劈挂攀猿步连
虚绕腾龙元混力挟抱斩挣张过柔
环盘插掐前投宜扣锁拿习分宜刚
连曲挑钻挣梢贯气抖弹坚两手活
是中顶旋九节三四十暗亦撅出圆
拿直指化要论卦八二明指挫闪流
抓蛇力步需阴法分承精柔盘豹周
翻柔全亦分阳三八相化掌剔弹转
鹰缠拧行明形正劲全变活弹惊轮
进骨压动静分明松肩肘腕惊走法
闪粘缠旋走螺旋别扛折扳是扫变
穿上黏熊踞截斩刚窝柔虎扑按相

"中起迴文两边顺"指的是八卦诀的前半部分，要由中间一字开始，先左后右循环顺序而读，两边由阴及阳，方得其文。

二、《八卦诀1》译文

法分八卦论阴阳，三八相承二十四。
三节九要需分明，形正劲全变化精。

明暗弹抖气贯梢，挣钻旋化步亦行。

动静分明松肩肘，腕活掌柔指亦坚。

刁拿锁扣宜投前，掐插挑顶指力全。

拧压缠旋走螺旋，别扛折扳是惊弹。

剐盘挫撅两分张，挣斩抱挟力混元。

龙腾绕盘曲中直，蛇柔缠骨粘上黏。

熊踞截斩刚寓柔，虎扑按扫走惊弹。

豹闪出手宜过步，猿攀挂劈掸相连。

隼疾扣刁穿闪进，鹰翻抓拿是连环。

虚实相变法轮转，周流圆活刚柔连。

三、《八卦诀1》注解

1. 法分八卦论阴阳，三八相承二十四

擒拿技法是依据"易理"的八卦克生的变化原则，并以其阴阳变化理论为基础。三八相承指的是八劲、八形、八手，与它相承接的是擒拿的"二十四字技"，组合生化出无尽的擒拿技法。

2. 三节九要需分明，形正劲全变化精

（1）三节九要需分明：讲的是习研擒拿技术必须首先明确认识三节、九要的重要性。

① "三节"：指人体的运动是以相关联的三节联动为基础单位的。躯干——头、颈、腰（或头、胸、腹），臂——肩、肘、腕，手——掌、节、指，腿——髋、膝、足，就是在其他口诀中所称的"勾、股、弦"或"昆仑、中宫、地府"。它们之间相互连接依存又相互补充和制约，构成人体的统一运动。而这些节和点又是可以攻击对方的部位，在擒拿格斗中要特别注意防备对方用它来攻击自己。如：在防架对方进攻手臂时，必须小心对方借力突然曲臂肘，而用肘或肩来攻击自己。也就是在擒拿格斗中，要防备对方同一肢体的三节、三点同一动作的连续

变换进攻。我亦要充分把握和运用三节联动的特点来攻击对方。这些节点（关节），就是我们进攻防守、擒拿制敌的主要部位。正如口诀中所述"擒腕看肘亦锁肩"，"肩动肘伸手必到，固手旋肘人必翻"，"擒肩必锁肘，否则必受苦"，讲的就是这个道理。

人体三节——梢节、中节、根节，三节劲——明劲、暗劲和化劲。"三节不明浑身是空"，"三节不明，非僵即空"，"三节不明，变换不灵"，这些都是无数前辈们在实践中总结出来的经验。

任何物体，都有末端、根端和中端。末端即谓之梢，根端即谓之根，梢端至根端之间者即谓之中。以人的整体而言，上肢为梢节，身躯为中节，下肢为根节；以身躯部而论，颈项部谓之梢节，胸心部谓之中节，脐下丹田部（即小腹部）谓之根节；以上肢而言，手为梢节，肘为中节，肩为根节；以下肢而言，足为梢节，膝为中节，胯为根节；若单以手来论之，则指为梢节，掌为中节，掌根（腕）为根节；足亦然，趾为梢节，足掌心为中节，足踵为根节。

总之，人之一身，无处不有三节。"梢节不明，无以施用；中节不明，浑身是空；根节不明，无劲无基"。这就说明，如果对梢、中、根三节不明，那么在练习真意、真气、真劲时，究竟应该从哪里始发，应该在哪里含藏，又应该在哪里发放，必然茫然无知，练拳、练功时就会分不清劲节的转换变化，而始终成为一种呆板的僵滞之劲、无用之技。

丹田既是全身整体中节之中，又是一身的根节之根。根节是劲气的发源之渊，中节乃是劲气的含藏之处，梢节则是劲气的发放之点。故言："发之于根节，变化于中节，运达于梢节。"就整体而言，向上则劲发于丹田，穿脊过肩，催肘达手；向下则劲发于丹田，催胯催膝，顶踵达脚。气发丹田节节相催，才能发出混元的整劲来。所以，只有明白了根节，才能逐步掌握和运用好根节的催发劲气。

"三节劲"是：擒拿"八劲"中的主要三劲——明劲、暗劲和化劲。明劲主于梢节，暗劲主于中节，化劲主于根节。

三节劲在躯体部的体现为：丹田蓄劲为根，膻中承藏为中，头颈虚领为梢。

梢节在上肢部体现为手，其劲气主要应该聚集在尺骨尽头的神门穴或聚集在劳宫穴上，则阴阳虚实皆备。气劲贯注在神门穴时，臂实而掌虚；而气劲贯注在掌心劳宫穴时，则臂虚而掌实。

中节主要是体现和含藏暗劲的地方，对上肢而言中节暗劲在肘。暗劲在肘（同时也包括了肘前的一段前臂）上的阴阳，主要是区别在尺骨和桡骨上的。例如在松肩沉肘中，其劲气和意念主要在尺骨上（即尺骨的根部）；若运用外横时，则劲气主要是在桡骨的根部上。桡骨属阳，尺骨属阴，阴阳虚实分清，才能使变化灵敏。

根节是体现化劲的场所。化劲是精、气、神、体、功、法的高度综合运用，是擒拿技术中的高级艺术，是圆和巧的综合体现。对上肢来说在肩，对下肢来说在髋，对整体来说化劲在身（丹田），就是说丹田内中之气，独能伸缩往来，变化莫测，动则变，变则化。"朱雀、玄武南北分，震龙、兑虎各东西"，无处不到，无处不变。丹田聚气向左旋，则左为实而右为虚；丹田聚气向右旋，则右为阳而左为阴；丹田聚气向下旋，则下为实而上为虚；丹田聚气向上旋，则上为阳而下为阴。总要虚实兼备，阴阳互易，刚柔相济。

学者在明了三节与三节劲的互相关系以后，还必须进一步掌握三节劲的三种练法。对于三种不同劲节的运用，分而言之乃是明劲主攻、暗劲主克、化劲主化并不断在相互转化；合而言之，在一旦得机进攻对方时，必须是三劲合一，三节也为之一体，上自头顶，下至足底，四肢百骸、劲气意力、内外上下俱要连成一个坚硬如铁的整体，有牵之不离之固，有击之不散之坚，于闪电雷鸣一刹那，爆发出全身之整劲。

在研习实用擒拿技术时对头颈、躯干、上肢、下肢各节均有具体的要求，详细内容请参见本书第二章第二节。

② "九要"：是指正、静、沉、顶、提、松、垂、裹、催。

●正：身形要正，正而不僵。身如旋球，圆心（丹田）必正。

●静：心静如止水，心定则神安，神安则明，明则察微变。

●沉：气沉丹田，丹田聚气蓄劲，气血通盈。

●顶：头上顶，神旺威明。舌上顶，任督通盈，吼狮舌象。指掌前顶，力全推山。

●提：提缩谷道，提卷尾闾，实腹畅胸，上虚下实，通于灵变。

●松：除丹田抱紧蓄气、蓄劲外，周身要放松，松而不懈。

●垂：垂肩必沉肘，肘不沉则肩不落。肩垂则气贯肘，肘垂则气贯手，气垂则气贯丹田。

- 裹：两肘向下两臂向里裹劲，两膝两胯内裹之劲，周身整圆。
- 催：丹田气发，意气劲力合一，节节相催，抱七撑三。

（2）形正劲全变化精：这句讲的是，只有按照"三节"和"九要"的要求做到了，才能达到身形周正圆活。劲力全指的是《五行诀》中所述的整、透、圆、活、巧的劲力和"八劲"明、暗、弹、抖、挣、钻、旋、化的混元劲力，这是研习实用搏击技术和实用擒拿技术的基础。做到形正劲全，才能精于变化，实施有术。

3. 明暗弹抖气贯梢，挣钻旋化步亦行

这两句讲的是，在掌握"五行"整劲、透劲、圆劲、活劲、巧劲的基础上的擒拿技术中实际应用的八种劲力，具体内容参见本书第二章第三节。

4. 动静分明松肩肘，腕活掌柔指亦坚

上肢是实施擒拿技术的主要环节，必须做到动静分明、蓄势待发，因而对它的要求就更高。总的要求概括起来可简述为"松肩、坠肘、活腕、柔掌、坚指"，具体内容详见本书第二章第二节。

5. 二十四基本手法

刁拿锁扣宜投前，掐插挑顶指力全。拧压缠旋走螺旋，别扛折扳是惊弹。剔盘挫撅两分张，挣斩抱挟力混元。这几句讲的是擒拿的基本手法，为"刁拿锁扣、掐插挑顶、拧压缠旋、别杠折扳、剔盘挫撅、挣研抱挟"二十四字技，但单字单技不成法，每一个擒拿基本手法都是由其中几字相互搭配组合而成的。

在做刁拿锁扣时，必须要有提前量。因为对方出手必是疾出迅回，你必须提前等其屈臂回手。这样他回手时，正好自己将腕臂送到你的手中。

掐插挑顶时，全在腕掌指之力，故而你必须挺腕合掌坚指。

拧压缠旋时，力发腰脊，劲力要走螺旋。

别扛折扳时，力要冷弹脆，势如炸雷。

剔盘挫撅时，劲力要两分张，即为相对两个方向同时用力。

挣斩抱挟时，劲力要混元，要有缠裹沉绵之劲。

擒拿技术的基本手法是依据人体的解剖、运动特点和力学原理所构成的，它是擒拿技术的关键。正如口诀所述："手法不正技无展，出手一场空。"历来武术家都对此狠下功夫，向以视为密宝，轻不外传。因此我们在练习中必须在基本手法上大下功夫，要明确手法的基本组合手法和形态，以及它所形成的稳定的三角形力学结构和用力方向。要练到形正、劲脆、力黏，动作协调、迅猛，为进一步掌握实用擒拿技术打下扎实的基础。

6. 八形

龙腾绕盘曲中直，蛇柔缠骨粘上黏。熊踞截斩刚寓柔，虎扑按扫走惊弹。豹闪出手宜过步，猿攀挂劈掸相连。隼疾扣刁穿闪进，鹰翻抓拿是连环。这几句讲的是八形：龙盘、蛇缠、熊截、虎扑、豹闪、猿攀、隼扣、鹰翻。实质指的是要吸取它们在自卫搏斗和捕捉食物时所具有的特殊技能，学习掌握这八种动物的特殊本领和技法。这八形的八种主要手法是研习擒拿技术的首习基本功，必须下十分的功夫刻苦练习，才能进一步研习实用擒拿技术。

（1）龙腾绕盘曲中直：龙是传说中的理想动物，其身可腾飞绕盘，其爪有鹰虎之功，是最具威严、最敏捷又最凶猛的动物；其劲刚猛而内柔，刚柔相合。

练习龙形，必须劲气发至丹田蓄于腰背，带动手臂腾绕盘行（做圆弧盘绕螺旋运动），劲往中（圆的螺旋运动的圆心处）合，掌指如龙爪，得实即扣。

（2）蛇柔缠骨粘上黏：蛇为极阴灵巧之物，其击首则尾应，击尾则首应，击中则首尾皆应，有拨草之技，粘黏缠绕之能，行如柔鞭，弹抖伸屈疾而自如。

练习蛇形，要全身松沉而动转灵活，发劲沉黏而柔中含刚；手臂运动则如蛇缠物，盘缠游动迅速，随势黏而螺旋缠进，不可有丝毫僵滞之形。

（3）熊踞截斩刚寓柔：熊雄勇而敏捷，直立扑击两臂有千钧之力，凶勇而直入；有截斩抓蹬之技，其劲柔沉而刚猛，其动则疾敏而善变。

练习熊形，就是要学习它两膀臂千钧之力、截斩之能。

（4）虎扑按扫走惊弹：虎为兽中之王，其性凶猛，有扑按叼撕之力、剪尾扫击之能；其劲惊疾而刚猛，其身敏捷而柔转自如。

练习虎形，就是要学习它惊疾刚猛的扑按之功和刁撕剪尾之力，而重在腰的弹展之功。

（5）豹闪出手宜过步：豹有虎之凶猛之性，有疾闪疾速之能，是极敏捷之动物；劲韧而长，刚柔相济。

练习豹形，就是要学习它敏捷的闪展和惊人的速度，而最根本的是配合手法、身法的疾速过身步法。

（6）猿攀挂劈掸相连：猿为动物中最为灵巧之物，有纵山跳涧攀树飞身之灵，又有恍惚变化不测之巧。有登枝堕枝之力和展转挪移、神机莫测之妙，其劲柔而速敏。

练习猿形，就是要重点学习猿的展转腾挪之巧和猿臂的攀、挂、劈、掸之能。

（7）隼疾扣刁穿闪进：隼雄勇而灵敏，有翻身之巧、入林之奇，又有展翅束身捉物之捷、钻天过身动转无声之妙。

练习隼形，主要学习隼的展翅束身、钻翻过身之技；根基是钻翻的扣、倒步和翻腰之技。

（8）鹰翻抓拿是连环：鹰是飞禽中最凶猛疾毒之物，有察微感沓之能，爪有攫抓之巧，身有翻转腾飞之妙。

练习鹰形，主要是学习鹰爪刁旋、翻转之能；重在掌指，要触即扣抓，翻旋腾转而"掌掌见肉"。

7. 虚实变化法轮转，周流圆活刚柔连

这句讲的是：在研习"八形"的过程中要十分明确动作的虚实变化，虚和实的变化要像法轮周转一样而不着痕迹，虚虚实实，虚中有实，实中有虚。

动作劲力要协调连贯一致，要像水流一样，遇阻则过，逢隙必进。动作要圆转而灵活，劲力要刚柔相承、变转连绵。

第五节　擒拿秘籍《九重天·八卦诀2》译注

一、《八卦诀2》原文

藏身针手掷似旋胸手手连梢阳刁三偏身勾身乾要
卷忙兑势龙势肘阴膝双节手扣节手转扳掌出柔巽
卷上宕盘承趁柔并在全成艮全锁凭撞阴挽手进摇
缺注泽膝云步手先足剪覆肘旋意四阳削巽离太与
来挫横行跟缠刚擒在碗为山翻偶身劈下连极坎走
切顺手踹盘带来后只枢斩玄亦复走断乾风艮八注
依固身扣勾切爬需肘别经手缩偏随出分巽字坤一
梢定挫镰阴震阴吃阳斜锁出触舒扣龙进手来阴震
别切铲阳仰全腕分扣靠反别卷顶坎人进不一兑阳
如盘滚盂侧雷斩如别回扛圈旋中领步见抢同左乾
顶环任身缠吸环全触落顺地满为水肩位投右三分
掌意腕龙胸手在滚抖闪丁腾先剪鱼疾腰中连手天
行臂地腰沉领坐发带双掷臂子际手趁疾势到乾肘
肘秤形绵肩黏间翻坤步如走三双四后势发坤到手
天如吊步黏到相六连刀环挑龙挫绞全先离全腰在
挫人绵即别占断偏地丁斩十扣柱连至中势活腹步
字里桩锁先翻闪带腾连合肩首阴尾虚贵火步活行

　　"三七见角之字行"指的是八卦诀的后半部分的解法。首先从左起将全文分成三行一组，共七组，然后按组而读。读时从第二字开始，成三角延之字形而读，读完后，再从第三字开始，也成三角延之字形而读，这样读完一组再读一组，始得全文。

二、《八卦诀2》译文

乾出巽进离与坎，艮往坤来震兑同。

乾三连天乾坤手，腰活步活身要柔。

手摇太极走八字，一阴一阳左右分。

手到肘到全在腹，步行身转掌阴阳。

巽下断风分龙手，进步抢位疾中疾。

后发先至势贵偏，勾扳撞挠削劈连。

乾出巽进人不见，肩投腰趁势式全。

离中虚火刁扣手，锁旋四偶亦走偏。

触扣顶旋领为先，鱼际三四挫扣连。

阴阳三节全凭意，翻身复缩随舒卷。

坎中满水剪子手，双龙绞柱首尾连。

双手成剪肘为枢，玄经斜出反回圈。

顺闪腾挪步走环，丁十合手梢节全。

艮覆碗山斩别手，锁靠别扛落地丁。

双臂如刃挑斩连，肩胸肘膝并手足。

擒来只需阴阳分，斩别全在抖发间。

坤六断地带旋手，阴柔在先刚在后。

爬肘吃腕扣如环，触滚坐带翻相连。

偏闪腾挪势势承，膝步跟踹带勾镰。

震仰盂雷缠龙手，沉绵黏粘即占先。

手似龙盘趁云行，缠盘扣切阴阳全。

侧身吸胸腰领肩，步到别锁翻身卷。

兑上缺泽挫切手，固梢挫切如滚环。

掌腕臂肘形如挫，绵里藏针忙卷帘。

往来横顺依身定，别铲盘顶任意行。

地秤天吊人字桩。

三、《八卦诀2》注解

《八卦诀2》是实用擒拿技术最基本的八手八种起手技法，也是实用搏击格斗的基本攻防技法。它配合八劲、八形、二十四字技组合成千变万化的实用擒拿技术，是研习擒拿攻防技术的首要基本功法。因为实用擒拿技术是建立在格斗攻防的基础上的，没有扎实的格斗攻防技术就无法实施擒拿技术。因此必须对此狠下功夫，为进一步研习实用擒拿技术打下扎实的基础。

1. 乾出巽进离与坎，艮往坤来震兑同

第一句讲述了八手之间的相联关系和作用。

乾坤手和分龙手类似，以出（化）进（击）为分，乾坤手双臂行圈左右而化，分龙手双臂行圈一截一击为进，可通用疾变手；而刁扣手和剪子手均为锁手也。

斩别手和带旋手则一刚一柔，刚则刚斩而往，柔则柔锁而来，刚柔相济，可相互转化通用；而缠龙手和挫切手均为缠手也，一为缠而裹，一为缠而切，亦通用也。

2. 八手

（1）乾三连：天（父）乾坤手。

乾三连天乾坤手，腰活步活身要柔。

手摇太极走八字，一阴一阳左右分。

手到肘到全在腹，步行身转掌阴阳。

此手重在两手一前一后、一正一反、一阴一阳，在身前做圆弧螺旋运动。一吃腕臂，一吃肘肩，意在腕肘，正反阴阳。乾坤手是圆弧运动，而分龙手是直线运动。

（2）坤六断：地（母）带旋手。

坤六断地带旋手，阴柔在先刚在后。

爬肘吃腕扣如环，触滚坐带翻相连。

偏闪腾挪势势承，膝步跟踹带勾镰。

此手重在带旋，刁手在先边带边旋之，要左带右，要右带左，触、滚、坐、带、翻、旋相连（一直一旋）。

(3) 离中虚：火（中女）刁扣手。

离中虚火刁扣手，锁旋四偶亦走偏。

触扣顶旋领为先，鱼际三四挫扣连。

阴阳三节全凭意，翻身复缩随舒卷。

此手重在刁扣，以后三指与大鱼际相对，扣锁对方衣或肉，俗说掌掌见肉，拧旋刁扣为要。

(4) 坎中满：水（中男）剪子手。

坎中满水剪子手，双龙绞柱首尾连。

双手成剪肘为枢，玄经斜出反回圈。

顺闪腾挪步走环，丁十合手梢节全。

此手左右两手交叉，以肘为枢，形成剪，双手反扣拿吃腕、吃肘、吃肩。

(5) 兑上缺：泽（少女）挫切手。

兑上缺泽挫切手，固梢挫切如滚环。

掌腕臂肘形如挫，绵里藏针忙卷帘。

往来横顺依身定，别铲盘顶任意行。

此手为一锁一挫切，吃腕亦吃肘。

(6) 巽下断：风（长女）分龙手。

巽下断风分龙手，进步抢位疾中疾。

后发先至势贵偏，勾扳撞挽削劈连。

乾出巽进人不见，肩投腰趁势式全。

此手为两手相开，均为刚中带柔，侧身进步抢位为先。一截一击互为首尾，勾、扳、撞、挽、削、劈相连。

（7）震仰盂：雷（长男）缠龙手。

震仰盂雷缠龙手，沉绵黏粘即占先。

手似龙盘趁云行，缠盘扣切阴阳全。

侧身吸胸腰领肩，步到别锁翻身卷。

此手重在缠旋，如行龙盘柱。

（8）艮覆碗：山（少男）斩别手。

艮覆碗山斩别手，锁靠别扛落地丁。

双臂如刃挑斩连，肩胸肘膝并手足。

擒来只需阴阳分，斩别全在抖发间。

此手为斩手，斩必翻转，为刚猛之手，亦称先锋之手。

3. 地秤天吊人字桩

地秤、天吊、人字桩是实用擒拿技术中练习"劲力"的基本功法。在人与人的格斗中力量是基础，没有力量就根本谈不上技术。因而必须刻苦勤奋练习，达到足力、活劲、柔身的目的。

而更重要的是，擒拿技术的八劲"明劲、暗劲、弹劲、抖劲、挣劲、钻劲、旋劲、化劲"和《五行诀》的"整、透、圆、活、巧"劲力和"八手、八形"，都是通过地秤、天吊和人字桩的刻苦练习而获得。研习者必须对此狠下功夫，为进一步学习实用擒拿技术打下扎实的功力基础。

天吊、地秤和人字桩的练习分为三步功。

●练气归丹：这是地秤、天吊和人字桩练习的第一阶段，首先要做到"练气归丹"。在练习过程中要悉心体会，你的发力必须是提缩谷道、气归丹田、由丹田而发，绝不可用单纯肢体发力，这样才能达到"以意领气，以气发力"的境界。必须形成自然的发力习惯，彻底改变因后天习惯所形成的气不归丹、单纯肢体发力的不良恶习。这是练习发劲的基础，也是劲力练习的根基。

●练气从心：在"练气归丹"的基础上，要进一步做到"练气从心"，就是"以意领气，以气催力，节节相追"。节节相追追到哪（气行到哪里）？一是指气劲归丹（如向回带手），还是气催外发（如穿平掌或直拳）；二是指气催到是指、腕还是肘或肩，是髋还是膝或脚，是肩背还是腰身，均要练到随心所欲而自然从心。

● 合劲归一：在"练气归丹"和"练气从心"的基础上，进一步做到"合劲归一"，就是周身动作协调、顺遂，两手、两腿及腰身协调一致，将劲力按需要发于一点，即"周身劲力合一集中，是谓整劲"。

（1）天吊：是以练习臂部的各种劲力为主，关键是整合周身的劲力，练习各种、各方向上的整劲和脆劲。天吊结构见图9-1。

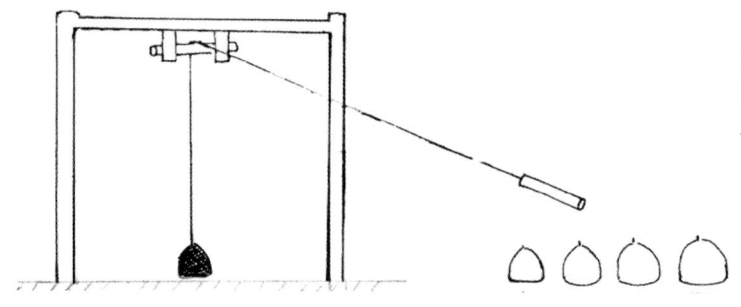

图 9-1　天吊结构图

天吊架高：2米。架宽：1.8米。

中为木滚轴：可用现代滑轮代替。

绳长：6米，一端连钩，一端连一臂长之木柄，粗如手臂。

下钩挂沙袋（重物）：10斤、20斤、30斤、40斤（因习练需要可挂2~3个沙袋）。

天吊练习法为"带、发、扳、折"四法。

（2）地秤：是以练腿和腰背部力量为主，兼练手腕臂的旋拧力量。从技法上来讲，地秤是练习腿部擒拿锁扣和摔技的基本技术。地秤结构见图9-2。

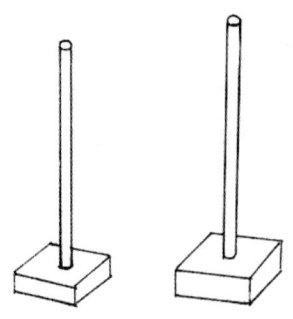

图 9-2　地秤结构图

一种为 40 厘米的方形石料（可用水泥浇铸），中接一臂粗之木柱，长约 2 米，重为 30~40 斤。

另一种为 50 厘米的方形石料，中接一臂粗木柱，长约 2 米，重为 40~60 斤。

地秤的练习方法为"拧、旋、搓、挂、过、挑"六法。

（3）人字桩：是练习各种手法的收、放劲力，是刚、柔劲力综合、转换的基础练习，主要用于八手和八形的发力练习。人字桩结构见图 9-3。

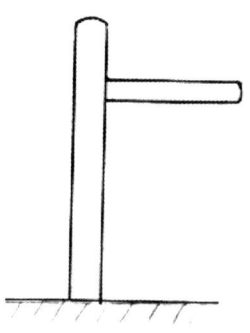

图 9-3　人字桩结构图

人字桩（木制）高 2 米，中有一臂粗圆木，长约人之手臂，离地高为 1.2~1.5 米。两圆木成丁字状。

人字桩练习法：八手（八技），以人字桩为假想敌进行单操练习，可全速发全力，悉心体会动作要领和受力感觉；八形，如上，进行单操发力练习。

注：八卦诀的八手、人形、天吊、地秤、人字桩的具体习练方法，详见《擒拿秘籍〈九重天〉图解》一书。

下 篇

擒拿练习中
常见运动损伤的防治

第十章　常见运动损伤的机理及防治

在日常生活和体育运动中，经常会遇到各种运动性损伤，尤其在擒拿格斗的训练和练习中更是如此。所以习练中国传统武术、擒拿技术更需要学习和掌握常见运动损伤的防治，这是非常重要和必要的。

第一节　挫伤

挫伤是钝性外力直接作用于身体某部引起的闭合性损伤。

一、原因

运动时互相冲撞，或被踢打，或身体某部碰在器械上，皆可发生局部挫伤。

二、征象

单纯挫伤（即无合并症）仅在伤部有疼痛、肿胀，局部皮肤青紫、有压痛、功能障碍等。如系严重挫伤且有合并症时，还可出现全身症状或某些特殊体征。头部挫伤合并脑震荡时，胸腹部挫伤合并内脏器官损伤时，可有休克症状。大腿前部严重挫伤时，可引起股四头肌断裂，断裂处有凹陷，断裂肌肉近端显示隆起。

三、处理

单纯性挫伤的处理与闭合性软组织损伤的处理相同（参见本章第十三节）。如果怀疑有其他组织器官损伤并出现休克症状，应立即进行一般抗休克处理并送往医院进行急救。肌肉断裂者应及早进行手术治疗。

第二节 肌肉拉伤

肌肉拉伤在训练和对抗练习中发生率较高，约占各种损伤的25%。

一、原因

由于准备活动不充分，肌肉的生理机能尚未达到适应活动所需要的状态；训练水平不够，肌肉的弹性、伸展性、力量差；疲劳或负荷过度，使肌肉机能降低，力量减弱，协调性下降；技术动作或姿势不正确，动作过猛或粗暴；以及气温过低、湿度太高、场地不良等原因都可能引起肌肉拉伤。

当肌肉猛烈地主动收缩，超过了它的负担能力，或突然被动拉长，超过了它的伸展性时，都可发生拉伤。肌肉拉伤，可发生在肌肉的起止点、肌腹或肌腹与肌腱交界处。轻者系微细损伤，较重者肌纤维部分断裂，严重者则肌肉完全断裂，有时可合并肌肉筋膜和腱鞘的损伤。

在对抗练习、力量练习中，肌肉拉伤好发于大腿腘绳肌、股四头肌、股内收肌群、腰背肌、腹直肌、小腿三头肌、斜方肌和肩袖肌等，又因训练练习的特点不同，其拉伤的部位各异。

二、征象

伤部疼痛、肿胀、压痛、肌肉紧张或痉挛，触之发硬，功能障碍。当受伤肌

肉主动收缩或被动拉长时，疼痛加重。肌肉抗阻力试验阳性。如系肌肉断裂者，受伤当时可感到或听到断裂声，肿胀明显，皮下淤血严重，局部还可触到凹陷或一端异常膨大。

三、处理

肌纤维部分断裂者，早期除按闭合性软组织损伤处理原则处理外，应将受伤肌肉置于放松位置。24 小时后在伤部做轻推摩，伤部周围施揉、揉捏、搓等按摩手法，同时点压伤部周围的穴位，亦可局部注射肾上腺皮质激素类药物。对肌肉、肌腱完全断裂者，可局部加压包扎，固定患肢后，立即送医院手术缝合。

四、伤后练习

部分断裂者，伤后应停止练习 2~3 天，只做健肢和其他部位的力量练习，2~3 天后逐渐进行功能练习，避免重复受伤动作。一周后，可逐渐增加肌肉力量和柔韧性练习，做伸展练习时以不加重伤部疼痛为度。大约两周后，症状基本消除，可逐渐进入正常练习。练习时伤部必须使用保护支持带（护腿、弹力绷带等)，并充分做好准备活动。

第三节　肩锁关节损伤

一、原因

在肩部擒拿中，由于暴力直接作用于肩峰，或被摔倒时肩部着地使肩胛骨向下错动，都可引起肩锁关节扭伤或脱位。受力较小时，只有关节囊或韧带扭伤；受力较大时，可致肩锁韧带断裂，造成半脱位；受力过大时可进一步引起喙锁韧带断裂而成完全脱位。（图 10-1）

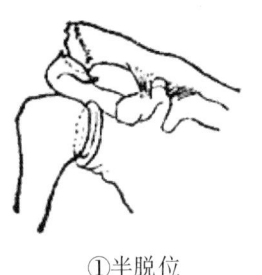 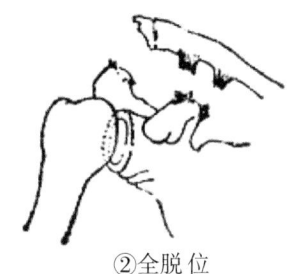

①半脱位　　　　　　　　②全脱位

图 10-1　肩锁关节分离或脱位

二、征象

如系韧带扭伤，局部有肿胀、疼痛、压痛，提物时疼痛加重。如果韧带断裂有关节脱位时，局部有畸形、不平整，即锁骨外端稍显隆起，多属半脱位（分离）；锁骨外端向上翘起，比肩峰高出 1 厘米以上者，则为完全脱位。

三、处理

韧带扭伤无脱位者，局部施以按摩，伤臂适当休息，即可痊愈。半脱位时，要整复固定，肘屈 90°，术者一手向下按压锁骨外端，另一手向上托肘，复位后，用粘膏固定。

粘膏粘贴途径是，由锁骨外端向前下，经肘部再向后上，回到锁骨外端，共贴三圈，用悬臂带将前臂悬挂于胸前。（图 10-2）

图 10-2　肩锁关节脱位固定

固定时间一般不少于三周，除去固定后，进行体疗和理疗。对于完全脱位者，应当早期进行切开复位和内固定，或做韧带再造术。

四、伤后训练

在固定期间，肩应尽量在固定所允许的范围内积极活动。固定去除后，应逐渐加大肩关节活动范围，以免引起肩关节周围炎。

第四节　肩袖损伤

肩部肌肉分为内外两层，外层为肥厚有力的三角肌，内层为冈上肌、冈下肌、小圆肌和肩胛下肌四个肌腱组成的肩袖（图 10-3），附着于肱骨大结节和解剖颈边缘，其内面与关节囊相连，外面为三角肌下滑囊。肩袖是关节腔与滑囊腔之间的屏障，其功能是把肱骨头与肩胛骨紧密连结在一起，既有稳定肩关节的作用，又有使肩关节旋转和外展活动的作用。

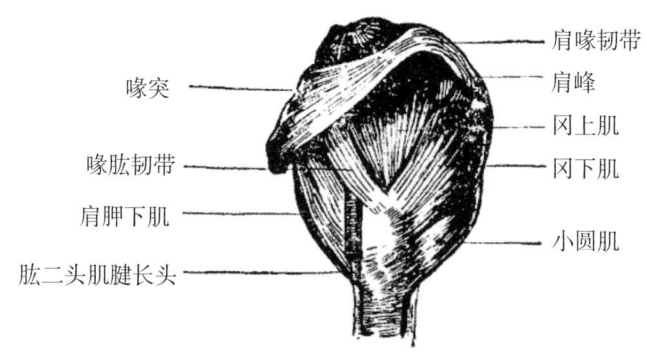

图 10-3　肩袖

一、原因

肩部肌力薄弱，准备活动不够、专项练习过于集中在肩部、疲劳时再做高难度的动作，或活动幅度超越正常生理范围都是受伤的常见原因。肩袖上部的周围

全是骨组织，间隙狭窄，容易磨损，尤其肩外展时，冈上肌肌腱通过肩峰与肱骨头之间的狭小间隙时，很易引起挤压伤。当肩外展 60°~120°时，冈上肌肌腱受摩擦最厉害，如果肩关节同时有内旋动作，被摩擦得更严重。这是因为肩在外展 60°~120°的范围内肱骨大结节与肩峰之间的距离最短，超过 120°时，肩胛骨向上回旋，使两者间距离加宽，肌腱受磨也就解除。

二、征象

肩痛多在肩外侧，可向上臂上部或颈部放射，肩外展或伴内、外旋转时，疼痛加重。压痛局限于肩峰与肱骨大结节之间的部位。痛弧试验阳性：上臂外展上举时，60°以内不痛，60°~120°的弧度内出现疼痛，超过 120°则疼痛消失；若再将上臂从原路放下，在 120°~60°之间疼痛又显现，小于 60°时疼痛消失。这是冈上肌肌腱损伤的重要体征。上臂外展外旋抗阻试验阳性。急性期常伴有三角肌痉挛疼痛，慢性期继发三角肌萎缩乏力。冈上肌腱完全断裂时，肩关节外展明显障碍，肩外展 60°后出现"耸肩"现象，被动使肩外展 90°后，则患者又能主动将臂上举。

三、处理

急性期上臂置于外展 30°位置，适当休息，理疗、针灸、按摩、封闭均有较好效果。外敷中药或痛点封闭，也有较好效果。

按摩可用推、揉、搓、滚等手法，也可配合点穴按摩，如刺激肩髃、肩内陵、曲池和阿是穴等，最后运拉上肢，活动肩关节。肌腱完全断裂者，应及早进行手术修补。

四、伤后练习

急性期暂停训练。急性期以后，逐渐开始做肩关节下垂放松的回环、旋转及举臂等活动，基本不痛时可做负重练习。慢性期做肩关节各方向的活动，但应避免引起疼痛的动作。专项训练时，先做难度较小的动作，适当控制局部负荷量，

也可改变某些专项练习的动作。伤后训练中，要安排肌肉的小力量练习和柔韧性练习，但以不引起疼痛为宜。训练前后可在肩部做按摩，练习后局部即刻进行3~5 分钟的冷敷，随后热敷。肌腱断裂手术后要休养六周左右才可活动肩部，三个月后才能进行正规的肩部训练。

五、预防

做好准备活动，纠正错误动作，合理安排肩部运动量，注意发展肩部肌力和柔韧性练习。增强肩部肌力，可用上臂外展 80°~90° 的屈肘负重静力练习，负荷重量从 2.5 公斤开始，逐渐以 0.5 公斤的速率递增，时间从 30 秒到 1 分钟或不能坚持为止。还可握哑铃做些动力性的肩关节活动，如上臂侧平举和肩关节绕环等。

第五节　网球肘

在擒拿中无论是肩部擒拿还是腕部擒拿，都离不开对肘关节的分筋错骨，更不用说直接的肘部擒拿了，因而肘部的损伤是最常见和最易发生的。肘部损伤常见的为网球肘，因好发于网球运动员而得名。它是腕伸肌总腱在肱骨外上髁附着处的牵扯损伤，或肱桡关节滑囊的慢性劳损。

一、原因

在肘、腕部的擒拿中，腕、指伸肌突然猛烈收缩，使其总腱附着处的骨膜受到牵扯，引起损伤、出血，继发粘连，粘连组织在伸肌群收缩时就会出现疼痛。在擒拿技术中经常性的前臂旋拧和伸腕动作，使伸肌总腱与其下面的组织发生挤压与摩擦，可产生劳损性病变或滑囊的无菌性炎症。

二、征象

肘外侧疼痛，有时可向前臂放射，做反手挥动动作或双手拧绞动作（如拧毛

巾）时疼痛明显，局部压痛剧烈，压痛点在肱骨外上髁或肱桡关节的外侧部。腕背伸抗阻试验阳性。

米尔氏试验阳性：首先将患肘屈曲，半握拳，腕尽量屈，然后将前臂被动旋前并伸直肘关节，肘外侧出现疼痛。

三、处理

急性期患肢适当休息，外敷中药以舒筋活络止痛，配合理疗，一般有效。局部注射强的松龙和普鲁卡因效果明显。若有粘连，可用按摩手法予以松解：病员坐位，患肢屈肘，前臂旋后置桌上，肘下垫以软物。先用揉、揉捏等手法按摩前臂放松肌肉，然后术者以双手拇、食指拿住病员的前臂伸肌群，由前内侧向外侧推扳，嘱患者前臂旋前，再用拇指向外侧推扳该肌群，手法由肘外侧开始，逐渐到前臂中下段为止，最后做肘关节屈伸和前臂旋转活动（图10-4）。如果在做米尔氏试验出现疼痛的姿势下施以推扳手法，常可将粘连剥离。非手术疗法无效者，可考虑手术治疗。

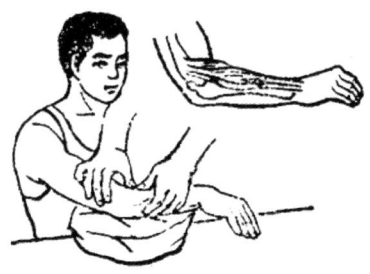

图 10-4　桡侧腕伸肌的推扳手法

四、伤后练习

急性期患肢暂停训练，待症状基本消退后，伤肢可做一般活动，伤后三周内不做重复受伤的动作，三周后逐渐加入"反拍"动作的练习，两个月后可进行专项训练。在伤后训练时，前臂可贴粘膏支持带予以保护。

五、预防

合理安排训练，避免局部负担过重，加强前臂伸肌群的力量练习，做好准备活动。

第六节　肘内侧软组织损伤

一、原因

肘内侧软组织损伤，主要是指前臂屈肌群和旋前圆肌附着部的损伤。由于急剧伸肘、前臂旋前和猛烈屈腕，使上述肌群猛烈收缩，肌肉在肱骨内上髁附着处反复受到牵扯而受伤。

二、征象

急性损伤较少，多为慢性发病。肘内侧疼痛，压痛局限于肱骨内上髁及其附近。上肢大运动量训练后症状加重，休息后可缓解，做猛力伸肘、前臂旋前和屈腕动作时，局部出现剧烈疼痛。

三、处理

局部外敷中药，按摩、理疗、强的松龙和普鲁卡因局部注射等，都有一定效果。

四、伤后练习

急性期患肢暂停训练，受伤2~3周后或局部基本不痛时方可开始正式训练，局部负荷量要逐渐增加，开始训练时不做受伤动作的练习，伤后训练过早、过急，很易造成再伤或关节松弛。在伤后训练中要加强前臂肌群的力量和伸展性练习，并要佩戴保护装置，如护肘或粘膏支持带。

五、预防

做好准备活动，加强前臂屈肌群力量练习，提高专项技术水平，纠正错误动作，加强保护措施。

第七节　肘关节后脱位

肘关节后脱位是指尺骨半月切迹与肱骨滑车正常对应关系被破坏，尺骨鹰嘴向后上方脱位。这在青少年中较为多见。

一、原因

在实施肘部擒拿时，由于捆锁得很严紧，又受到冷脆暴力的冲击，有时因被摔跌倒时，在肘关节伸直、前臂旋后位手掌撑地，来自地面的反作用力迫使肘关节过度后伸（或伴外展，或伴内收），导致鹰嘴端急骤冲击鹰嘴窝，使肱骨下端前移、尺骨鹰嘴后移，造成肘关节后脱位。

二、征象

肘部疼痛剧烈，肿胀明显，肘关节呈 135°左右半屈曲状态，运动功能丧失。肘关节变形，肘窝部饱满，肘后部空虚、凹陷，鹰嘴明显后凸；前臂短缩，肱骨内、外上髁和鹰嘴形成的肘后三角的结构发生改变（图 10-5）。

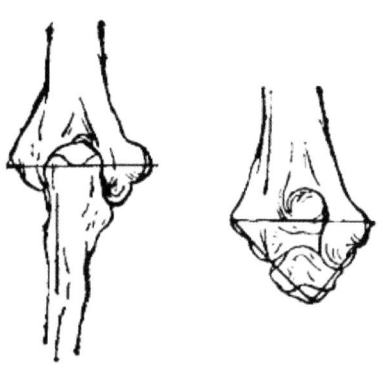

图 10-5　肘后三骨点标志

三、处理

急救临时固定法，可参阅本章第二节；至于脱位的整复应在 X 线检查明确诊断后进行。

四、伤后训练

脱位整复后一般要固定三周时间，固定期间可做腕、指屈伸活动。去除固定后，做伤肘屈伸活动，逐渐加强肘部屈、伸肌的力量练习，以提高关节的稳定性。悬吊或易使前臂外展的动作（如体操后手翻），要待关节囊韧带愈合后、关节稳定性比较好、肌肉力量基本恢复时才可进行，一般应在三个月以后才能参加正常的专项训练或比赛。

下面介绍两种肘关节功能锻炼方法。

（1）屈肘推墙：患者面向墙壁站立，两臂前平举，双手扶墙，做肘关节屈伸活动，肘关节屈曲时身体前倾，肘关节伸直时撑起身体还原。

（2）屈伸旋转练习：双手持哑铃，做肘关节的屈伸和前臂旋转活动。

第八节　腕部三角软骨盘损伤

一、原因

在腕部擒拿中，当手在背伸位加上前臂过度旋转时，下桡尺关节趋向分离，处在桡尺远侧关节之间的三角纤维软骨盘可被强大暴力所撕裂。损伤严重时，可合并下桡尺关节韧带损伤，进而导致该关节横向分离（图 10-6）。

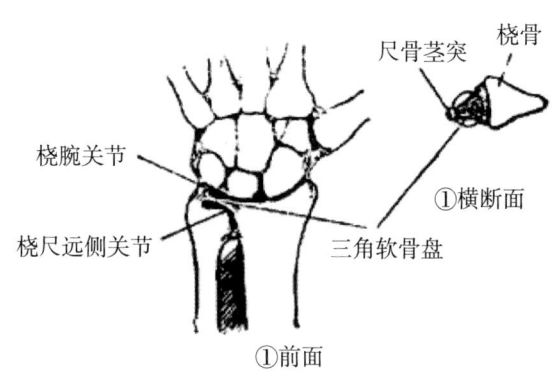

图 10-6　腕部三角纤维软骨盘

在腕背伸情况下，前臂旋前或旋后皆可致伤，但以旋前位受伤者多见。可为急性损伤，也可为慢性磨损。桡骨远端骨折错位严重者常合并这种损伤。

二、征象

腕尺侧痛，桡尺远侧关节背侧有明显压痛，前臂或手腕做旋转活动（如拧毛巾）时，疼痛加重或伴有弹响声，手腕活动受限，尤以旋转受限明显。损伤严重者，下桡尺关节有横向分离，尺骨小头向背侧隆起，按之可复平，松手又自行隆起。

三、处理

新鲜损伤，腕部暂停训练，外敷消肿止痛的中药，或用强的松龙和普鲁卡因局部注射。尺骨小头向背侧隆起者，用压垫和中立板将前臂固定在中立位，半个月后开始活动腕关节。对久治不愈、影响运动训练者，可考虑尺骨小头切除术。

四、伤后练习

急性期停止训练，3~4周后开始练习手腕支撑动作，若无疼痛反应，可逐步加入旋转动作。慢性病例训练时，所戴护腕或支持带应对腕关节背伸和旋转活动有较大限制作用，否则容易加重损伤。

第九节 掌指、指间关节扭伤和脱位

一、原因

在掌、指擒拿中，通常都能引起掌指、指间关节扭伤和脱位。因为掌指和指间关节囊背侧松弛，关节两侧有韧带加固，侧向运动受到限制，因而侧副韧带扭伤最常见。多因手指受到侧方的外力冲击而致伤，可引起侧副韧带或关节囊损

伤，一般都发生在第一指掌指关节和其他各指近侧指间关节。

二、征象

关节周围肿胀，疼痛剧烈，功能障碍，局部有压痛。韧带断裂时，做直指侧向（健侧）运动检查，有异常活动现象。关节脱位者有畸形，功能丧失。指间关节脱位可伴发指骨基底骨折，X线检查可助诊断。

三、处理

扭伤的一般处理见本章第十三节闭合性软组织损伤的处置方法。两至三天后用药酒泡洗伤指，每日两次，每次10分钟左右，效果较好。

侧副韧带断裂，应早做手术治疗，否则会引起关节梭状畸形。

拇指掌指关节脱位，要尽快进行整复。医者用一手拇指和食指牵拉伤指远端，先顺畸形方向牵拉，另一手拇指推压伤指近端向远方，此时牵拉的方向应与推压手法相配合，使脱位的关节头归位，再将该关节屈曲，复位即成，最后捏住受伤关节检查复位情况，矫正残余移位（图10-7）。复位后，将受伤关节固定在轻度屈曲位，两周左右拆除固定。

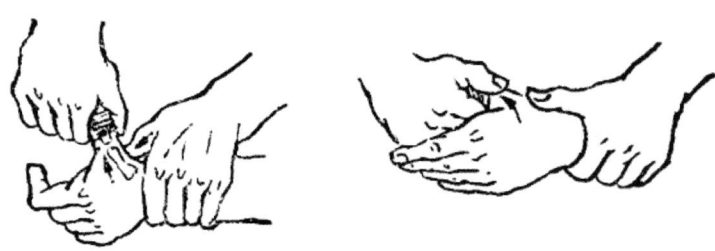

图 10-7　拇指、掌指关节脱位后手法复位

四、伤后训练

韧带撕裂急性期停止练习。关节脱位者，两周内停止训练，三周内不做伤指的过度背伸活动，以后练习时要用粘膏支持带加以保护，限制关节的过大范围活动。

第十节　膝关节侧副韧带损伤

膝关节由股骨、胫骨和髌骨构成，它是全身最大的关节，其关节面浅而宽，属屈戌关节，主要依靠关节内外韧带紧密连接来维持关节的稳定性，使关节坚强有力。侧副韧带主要是防止关节向侧方移位，其中以内侧副韧带尤其重要。

一、原因

（一）内侧副韧带损伤

内侧副韧带有调节运动和稳定膝关节的作用，其紧张度随膝关节角度的变化而改变。当膝关节完全伸直时，韧带的各部纤维均紧张；膝关节完全屈曲时，韧带的前纵部纤维紧张，后部纤维松弛，能限制膝关节外翻和胫骨的旋转活动；当膝关节半屈曲位（130°~150°）时，韧带各部纤维皆较松弛，胫骨可有较大的外展和旋转活动，内侧副韧带保护力量弱，膝关节稳定最差，容易造成损伤。

当膝关节屈曲在130°~150°时，小腿突然外展外旋，或足和小腿固定，大腿突然内收内旋，使膝关节过度外翻，导致内侧副韧带损伤。膝关节外侧受到直接暴力冲击，也可造成膝内侧副韧带损伤。若力量较小，只限于内侧副韧带纤维的过度牵扯或部分断裂，韧带仍保持原有的连续性；若力量过大，除内侧副韧带完全断裂外，还可合并内侧半月板和十字韧带损伤，甚至胫骨内髁撕脱骨折。

（二）外侧副韧带损伤

膝关节外侧副韧带有加强和保护膝关节外侧部的作用。膝关节伸直时，韧带紧张和髂胫束一起，限制膝关节的内翻活动。当膝关节屈曲时，则韧带松弛，关节才有一定的内翻活动。由于膝内侧受到直接暴力的机会较少，加之外侧副韧带较坚固，其外面又有髂胫束保护，故外侧副韧带损伤的发生率比内侧低。

当膝关节屈曲时，小腿突然内收内旋，或足和小腿固定，大腿突然外展外

旋，使膝关节过度内翻，可发生外侧副韧带损伤，致使韧带扭伤或完全断裂，如伤力过大，可伴有关节囊、腘绳肌腱及腓总神经撕裂，甚至伴有腓骨小头骨折。

二、征象

（1）轻度扭伤：伤部疼痛、压痛、轻度肿胀，功能无明显障碍。韧带紧张试验阳性（即膝关节伸直，因韧带紧张，伤部疼痛；膝关节半屈曲时韧带松弛，疼痛消失）。

（2）部分断裂：伤部疼痛较重，压痛、肿胀明显，活动受限，膝关节维持在半屈曲位，轻度跛行。若伴滑膜损伤，可有关节积液或浮髌现象。膝关节侧扳试验阳性（膝关节伸直固定，小腿外展，膝关节疼痛或有轻度松动感，则为内侧副韧带部分断裂；反之，则为外侧副韧带损伤）。

（3）完全断裂：伤部剧痛、肿胀、大面积淤斑，跛行，有关节不稳感，功能明显障碍或丧失。膝关节维持在屈曲位，伤部可触及韧带断裂的凹陷。膝关节侧扳试验除出现疼痛外，还有明显松动感和异常活动。

三、处理

（1）轻度损伤：局部可敷消肿止痛的中药（如新伤药），内服七厘散。肿痛减轻后，伤部可采用推摩、擦摩、揉、揉捏、理筋等手法进行按摩，并进行股四头肌力量练习。

（2）部分断裂：早期局部冷敷、加压包扎、抬高患肢，固定膝关节于微屈位1~3周，内服中、西止痛药物；48小时以后可做按摩、理疗，外敷或内服中药，并配合股四头肌力量练习。

（3）完全断裂：一旦确诊，应尽早进行手术缝合，否则会影响愈合和关节稳定性。

四、伤后练习

轻度拉伤，三天后即可在支持带保护下进行持重行走练习；对部分断裂者，只要疼痛缓解，就应在固定下进行股四头肌功能锻炼，如股四头肌静力收缩（绷劲）、直抬腿等；一周后可在固定下站立或扶拐行走，并逐步进行负重活动；两周后，解除固定，做膝关节伸屈活动，并在粘膏支持带或弹力绷带保护下，逐渐进行走路、小跑步和力量练习，如此进行十天后无异常反应，可逐渐参加训练。

对完全断裂者，手术后 2~3 天，即可在固定下做股四头肌绷劲、抽动练习。一周后可做下肢抬举练习和不持重的扶拐行走，两周后可逐渐加大膝关节活动度和不扶拐的行走练习；3~4 周后，可进行一些下肢力量和肌肉柔韧性练习，如蹲起、伸展练习等。这样进行一周后，如无不良反应，可逐渐进行训练。

五、预防

加强膝部肌肉力量练习，掌握动作要领，加强自我保护意识。

第十一节　膝关节半月板撕裂

半月板撕裂，是膝关节内的一种常见损伤。

半月板分内、外两侧（图 10-8），分别充填于股骨内、外髁与胫骨平台之间，由纤维软骨构成，有一定弹性，它不但能增强关节的稳定性，而且有缓冲震荡、分泌滑液、防止周围软组织挤入关节的功能。

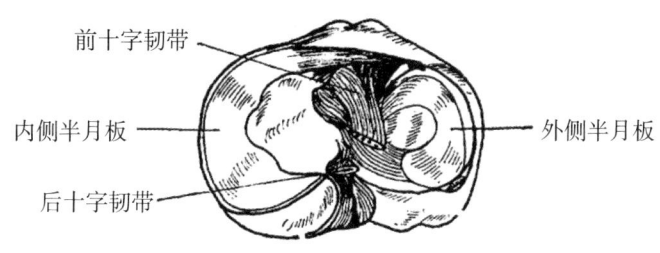

图 10-8　右膝内、外侧半月板

内侧半月板较大，呈"C"形，前角窄，后角宽，内缘较薄，外缘较厚，前角借韧带固定于胫骨髁间前窝，后角借韧带固定于胫骨的髁间后窝，边缘与内侧副韧带紧密相连，故其滑动较小。

外侧半月板较小而厚，呈"O"形，前后等宽，其前角借韧带附着于前十字韧带和胫骨髁间隆突之间的髁间前窝，后角借韧带附着于胫骨髁间隆突和内侧半月板后角之间；外缘不与外侧副韧带相连，故其活动度较大。

一、原因

当膝关节伸直时，半月板被股骨髁推挤向前，屈曲时，半月板则向后移动。膝关节半屈曲做小腿外展外旋或内收内旋时，两侧半月板位于一前一后，若动作突然，半月板来不及滑动，就会使半月板在股骨髁和胫骨平台之间发生剧烈的研磨，可引起各种类型的损伤。

在格斗、擒拿中，当膝关节屈曲，小腿固定于外展、外旋位，大腿突然内收、内旋时，就可能造成内侧半月板撕裂。相反，当膝关节屈曲，小腿固定于内收、内旋位，而大腿突然外展、外旋并伸膝时，就会造成外侧半月板撕裂。

二、征象

（1）疼痛：半月板撕裂时往往合并有滑膜损伤，故常有剧烈的疼痛，尤以伤侧明显和恒定。

（2）关节肿胀：由于伴有韧带和滑膜损伤，产生积血积液所致。

（3）关节响声：膝关节活动时，伤侧可有清脆的响声，并可同时伴有该侧疼痛。

（4）膝关节交锁：即膝关节突然出现所谓"卡住"现象，不能伸直，这是破裂的半月板突然移位，卡在股骨髁与胫骨平台之间引起的。行走或运动时，可有关节不稳或滑落感。

（5）股四头肌萎缩：多出现在慢性期或有症状的病例，以股四头肌内侧头萎缩更为明显。

三、处理

（1）急性期：以制动、消肿、止痛为主，适当配合股四头肌绷劲练习，防止肌肉萎缩。关节积血明显者，可在无菌条件下穿刺抽出积血，再用石膏或托板将患肢固定，在固定下进行股四头肌静力练习，做到动静结合、循序渐进，切忌强制性的被动活动，否则会加重出血和关节积液。同时局部可外敷活血、消肿、止痛的中药，可用新伤药加牛膝、茯苓、防己、龙骨、牡蛎等。

（2）慢性期：可根据症状的轻重，逐步增加下肢的负担量，如站桩、负重伸膝等练习，并适当进行一些身体训练和专项训练，但应严格避免重复受伤动作，以免再次损伤，影响愈合。

在膝关节及其周围可施以揉、揉捏、搓等手法和刺激足三里、阳陵泉、血海、梁丘等穴位，但切忌做膝关节的被动活动。

局部外敷活血生新、续筋强筋的中药，如紫河车 12 克、白芨 12 克、土鳖 12 克、儿茶 9 克、血竭 6 克、丹参 12 克、骨碎补 12 克、乳香 12 克、没药 12 克、茯苓 12 克、牛膝 12 克等。也可选用理疗。

如症状严重，肿痛明显，经常交锁妨碍训练者，应手术切除损伤的整个半月板。半月板切除后对运动没有影响。

四、半月板切除术后的训练

术后三天疼痛缓解后即可在膝关节伸直位固定下做股四头肌绷劲、抽动练习，一周后可做直腿抬高，两周后可扶拐站立和做膝关节轻微伸屈活动，3~4 周后可下地练习行走，并逐渐加大膝关节屈伸活动度。若关节无反应，则可进行较大强度的股四头肌力量练习，如站桩、负重起蹲等。这样进行三个月左右，如关节无积液，则可逐渐进行练习，但专项负荷强度以原有基础的三分之二水平开始为宜。

在术后训练期间，仍需继续采用理疗、按摩、中药熏洗等措施，并注意观察膝关节有无积液出现。如有关节积液，即为运动安排不当，应及时调整或停止练习，待积液基本消退后，再循序渐进地进行锻炼。

五、预防

注意加强腿部肌肉的力量训练，确保膝关节的稳定性。此外，还应加强关节灵活性和协调性的训练，掌握自我保护的方法。练习前应充分做好准备活动，提高关节的灵活性。机体在疲劳的情况下训练时，应适当减小运动量和难度。在治疗期间禁止过早参加训练，伤后训练要遵循循序渐进的原则，以免重复受伤。对膝关节在扭转机制下受伤者，应尽早明确诊断，恰当处理。

第十二节　踝关节扭伤

踝关节扭伤非常多见，占关节韧带损伤的首位。

一、原因

根据解剖特点，足的屈肌力量比伸肌大，内翻肌力量比外翻肌大，加之外踝比内踝长，内侧的三角韧带比外侧的三个韧带坚强，因此，足内翻比外翻的活动度大。此外，距骨体前宽后窄，当足跖屈时，踝关节较不稳定。如果在被摔落地时身体重心不稳，向一侧倾斜，或踩在他人的足上、高低不平的地面上，就会以足的前外侧着地，使足内翻，导致外侧副韧带损伤，轻者距腓前韧带损伤，重者跟腓韧带相继损伤。如果落地姿势不正确，身体重心向内侧偏移，也会使踝关节突然外翻，就会导致内踝三角韧带损伤。

踝关节扭伤，严重者可发生韧带断裂，或伴胫腓下联合韧带损伤和撕脱骨折，以致胫腓下关节分离，距骨向外侧移位。

二、征象

伤后踝关节内侧或外侧疼痛、肿胀，活动受限，行走困难或跛行。重者足有内翻或外翻畸形，足背与踝部有皮下淤斑，且局部压痛明显。踝关节被动内、外

翻时疼痛加重。若韧带完全断裂，则踝关节稳定性差或异常活动。如合并骨折者，可用 X 线摄片加以确诊。

三、处理

伤后立即给予冷敷，加压包扎，抬高患肢，固定休息，外敷新伤药。重者将损伤韧带固定于松弛位，即外踝损伤固定于外翻位，反之亦然。伤后两天，可在踝关节周围用轻的推摩、揉、揉捏、切法、理筋等手法按摩后，再用一手的拇、食二指分别夹持内、外踝间隙，另一手握足趾，在跖屈位做牵引，并在牵引下使足左右轻轻摇摆和内、外翻数次；而后做背伸、跖屈，同时夹持踝关节的拇、食二指下推或上提两踝（背伸时下推，跖屈时上提），如此反复数次（图 10-9）。可同时点压昆仑、太溪、悬中、三阴交等穴位，亦可配合理疗和针灸治疗。

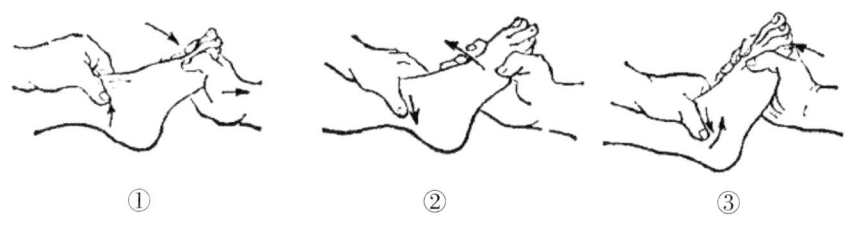

①　　　　　　②　　　　　　③

图 10-9　踝关节按摩手法

若韧带完全断裂，需固定 4~6 周，解除固定后配合理疗、按摩、中药熏洗和功能锻炼。必要时应及时送医院手术修补。

四、伤后训练

肿痛减轻后，伤者即应在粘膏支持带固定下着地行走或扶拐行走。1~2 周后可进行肌肉力量和协调性练习，如负重提踵、踝关节抗阻力活动、足外侧行走、沙地上慢跑或在凹凸的斜面上行走和跳跃练习，并逐渐进入正规训练。

五、预防

充分做好准备活动，培养和提高自我保护能力，提高足踝部的肌肉力量和踝关节的稳定性、协调性。对易伤者，应戴保护支持带。

第十三节　闭合性软组织损伤

闭合性软组织损伤是在体育运动中，尤其是在武术擒拿练习中最普遍、最常见的一种损伤。在现实中存在很多错误的认识和做法，如立刻进行揉拿等，结果事与愿违，反而造成更大的伤害和痛苦。

对闭合性软组织损伤，应按其不同的病理过程进行处理。合理的处理有赖于正确的诊断。在损伤的即刻伤部尚未肿胀，而且由于反射性的肌肉松弛与感觉神经的传导暂停，疼痛较轻，所以检查较易。一旦肿胀和疼痛加重，或肌肉发生痉挛，则检查困难。因此伤后应尽早检查，以便明确诊断。

一、急性损伤

根据损伤的病理发展过程，软组织损伤的处理大致可分为早、中、后三个时期。

（一）早期

指伤后24或48小时以内，组织出血和局部出现红、肿、痛、热、功能障碍等征象的急性炎症期。这一时期的处理原则主要是制动、止血、防肿、镇痛和减轻炎症。治疗方法可根据具体情况，选用下述方法的一种或数种。

冷敷、加压包扎、抬高伤肢，这套方法使用越早越好，有止血、镇痛、防肿、制动的作用。加压包扎就是用适当厚度的棉花或海绵放于伤部，然后用绷带稍加压力进行包扎。一般是先冷敷，后加压包扎，但二者也可同时并用。包扎后

应经常注意包扎部位的情况，若有过松或过紧的现象，必须重新正确包扎。加压包扎 24 小时后即可拆除，再根据伤部情况做进一步处理。

外敷新伤药常可收到迅速消肿止痛、减轻急性炎症的效果。此外，疼痛较重者可服止痛片，淤血较重者可服跌打丸、七厘散等。

在这一时期，伤部不宜做按摩，否则会加重出血和组织液渗出，使肿胀加重。

(二) 中期

指受伤 24 或 48 小时以后。这时出血已经停止，急性炎症逐渐消退，但伤部仍有淤血和肿胀，肉芽组织形成并开始吸收，组织正在修复。处理原则主要是改善伤部的血液和淋巴循环，促进组织的新陈代谢，使淤血与渗出液迅速吸收，加速再生修复。

治疗方面可采用热疗、按摩、拔罐、药物等疗法的一种或数种。同时应根据伤情逐步进行功能锻炼，防止粘连形成。按摩和热疗在这一时期很重要，可以促进局部血液循环，对修复非常有利。这时可直接按摩伤部，最初一二次用力宜轻，以后可逐渐加重。根据损伤的性质和部位，选用适当的手法。

药物治疗，可外敷活血生新剂或注射肾上腺皮质激素类药物。

(三) 后期

损伤基本修复，肿胀、压痛等局部征象也已消除，但功能尚未完全恢复，锻炼时仍感疼痛，酸软无力。有些严重病例，由于粘连或瘢痕收缩，出现伤部僵硬、活动受限等情况。此时期的处理原则是增强和恢复肌肉、关节的功能。如有瘢痕硬结和粘连，应设法（如加强按摩）使之软化、松解。

治疗方法以按摩、理疗、功能锻炼为主，适当配以药物疗法。按摩对硬结和粘连有较好的效果。治疗时，先用一般手法将伤部按摩热，再用指揉、分筋、理筋等手法对硬结和压痛点进行按摩，最后做运拉。

药物治疗，可用旧伤药外敷，或用海桐薰洗药薰洗。后者有热疗和药物治疗的双重作用，在损伤后期是一种较好的药物疗法。

　　但应指出，上述三个分期适用于比较严重的软组织损伤，如果损伤较轻，病程短，恢复快，则可将中、后两期合并，把活血生新与恢复功能兼顾起来，同时施治。

二、慢性损伤

　　慢性损伤的处理原则主要是改善伤部血液循环，促进组织的新陈代谢，合理安排局部负担量。治疗方法与上述中、后两期大致相同，但功能锻炼要与医疗紧密结合。在各种疗法中以按摩和局部注射肾上腺皮质激素类药物的效果较好。

第十一章 运动损伤的治疗性按摩

第一节 治疗性按摩的作用

一、舒筋活络 宣通气血

祖国医学认为，气血运行于全身，损伤后经络不通、气血阻滞，所以治疗时应先疏通气血和经络。

二、缓解痉挛 减轻疼痛

按摩可以缓解伤部的血管痉挛和反射性的肌肉痉挛，并能使周围神经的高度兴奋性降低，从而减轻伤部疼痛。

三、活血散淤 消除肿胀

按摩能加强血液和淋巴的流动，提高伤部的物质代谢，故能促进淤血的吸收和消除水肿。

四、疏通狭窄 剥离粘连

伤后因局部气血淤结而产生的硬结、粘连，是造成长期疼痛和关节活动受限的原因。按摩能使因粘连、硬结而狭窄的腱鞘松解，使肌肉与筋膜、韧带与关节囊的粘连分离，消除疼痛，逐渐恢复功能。

五、顺筋正骨　整形复位

按摩能使关节脱位者整复，肌腱滑脱者复位，神经、肌纤维、韧带微细错位者理正，病因消除，症状也就随之减轻，功能得到恢复。

第二节　治疗性按摩的基本手法

一、滚法

手指轻度屈曲，略微分开，腕部稍屈，以手掌的尺侧接触被按摩的部位，用手背掌指关节的突出部着力，连续不断做旋后、旋前滚动。用力要均匀，要有节律地逐渐向前移动，不能跳动和摩擦。滚动有活血散瘀、消肿止痛和松解粘连的作用，常用于腰背、大腿等肌肉丰满的部位。

二、弹筋（提弹）

用拇指与食、中二指或拇指与其余四指，将肌肉或肌腱速提速放像木工弹墨线一样，每处每次可弹 1~3 次。弹筋后，应配用揉法，以缓解肌肉的酸胀。弹筋手法较重，有刺激神经促使血流畅通和缓解肌肉紧张的作用，常用于治疗慢性的肌肉（大腿内收肌、股二头肌、肱三头肌、斜方肌、背阔肌等）损伤、肌肉酸胀和肌肉痉挛。

三、分筋（拨筋）

用双拇指或单拇指的指端深压伤处，左右拨动，拨动方向与韧带或肌纤维的方向垂直（图 11-1）。分筋有分离粘连、缓解肌肉痉挛、促进局部血液循环的作用，常用于治疗肌肉、肌腱和韧带的慢性损伤。

图 11-1　分筋

四、理筋（顺筋）

用一拇指指腹压于伤部的上端，另一拇指指腹顺着韧带、肌纤维或神经的方向由上而下，用均衡持续的力，舒理其筋，反复数遍（图 11-2）。理筋有调和气血、顺筋归位的作用，多用于损伤的急性期。

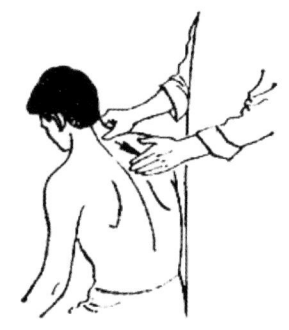

图 11-2　理筋

五、刮法

用单拇指或双拇指（拇指末节屈曲）的指甲，在病变部位做匀速、匀力单向刮动，应避免损伤皮肤（图 11-3）。

刮法有松解粘连、消除硬结、改善病变部位的营养代谢和促进其修复的作用，常用于治疗髌骨张腱末端病。

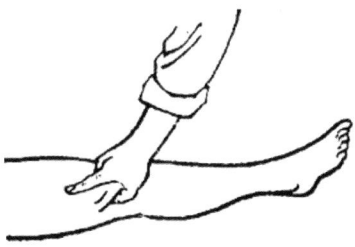

图 11-3　刮法

六、切法

用拇指指端以轻巧而密集的手法从肿胀部位的远心端向近心端切压皮肤，在压痛处指切时，用力必须轻而缓慢，以免增加疼痛（图 11-4）。

切法有较快的消肿作用，一般仅用于浮肿的部位。

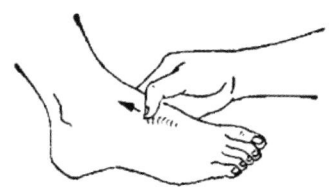

图 11-4　切法

第三节　穴位按摩

一、点穴法

　　用拇指或中指的指端点压穴位叫作点穴。用拇指点穴时，其余四指握拳，拇指伸直或微屈，使其指间关节紧靠食指以助发力。如果用中指点穴，则拇指和食指紧夹中指远侧指间关节以助发力。此外，在肌肉肥厚的部位，可用肘尖点穴。点穴时用力不要过猛，应由轻到重，以引起酸胀反应为度。点后稍待片刻，再逐渐减轻，略加轻揉，以缓解点后的反应。

二、点穴治疗配穴方

　　点穴治病同施药一样，也有周密的配方，决非乱点乱打。配方是根据患者的病情选用主穴、辅穴和备用穴。

　　主穴：对治愈一种疾病起主要医疗作用的穴位。

　　辅穴：协助主穴发挥治愈疾病的穴位。

　　备用穴：对较复杂的疾病，为加强疗效，配合主穴和辅穴治愈疾病的穴位。

　　为了达到治愈疾病的目的，必须妥善和周密地选用穴位，组成好的配方。

三、头面部常用穴位

　　头面部常用穴位见图 11-5。

　　（1）百会：位于头顶正中线与两耳尖连线的交点处，主治头晕、头顶痛、昏迷。

　　（2）印堂：位于两眉内侧端连线的中点，主治头晕、前头痛、鼻病。

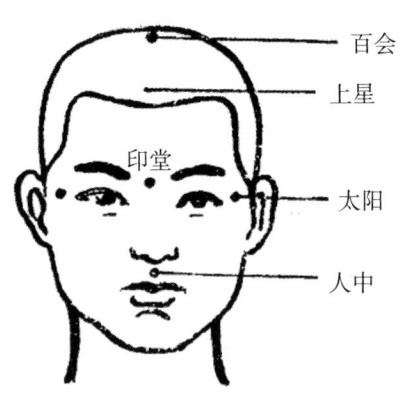

图 11-5　头面部常用穴位图

（3）太阳：位于眉梢与目外眦之间向后 1 寸凹陷处，主治头痛、眼病。

（4）人中：位于人中沟的上 1 / 3 与下 2 / 3 交界处，主治昏迷、急性腰扭伤。

（5）上星：位于头正中线入前发际 1 寸处，主治头痛。

四、颈背部、腰部常用穴位

颈背部、腰部常用穴位见图 11-6。

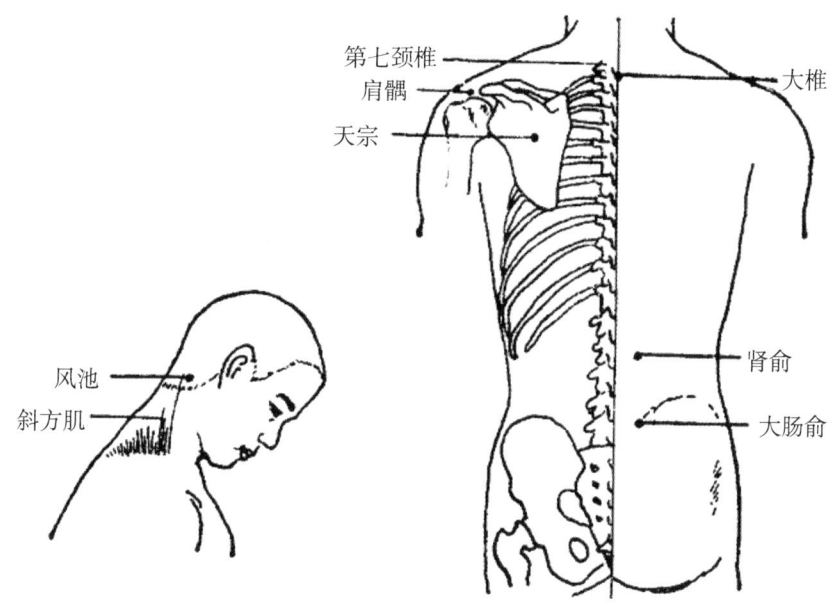

图 11-6　颈背部、腰部常用穴位图

（1）风池：位于胸锁乳突肌与斜方肌之间凹陷处，平耳垂，主治头晕、后头痛、颈痛，眼病。

（2）大椎：位于第七颈椎第一胸椎棘突之间，主治发热、颈疼、中暑。

（3）天宗：位于肩胛冈下缘正中与肩胛下角连线的上 1/3 与下 2/3 交界处，主治肩胛部疼痛。

（4）肾俞：位于第二、三腰椎棘突间旁开 1.5 寸，主治腰疼、肾炎。

（5）大肠俞：位于第四、五腰椎棘突间旁开 1.5 寸，主治腰疼、肠炎。

五、上肢常用穴位

上肢常用穴位见图11-7。

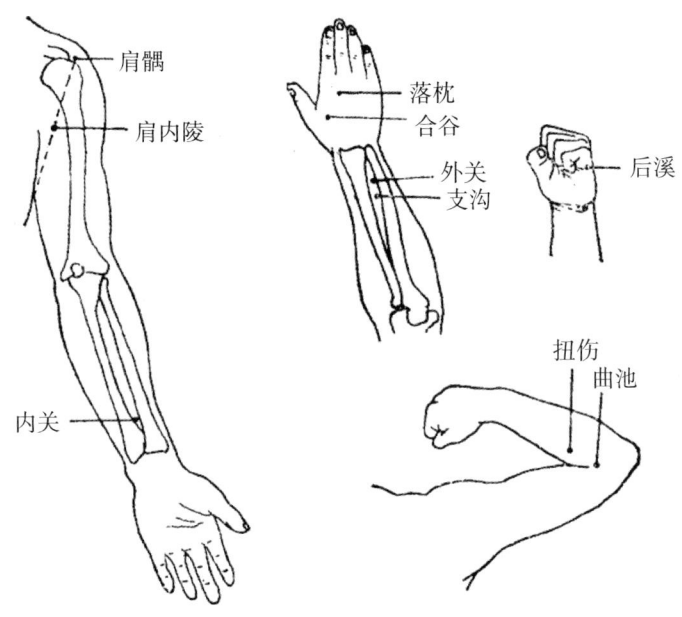

图 11-7　上肢部常用穴位图

（1）肩髃：位于肩峰与肱骨大结节之间，举臂时肩上凹陷处，主治肩痛、臂痛、上肢瘫痪。

（2）肩内陵：垂肩，在肩前腋前纹端与肩髃穴连线中点，主治肩痛、臂痛、上肢瘫痪。

（3）曲池：屈肘成90°，肘横纹头与肱骨外上髁的中间处，主治肘痛、肩臂痛、上肢关节痛。

（4）扭伤：稍屈肘半握拳掌心向内，曲池与腕背横纹中央连线的上 1/4 和下 3/4 交界处，主治急性腰扭伤。

（5）支沟：位于腕背横纹上 3 寸，尺、桡骨之间，主治胁痛、肩臂痛。

（6）外关：位于腕背横纹上 2 寸，尺、桡骨之间，主治腕痛、上肢瘫痪、落枕。

（7）内关：位于前臂掌侧，腕横纹上 2 寸，掌长肌腱与桡侧腕屈肌腱之间，主治手指痛、上腹痛、昏迷。

（8）合谷：位于第一、二掌骨之间，靠近第二掌骨体的中点处，主治上肢痛、手麻、头痛、牙痛。

（9）落枕：位于手背第二、三掌骨间，掌指关节后 5 分处，主治落枕、手指麻。

（10）后溪：握拳，位于第五掌骨小头后，掌横纹尽头处，主治落枕、急性腰扭伤、肩臂痛。

六、下肢常用穴位

下肢常用穴位见图 11-8。

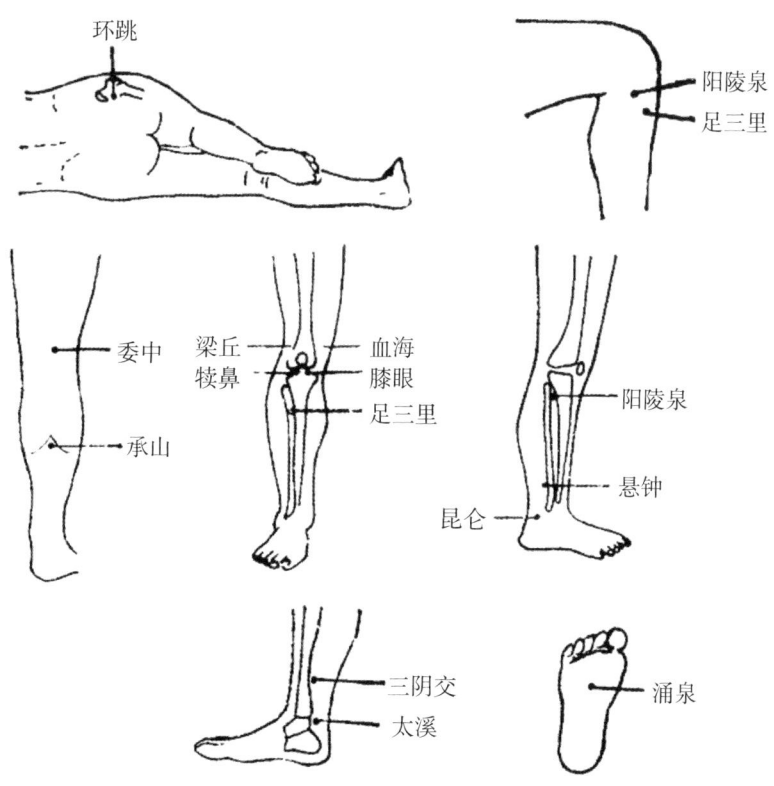

图 11-8　下肢部常用穴位图

（1）环跳：在臀部股骨大转子最高点，主治腰腿痛、下肢瘫痪。

（2）委中：位于腘窝横纹中央，主治腰疼、坐骨神经痛、膝痛。

（3）承山：位于腓肠肌腹下方人字纹处正中，主治腰痛、腓肠肌痉挛、痔疮。

（4）犊鼻：屈膝，位于髌骨下、髌韧带外侧凹陷中，主治膝痛、膝关节炎。

（5）血海：屈膝，位于股骨内上踝上 2 寸，主治膝痛。

（6）梁丘：位于髌骨外上缘上 2 寸凹陷处，主治膝关节痛、腹痛。

（7）膝眼：位于髌骨下、髌韧带内侧凹陷处，主治膝痛。

（8）阳陵泉：位于腓骨小头前下方凹陷处，主治膝痛、下肢瘫痪、胁痛。

（9）足三里：位于外膝眼下 3 寸，胫骨外侧一横指处，主治腹痛、膝痛、下肢麻木。

（10）悬钟：位于外踝尖上 3 寸，腓骨后缘，主治外踝扭伤、落枕。

（11）昆仑：位于外踝与跟腱之间，主治踝痛、腰痛、坐骨神经痛。

（12）三阴交：位于内踝尖上 3 寸，胫骨后缘，主治下腹痛、月经不调。

（13）太溪：位于内踝与跟腱之间，主治踝痛、神经衰弱。

（14）涌泉：位于脚底心凹陷处，在足底前 1／3 中点，主治昏迷、中暑、脚底抽筋。

第十二章　运动损伤的
常用药物疗法

第一节　运动损伤常用方剂

一、新伤药

（1）组成：黄柏 30 克，延胡索、木通各 12 克，羌活、独活、白芷、木香各 9 克，血竭 3 克。

（2）作用：退热，消肿，止痛。

（3）主治：闭合性软组织损伤的早期，伤部有红、肿、热、痛者。

（4）用法：上药研末，用时取适量药末加水或蜂蜜调和，摊在塑料纸或纱布上，敷于伤处，每日更换一次。

二、活血生新剂

（1）组成：官桂 15 克，生川乌、生草乌、生南星、乳香、没药、木香、木通、续断各 9 克，土鳖、红花、刘寄奴各 12 克。

（2）作用：逐寒，活血化淤，消肿止痛。

（3）主治：闭合性软组织损伤的中期，伤部红热已消退，尚有肿胀、疼痛者。

（4）用法：上药研末，用时取适量药末加水、少量酒精和凡士林，调成稀糊状，煮沸后冷却至 50° 左右，趁热敷于伤处。

三、旧伤药

（1）组成：续断、土鳖各 15 克，紫荆皮、白芨、儿茶、羌活、独活、木通、木香、松节各 9 克，檀香、乳香、官桂各 6 克。

（2）作用：舒筋，消肿止痛，续断生新。

（3）主治：闭合性软组织损伤的后期（受伤后一月以上，经常疼痛，不能着力者）及慢性损伤。

（4）用法：同新伤药。

四、渗透药酒

（1）组成：生川乌、生草乌、红花，归尾、桃仁、马钱子、自然铜、甘草各 30 克，生姜 5 片。

以上药物，用烧酒 1 斤泡制 7 天，滤过即成。

（2）作用：活血化淤，逐寒止痛。

（3）主治：慢性劳损（如髌骨劳损）。

（4）用法：将药酒倒在六层叠好的纱布上，湿透为止，放在损伤部位，然后盖上塑料纸，用绷带包扎固定，每晚睡前敷上，次晨取下。初用时，可先敷 1~2 小时，如皮肤无不良反应，再延长至一夜。

以上几种外敷药，如在使用时出现皮疹，即应停敷，外擦炉甘石洗剂，或用甘草、黄柏等量煎水洗患部。

五、海桐薰洗药

（1）组成：海桐皮 30 克，透骨草、伸筋草、当归、红花，苏木、威灵仙、五加皮、羌活、独活、白芷、川椒各 9 克。

（2）作用：舒筋通络，活血去淤，祛风湿。

（3）主治：闭合性软组织损伤后期、慢性损伤。

（4）用法：上药煎水，趁热倾药水于盆内，先薰后洗，每日 1~2 次，每次约半小时。每副药可用 2~3 天。注意防止烫伤。

六、椒盐酒

（1）组成：川椒、食盐各 30 克。

以上二药用白酒 250 克浸泡一周以上即可使用。

（2）作用：祛风湿，逐寒止痛。

（3）主治和用法：急性损伤的中、后期和慢性损伤，作为按摩用药。

七、内服中成药

运动损伤中常用的中成药有云南白药、跌打丸、七厘散、九分散、三七片、伤痛宁片等，这些药都有活血散淤、消肿止痛的作用，宜用于较严重损伤的早期和中期，轻伤不需内服中药。用法见各药说明。

第二节　伤后补养方剂

一、复速丸

（1）功效：舒筋活络，补气养血。

（2）药方：当归 30 克，熟地 30 克，党参 30 克，白芍 30 克，赤芍 15 克，鸡血藤 30 克，胎盘 30 克，元参 15 克，桂枝 15 克，川牛膝 15 克，山药 60 克，黄芪 30 克，阿胶 15 克，陈皮 9 克，山楂 30 克，桃仁 15 克，川芎土 5 克，千年见 9 克，桑枝 15 克。

（3）服法：以上药，共研末过箩，制成蜜丸如弹子大。每次服一丸，每日两次，早晚空腹时用温开水送服。

（4）禁忌：生冷、油腻食物。

二、人参荠菜汤

（1）功效：补气养血。

（2）药方：红人参 15 克，熟地 30 克，黄芪 30 克，白术 12 克，茯苓、山药、荠菜根各 32 克，紫河车 16.5 克，大枣 3 枚。

（3）服法：水煎服，连服 3 剂。

附录：

传承谱系

八卦掌传承二十字代谱：

海福寿山永，强毅定国基

昌明光大陆，道德建无极

赵氏擒拿传承十六字代谱：

元亨利贞，坤德慎贤

蒙恒孚吉，师比泰承

八卦掌传承：董海川——梁振甫——李子鸣——赵大元——

赵氏擒拿传承：赵大元先生依据擒拿秘籍《九重天》创建赵氏擒拿

赵氏擒拿一代"元"字辈，八卦掌四代"山"字辈：赵大元

赵氏擒拿二代"亨"字辈，八卦掌五代"永"字辈弟子

1982 年 9 月 26 日正式拜恩师（赵公大元先生）门中弟子（19 人）：

郑宝东、李信成、杨国均、商金福、郑立新、田佩泉、刘建国、藏金坦
关增启、王智广、常玉成、何善明、乔树枝、刘百顺、候维泽、顾荣春
曹进强、杨福成、闫耀武

1984 年 2 月 19 日正式拜恩师（赵公大元先生）门中弟子（21 人）：

曹承璋、刘惠怀、孟李景、刘大振、周卫义、阿援朝、林建国、王　玉
潘志林、李金友、梁志军、王志强、何雪明、李　欣、马　列、杨十明
邹晓东、陈文东、石　磊、丁劲松、程　震

1986 年 3 月 1 日正式拜恩师（赵公大元先生）门中弟子（4 人）：

任寿彤、霍东利、吴少平、陈建海

2010 年 4 月 4 日正式拜恩师（赵公大元先生）门中弟子（赵氏擒拿第一批 21 人）：

赵文福、方国璇（美国）、刘明亮、孙晓峰、邸建恒、高玉冰、朱锡银、
王　玫、杜志强、黄玉川、袁　考、郑雷明、陈瑞萱、李天宁、贾承也、
薛　原、王建军、钱　龙、龚瀚翔、黄　筠、李梦凯

2013 年 5 月 11 日正式拜恩师（赵公大元先生）门中弟子（赵氏擒拿第二批 30 人）：

田春林、王俊武、鲍应庭、戴何君、蔡启国、吕有成、慕明军、吴邦文
王　超、赵宝刚、魏发团、黄大宇、丁　琳、王天明、张海明、王　华
余仕教、庞瑾鲁、付　真、张　铮、黄永新、付媛媛、常　青、何贤孟
高贺翔、黄建军、叶俊华、彭　力、潘加峰、赵　涛
注：潘加峰、赵涛是 2013 年 10 月 2 日补收。

2014 年 10 月 3 日正式拜恩师（赵公大元先生）门中弟子（赵氏擒拿第三批 16 人）：

崔世荣、张尚文、赵为民、林小甫、马开颜、蔡秀善、苏士梯、林明鸿
嵇王逞、游东亮、陈　琛、吴美貌、蔡万倾、常先坤、庄道勇、贾国成

2016 年 4 月 17 日正式拜恩师（赵公大元先生）门中弟子（赵氏擒拿第四批 34 人）：

刘贵武、齐为民、李德敏、李青峰、韩在林、杨凤霞、张文海、刘振强
韩淑伟、张　辉、耿庆勇、邵振江、曹向阳、许义林、王　玉、朱　梁
王　震、张国良、杨　喆、万广军、曹海鹏、杜万勇、李海军、方　港
王寒冰、牛国芳、赵　伟、肖　越、王海龙、刘　丁、王传杰、韩金明
朱振海、窦钰旺

注：窦钰旺因公务未能参加拜师仪式。王传杰现名王传飞。

赵氏擒拿三代"利"字辈、八卦掌六代"强"字辈弟子

门中弟子郑宝东先生正式入门弟子（23 人）：

李京山、牛振国、刘　涛、沈俊颖、金　敏、王建秋、白金凯、刘焕亮
刘亚军、杨　军、刘建林、张铠钧、负国生、付浩文、段大伟、张学强
刘建军、王风春、田　卫、曹海滨、王泉生、姚　博、王乐国

门中弟子田佩泉先生正式入门弟子（8 人）：

李政国、刘永生、常建军、任洪波、张建文、张丽君、刘玉涛、蔡殿芳

门中弟子杨十明先生正式入门弟子（25 人）：

秦金城、刘禹铖、牟　彬、郭　硕、仝　斌、王　楠、梁　楠、王　亮
熊　鑫、汤帅奇、于　洋、徐运齐、郝希新、汪金诚、温博钧、苏梓南
孔祥卓、罗言发、张传林、张寅秋、蔡雪海、余　璐、来卓元、张雪禾
常润轩

门中弟子霍东利先生正式入门弟子（109 人）：

牛建民、张冠华、周剑鸣、郝京伟、龚世杰、王　诚、李在凤（韩国）
廖　建、陈　羽、卢杨广、梁玉成、苏伟强、李化森、聂建和、赵紫坚

乔新全、罗国华、严志文、罗毅林、廖志勇、陈荣佳、陈　镭、叶力运
张森才、伍光标、严艺强、陈海武、戴建平、田雅军、邓仲球、钟庆彤
谭朝星、陈庆坚、邓劲斌、黄海峰、黄小江、梁　正、吴泽明、荣天耀
周美笑、罗子常、吕务华、李国群、岑汉民、刘连权、袁柱庭、林肇棠
周锦祥、陈清勇、谢家伟、戴志忠、林桂松、庞红英、莫丽娜、陆少清
黄志颜、何欣彦、林建军、乔伟华、朱翼姬、李志容、罗海凤、梁泽强
莫意惠、廖桂兰、梁志青、李爱云、彭艳芬、郑小萍、林　冰、林江虹
马　萍、吴敏华、李　娜、肖东华、李其瑞、卢德发、郝献玉、吴　滨
梁爱玲、管　伟、刘宝芹、彭红民、韩铁鹰、蔡志东、刘晓云、何宇峰
洪国华、武振文、黄志飞、陈东桥、黄　钟、何展球、蔡剑锋、蒙更耀
梁贵兴、梁木莲、李　飞、陈凤玲、苏肇娟、董玉华、吴敏芝、陆晓晔
苏丽萍、梁桂兰、陈洪仪、王　虹、向泽林、易汉元

门中弟子任寿彤先生正式入门弟子（20人）：

李国辉、刘垣生、丁　桥、刘行健、邢永群、孟宪刚、韩思聪、李　飞
申　犎、张　健、玉井牙里（日本）、高世杰、谢忠好、于　恩、董根琐
单俊华、张　炜、吴恩龙（印尼）、梁信尧、麦景恒

门中弟子赵文福先生正式入门弟子（2人）：

陈　稳、白子骏

门中弟子杨国均先生正式入门弟子（1人）：

李书财

门中弟子刘明亮先生正式入门弟子：

第一批（23人）
张润赫、赵子顺、孙名武、朱有为、赵登宏、熊国栋、余培正、李竹星
陶　情、李　荷、彭靖芸、孙　威、马清荣、卫志成、缪　颖、杨哲迪
程耀霆、王牧晨、左思纯、杨中逸、栾翘楚、侯宝森、周璐珊

第2批（18人，与许义林先生合收）

孙　皓、郑琳琳、甘锦连、张智翔、汤恩浩、林建辰、韩文睿、王一帆
梁　云、陈伟恒、程圆圆、廖元恒、杨诗煊、方宇新、高宇轩、曾子轩
刘心渡、吴昊天

门中弟子孙晓峰先生正式入门弟子（8人）：

张学军、张秀民、王之强、温丹宁（Donna M.Winges 美国)、姚友超、
于　童、纪玉龙、王辽源

门中弟子邱建恒先生正式入门弟子（1人）：

李增溥

门中弟子高玉冰女士正式入门弟子（27人）：

第1批（11人）
贺铁军、薛　斌、张海成、徐海猛、崔志刚、王宏国、张　伟、贾　悦
曹贺然、胡欣小林、罗乾智
第2批（14人）
李守维、肖义明、纽文春、葛波蔚、张志奇、牛华光、李焙铭、姚　凯
唐阳晨曦、朱　杰、沙钲凯、刘馨蔚、张绍峰、许颜夕
第3批（2人）
王之强、李书财

门中弟子王超先生正式入门弟子（13人）：

杨　璇、刘子康、贺子聪、李　婧、王高阳、李　亨、郭　山、王子薇、
魏浩林、张　亮、蒋　周、邱文萱、应是尧

门中弟子赵为民先生正式入门弟子（21人）：

张文磊、韩化青、董　震、邹拥龙、魏　宁、王　涛、焦娜娜、王晓东
孙即仁、丛海燕、田圣君、宋亚汝、朱振英、毕金环、代晓刚、周　鹏
陈　恒、王军建、赵建伟、王之豪、孟业从

门中弟子许义林先生正式入门弟子（39 人，其中与刘明亮先生合收 18 人）：

赵燕斌、陈海燕、郑琳琳、张　骁、黎文杰、赵　驰、常亮亮、陈凯麟

李醒东、于永嘉、张洵赫、朱有为、姜丰国、梁　辰、游洋洋、姜　早

陈　鑫、林国良、甘锦连、孙　皓、卫志成、范杰斌、张智翔、王　印

汤恩浩、林建辰、韩文睿、王一帆、邹佳瑶、梁　云、陈伟恒、程圆圆

廖元恒、杨诗煊、方宇新、高宇轩、曾子轩、刘心渡、吴昊天

本门截至 2018 年 1 月 11 日，赵氏擒拿二代"亨"字辈、八卦掌五代"永"字辈弟子共计 145 人；赵氏擒拿三代"利"字辈、八卦掌六代"强"字辈弟子合计 320 人。

后 记

　　《实用擒拿学》一书于 2008 年出版后，深受广大读者喜爱，经多次印刷，仍供不应求。赵氏擒拿研究会于 2013 年正式成立，经过几年的发展，研究会的科研队伍也不断壮大，期间陆续出版了"赵氏擒拿术"上、中、下三册图书，也得到读者的广泛好评。近十年的积淀和思考，使擒拿在理论与技术方面又有新的提升，为不断完善擒拿学的内容体系，今应广大读者及本门弟子的需求，对拙作进行修订再版。为传承有序、锻炼队伍、提携后贤，本书修订版整理工作由我的入室弟子、国际关系学院刘明亮副教授全权负责。爱徒明亮自幼家学深厚（其父刘国良是形意拳名家），好学笃行，是我的第一批擒拿弟子，也是赵氏擒拿研究会副会长兼研究会科研部负责人。在他的带领下赵氏擒拿研究会每年均有十余篇论文发表，著作与科研立项不断增加，在各级、各类的论文报告会上也屡获佳绩。

　　经过反复沟通，最终决定，修订版在原书总体框架的基础上增添或修改了如下内容：

　　（1）为了更好地全面传承，把原来隐略未发表的 13 手增补进来，由原来的擒拿基本手法 51 手变为 64 手与六十四卦相匹配。在 64 手这一章中，保留原有的线条劲力示意图，增加了真人照片图。

　　（2）实用擒拿技术应用法则这一部分增加了擒拿秘籍《九重天·八卦诀 1》译注和擒拿秘籍《九重天·八卦诀 2》译注。"八卦诀"是赵氏擒拿的核心技理口诀之一，与本书的实用技术合在一起能达到交相辉映的美感。

（3）实用擒拿技术机理及技法这一部分的擒拿技法线条示意图，改为更加清晰明了的照片图。

（4）本书结尾部分附录了赵氏擒拿的传承谱系。早前刊印在《擒拿秘籍〈九重天〉套路精解》一书中的传承谱系有一些疏漏，在本书中予以修正，在此郑重说明。

吾甚幸，喜有贤徒！爱徒明亮对本书的再版花费了大量心血，三易其稿，期间得到了贤徒赵文福、许义林、王超、朱梁、赵为民等人的帮助；另外，为了尽可能减少文字上的错误，还请到史岱云、沈顺会，以及国际关系学院武术文化部的孙皓、张怡凡、卫志诚等人帮助校稿，在此，一并表示感谢！但因时间有限，书中难免有不妥之处，敬请专家、学者、同仁批评指正，也希望中华武技前途广大、人才辈出。

赵大元

2017 年 9 月 11 日

图书在版编目（CIP）数据

实用擒拿学（修订版）/ 赵大元，刘明亮著．
-北京：人民体育出版社，2018
ISBN 978-7-5009-5312-8

Ⅰ．①实…　Ⅱ．①赵…　②刘…　Ⅲ．①擒拿方
法（体育）　Ⅳ．①G852.4

中国版本图书馆 CIP 数据核字（2018）第 008454 号

*
人民体育出版社出版发行
中国铁道出版社印刷厂印刷
新　华　书　店　经　销
*
787×960　16 开本　　19.75 印张　　318 千字
2018 年 9 月第 1 版　　2018 年 9 月第 1 次印刷
印数：1—5,000 册
*
ISBN 978-7-5009-5312-8
定价：58.00 元

社址：北京市东城区体育馆路 8 号（天坛公园东门）
电话：67151482（发行部）　　　邮编：100061
传真：67151483　　　　　　　　邮购：67118491
网址：www.sportspublish.cn
（购买本社图书，如遇有缺损页可与邮购部联系）